高校实验室安全管理基础

李响　吴心怡　卢亚平　陈伟　汪良勇　**编著**

西安电子科技大学出版社

内 容 简 介

　　本书全面系统地阐述了高校实验室安全知识,主要包括实验室消防安全、实验室电气及机械加工安全、实验室特种设备安全、实验室危险化学品安全、实验室废弃物的安全处置、实验室事故应急处置与急救、实验室信息化及信息安全、高校实验室安全管理和实验室质量管理等方面的内容。全书内容丰富、新颖、实用性强,既有理论知识,又有相关案例,是全面且系统的高校实验室安全管理指南。

　　本书可作为高等院校实验教学的参考书,也可作为高校实验室安全培训的教材。此外,本书对实验室管理人员也具有一定的参考价值。

图书在版编目(CIP)数据

　　高校实验室安全管理基础 / 李响等编著. -- 西安 : 西安电子
科技大学出版社,2024.8 (2025.7 重印). -- ISBN 978-7-5606-7373-8

　　Ⅰ. G642.423

　　中国国家版本馆 CIP 数据核字第 2024ZH8217 号

策　　划　陈婷
责任编辑　陈婷
出版发行　西安电子科技大学出版社(西安市太白南路 2 号)
电　　话　(029)88202421　88201467　　　　邮　编　710071
网　　址　www.xduph.com　　　　电子邮箱　xdupfxb001@163.com
经　　销　新华书店
印刷单位　陕西天意印务有限责任公司
版　　次　2024 年 8 月第 1 版　　2025 年 7 月第 2 次印刷
开　　本　787 毫米×1092 毫米　　1/16　　印张 16.5
字　　数　389 千字
定　　价　44.00 元
ISBN 978-7-5606-7373-8
XDUP 7674001-2

* * * 如有印装问题可调换 * * *

前　言

高校实验室作为高校开展实验教学的主要阵地，是支撑人才培养、服务科学研究的重要场所，其覆盖学科范围广、参与学生人数多、仪器设备和材料种类多。高校实验室安全工作，直接关系到广大师生的生命财产安全。系统梳理和研究高校实验室相关安全隐患及应对措施，对于保障实验教学和科学研究工作的顺利开展具有重要意义。为了加强实验室安全管理，满足新形势下对实验室安全管理的要求，我们编写了本书。

高校实验室管理者、教师和学生肩负着保障实验室安全的重要责任。因此，深入了解实验室安全管理知识，并掌握正确的安全实践方法，对于确保实验室的安全运行至关重要。本书旨在提供全面且系统的实验室安全管理指南，以帮助读者更好地理解实验室安全管理的重要性，掌握实验室安全管理的基本原则和方法，并在实际工作中能够灵活运用。

本书介绍了高校实验室安全管理的背景和意义，深入分析了高校实验室安全管理所面临的挑战和存在的问题。在此基础上，本书提出的实验室安全管理模式充分体现了"以人为本、安全第一"的核心理念，强调将实验室质量管理与安全管理相结合，贯彻落实教育部对实验室安全管理的要求。本书内容涵盖了实验室消防安全、实验室电气及机械加工安全、实验室特种设备安全、实验室危险化学品安全、实验室废弃物的安全处置、实验室事故应急处置与急救、实验室信息化及信息安全、高校实验室安全管理和实验室质量管理等方面的知识，并对以上内容单独设章进行阐述。每个章节都详细介绍了相关安全管理的原则、方法和标准，并提供了一些实际案例和操作指南，以便读者能够更好地理解和应用。

本书有助于高校实验室管理者、教师和学生进一步增强安全意识，提高安全素养，建立起预防和控制实验室安全风险的有效机制。同时，希望本书能够在提高高校实验室管理水平方面发挥一定的积极作用，能够成为高校实验室管理者、教师和学生开展实验室安全管理、实验教学活动的参考工具。

本书共 10 章，李响、吴心怡负责第 1、5、7、9、10 章的编写，卢亚平负责第 3、4、6 章的编写，陈伟负责第 2 章的编写，汪良勇负责第 8 章的编写，李响、吴心怡负责校稿和文字编排工作。

衷心感谢所有为本书撰写和出版作出贡献的专家和工作人员，他们的辛勤努力和专业知识为本书的完善起到了重要作用。本书的出版还得到了苏州大学应用技术学院教务处、实验实训管理中心、工学院、质量与评估处的支持，在此深表感谢。

在编写过程中，尽管我们尽力确保内容的准确性和专业性，但由于编者水平有限，书中可能还有需要进一步完善的地方，欢迎读者批评指正，以期不断改进和完善本书。

编　者

2023 年 11 月

目　录

第1章 绪 论

高校实验室是培养学生实践能力和科技创新能力的主要场所，是高校教育教学中必不可少的部分，也是高校深化产教融合，推动高等教育支撑产业转型升级，培养高素质应用型、复合型、创新型人才的重要平台。高校实验室建设与管理工作是学校建设与管理的重要组成部分。随着我国高等教育事业的快速发展，高校实验室的数量大幅增加，其安全管理工作也越来越被重视。

1.1 实验室的功能与安全管理

1.1.1 实验室的功能

2023 年 9 月，习近平总书记在黑龙江考察时强调："整合科技创新资源，引领发展战略性新兴产业和未来产业，加快形成新质生产力。"2023 年 12 月，中央经济工作会议明确提出，要以科技创新引领现代化产业体系建设，强调"以科技创新推动产业创新，特别是以颠覆性技术和前沿技术催生新产业、新模式、新动能，发展新质生产力"。这些重要论述，为我们在新时代新征程上加快科技创新、推动高质量发展提供了科学指引。高校是教育、科技、人才的集中交汇点，理应聚焦拔尖创新人才培养，在发展新质生产力中展现更大作为。在这样的背景下，高校实验室作为拔尖创新人才培养的重要阵地，要承担好以下四个主要功能。

首先，高校实验室具有教育功能。随着时代的进步和社会的发展，高等教育的主要目标已经从单纯的知识传授转向了学生实践动手能力的培养。高校实验室是教学的重要场所，学生在实验室中能够通过实际操作加深对理论知识的理解和掌握，提高科学素养和实践能力。随着科技的发展，新的实验设备不断涌现，高校实验室需要不断更新设备，引进先进的技术和教学方法，提高实验教学质量，培养学生的实践能力和创新意识。

其次，高校实验室具备科研功能。高校实验室是师生开展科研的基本单位，高校实验室能够为科研人员提供必要的实验设备和场地，促进科研成果的产生和转化。随着信息化水平的提高，高校实验室需要不断改进和更新设备，引进先进的实验方法和技术，为科研人员提供更好的科研条件，促进科研成果的产生和转化。同时，高校实验室还需要积极开展国际合作研究，提高实验室的国际影响力。

第三，高校实验室具备提升学生创新能力的功能。实验室是学生创新能力培养的平台，是鼓励学生进行自主设计和创新实践，增强其创新能力和创新意识的重要场所。高校实验室需要提供更多的创新项目和实践机会，鼓励学生进行自主创新和实践，培养学生的创新能力。

最后，高校实验室还具备社会服务功能。实验室可以为企业和社会提供技术服务和合作交流平台，促进高校与经济社会紧密结合，深化产学研用深度融合，促进科技成果的转化和应用，提高实验室的社会影响力和服务水平。

高校实验室在高等教育中占据重要地位，发挥着巨大作用，承担着教学、科研、创新和社会服务等功能。随着信息化时代的到来，高校实验室作为高等教育中非常重要的一环，必须跟上时代步伐，不断更新改进实验室建设的理念与模式，以更好满足时代要求，为高等教育和科技创新作出更大的贡献。

1.1.2　实验室安全管理的内涵

高校实验室安全管理是针对大学实验活动中存在的一系列危害、危险因素而进行的计划、组织、指挥、协调和控制活动。安全管理的目的在于运用现代管理学的方法，保障高校实验室中师生的人身安全、设备完好及教学和科研活动的正常有序开展。高校实验室安全管理包括制定安全管理制度、加强安全教育培训和宣传、开展安全检查和评估、建立应急预案并进行演练、加强安全技术措施和管理措施等。通过高校实验室安全管理，可以最大程度地降低实验室安全事故发生的概率。

1.1.3　实验室安全管理的重要性

1. 实验室安全是师生人身安全的保障

高等教育的根本任务是立德树人，高校以学生为主体，以教师为主导，高校师生是实验室工作的主体，必须主动接受安全教育，增强自身的安全意识，丰富自身的安全知识，掌握安全技能，自觉养成良好的安全习惯，这既是师生人身安全的重要保障，也是全面提升大学生综合素质和能力的重要组成部分，更是大学生健康成长、适应社会发展的必备条件。因此，必须本着"以人为本，生命至上"的原则建立一个安全的教学和科研实验环境，减少实验过程中发生事故的风险，确保师生员工的安全与健康。

2. 实验室安全是教学、科研正常开展的基础

高等学校肩负着人才培养、科学研究、社会服务、文化传承和国际交流合作等职能。高校实验室是开展人才培养、科学研究的主要场所，其管理水平是衡量高校整体办学能力的基本组成部分，在人员管理过程中可培养学生实验操作技能、启发学生思考、激发学生的创新性思维。实验室通常会涉及危险品或高温、高压等危险因素，如果安全措施不到位，可能会导致人员受伤、中毒或火灾等严重事故。一旦发生安全事故，教学、科研活动势必

会中断，仪器、设备也会损坏，对国家财产造成损失。因而，确保实验室安全，提升实验室安全管理水平，对于完成教学任务、提高学生实践能力和创新能力至关重要，它是高校开展教学、科研工作的基础。

3. 实验室安全是高等教育高质量发展的需要

随着我国高等教育事业的快速发展和"双一流"高水平大学建设的加速推进，高校实验室承载了更多、更重要的任务，实验室数量也随之不断增加，实验室安全形势日益严峻，实验室安全体系面临重大挑战。

党的二十大报告对教育提出了"加快建设高质量教育体系"的要求。教育高质量发展既是国家高质量发展的重要组成部分，又是其重要基础和持久动力。加快建设高质量教育体系对充分发挥教育、科技、人才在全面建设社会主义现代化国家过程中的基础性、战略性支撑作用具有重大意义。

《中华人民共和国国民经济和社会发展第十四个五年规划和 2035 年远景目标纲要》(以下简称《纲要》)把"建设高质量教育体系"作为"十四五"时期我国教育发展的目标任务，《纲要》提出，分类建设一流大学和一流学科，支持发展高水平研究型大学；建设高质量本科教育，推进部分普通本科高校向应用型转变；提高高等教育质量，推进高等教育分类管理和高等学校综合改革，构建更加多元的高等教育体系。

实验室中教学和科研活动频繁，从事实验和研究的人员日益增多，人员结构也更加复杂。要保证实验室的安全、稳定，降低实验室安全风险，才能不断推进高等教育改革和发展，提高高等教育质量。

4. 实验室安全是"平安校园"建设的重要内容

"平安校园"建设，是新形势下高校加强校园治安综合治理的新举措，是学校管理与建设的重要内容，目的是进一步夯实学校治安综合治理的基础。校园联系千千万万的家庭，千千万万的家庭组成我们这个社会。校园平安是学生生命的保障，是学生德智体美劳全面发展的基础。一旦发生实验室安全事故，可能会给师生生命财产造成重大损失，给受害者本人和家庭造成重大损害，给经济社会发展造成恶劣影响，同时严重干扰高校正常的教育教学秩序。

因此，高校实验室安全是平安校园建设的重要组成部分，既关乎师生员工的生命安全和财产安全，也与教学、科研的顺利进行密切相关。只有确保实验室安全，才能构建一个安全稳定的学习与工作环境，促进高等教育事业的可持续发展。

1.2 实验室安全事故的成因及表现形式

1.2.1 实验室安全事故的成因

在实验室安全事故发生的原因中，人为因素占据了主要地位。安全意识淡薄是导致实验室安全事故发生的重要原因，通常个人不安全行为和失误导致的事故占了很大的比重。据统计，美国某年度全国休工 8 天以上的事故中，有 96% 的事故与人的不安全行为有关，有 91% 的事故与物的不安全状态有关；日本某年度全国休工 4 天以上的事故中，有 94.5% 的事故与人的不安全行为有关，有 83.5% 的事故与物的不安全状态有关。这些数字表明大多数事故与人的不安全行为及物的不安全状态有关系。H.W.Heinrich(海因里希)提出的事故致因理论被认为是"工业安全的法则"。法则中明确提出了大多数的事故是由于人的不安全行为引起的。同理可以推论在高校实验室中人的不安全行为也是产生安全事故的主要因素。

一般而言，高校实验室安全事故发生的主要原因有以下几点：

(1) 人员对仪器设备操作不慎、使用不当或粗心大意。

(2) 仪器设备或各种管线年久失修、老化损坏。

(3) 不可抗力的自然灾害。

(4) 恶意侵害行为(如计算机被病毒感染、计算机遭黑客攻击等)。

(5) 监控管理不力(设备被窃、泄密等)。

尽管实验室安全事故的发生是实验室内人、物、环境诸多因素交错作用的结果，但是人在事故的发生和预防中起着决定性的作用。

1.2.2 实验室安全事故的表现形式

实验室安全事故的表现形式主要有火灾、爆炸、毒害、机电伤人及设备损坏等。

1. 火灾性事故

火灾性事故的发生具有普遍性，几乎所有的实验室都可能发生。酿成这类事故的直接原因主要有以下几点：

(1) 忘记关电源，或在实验过程中，人离开实验室的时间较长，致使设备或用电器具通电时间过长，温度过高，引起火灾。

(2) 操作不慎或使用不当，引起火灾。

(3) 供电线路老化、超负荷运行，导致线路发热，引起火灾。

(4) 乱扔烟头，引起火灾。

(5) 易燃、易爆性化学品使用或储存不当引起火灾。

2. 爆炸性事故

爆炸性事故多发生在具有易燃易爆物品和压力容器的实验室。酿成这类事故的直接原因主要有以下几点：

(1) 违反操作规程，操作不当，引燃易燃物品，进而导致爆炸。

(2) 设备老化，存在故障或缺陷，造成易燃、易爆物品爆炸。

(3) 搬运时使爆炸品受热、撞击、摩擦等引起爆炸。

(4) 易燃易爆药品储存不当，造成泄漏，引发爆炸。

(5) 高压装置操作不当或使用不合格产品引发物理爆炸。

(6) 在密闭或狭小容器中进行反应，反应产生的热量或大量气体难以释放导致爆炸。

(7) 加错试剂，形成爆炸反应或形成爆炸混合物，引发爆炸。

(8) 用普通冰箱储存闪点低的有机试剂引发冰箱爆炸。

(9) 实验室火灾事故中引发的爆炸。

3．毒害性事故

毒害性事故多发生在具有化学药品和剧毒物质的化学化工实验室或具有毒气排放的实验室。酿成这类事故的直接原因主要有以下几点：

(1) 违反规章制度，将食物带进放置有毒物品的实验室，造成误食中毒。

(2) 设备、设施老化，存在故障或缺陷，造成有毒物质泄漏或有毒气体排放不出，造成中毒。

(3) 管理不善，造成有毒物品散落流失，引起环境污染。

(4) 废水排放管路受阻或失修，造成有毒废水未经处理而流出，引起环境污染。

(5) 使用有毒试剂时，疏于防护或违规操作造成急性或慢性中毒。

(6) 环保观念淡漠，随意排放实验废液、废气及固体废弃物造成环境污染等。

4．机电伤人性事故

机电伤人性事故多发生在有高速旋转或冲击运动的机械实验室，或需要带电作业的电气实验室和一些产生高温的实验室。酿成这类事故的直接原因主要有以下几点：

(1) 操作不当或缺少防护，造成实验设备挤压、甩脱和碰撞伤人。

(2) 违反操作规程或因设备、设施老化而存在故障或缺陷，造成漏电、触电或电弧火花伤人。

(3) 设备或实验物品使用不当，造成事故伤人。

5．设备损坏性事故

设备损坏性事故多发生在用电加热的实验室。酿成这类事故的直接原因主要为：由于线路故障或雷击造成突然停电，致使被加热的介质不能按要求恢复原来状态而造成设备损坏。

6．其他实验室安全事故

实验室还可能发生因管理不善或违规操作造成辐射或放射性污染的事故以及物品失窃、信息资料被盗、网络被黑客攻击等其他安全事故。

1.3　实验室安全管理的现状与发展趋势

《易传》中提到"无危则安，无损则全"，这是先贤对安全的最早概括。危即危险(危险源)，损即缺损、损失，如果管理上有缺失或是主体本身有缺陷，则不安全。现代汉语词典(第 7 版)对安全的解释是"没有危险；平安"。

美国危机管理专家罗伯特·希斯(Robert Heath)认为安全管理是一个过程。他认为，安全管理是安全事件发生前后的全过程管理，由预防行为、应对行为和反馈行为三部分组成。要想从根本上降低组织风险，减少安全事件的发生，必须在安全事件的各个环节中实施有效管理。有的学者认为，安全管理是指通过科学有效的管理手段和多样的管理方法，对安全事故进行防范和应对的整个过程。

1.3.1 实验室安全管理的现状

当今社会对人才的需求不断增长，而高校实验室是向国家和社会提供人才的重要基地，实验室的安全管理对社会经济发展具有重要影响。目前，关于高校实验室安全问题的新闻报道不断增多，反映了高校实验室的安全管理依然存在很大的改进空间。建立安全高效的实验室，为师生提供可靠、稳定的实验环境迫在眉睫，当前高校实验室安全管理的现状表现在以下方面。

1. 安全管理信息化推进缓慢

实验室安全管理工作是一项琐碎、复杂而又十分细致的工作。在信息化的时代背景下，可以借助网络和信息化的力量来更好地构建实验室安全信息化管理体系。例如在还没有实施信息化管理体系之前，实验室的一些数据和档案的处理工作完全是由人力完成的。面对繁杂的数据，单纯靠人力完成不但容易因疲劳失误，而且还会耗费大量的工作时间。如果可以借助信息化的手段，通过管理系统即可实现实验室数据信息的瞬时传输处理、保存。

目前不少高校借助信息管理系统仅是将纸质档案转化为数字化的档案，将实验室数据信息的采集、处理、分类和保管由线下转移到了线上，距离实验室安全管理的智能化和智慧化还有相当长的路要走。

2. 安全意识不强，安全教育培训覆盖面不全

由于宣传教育的淡化，实验人员往往注重仪器设备的使用，忽视自身的安全，甚至有抵触情绪，常常有不出事故就是安全的麻痹思想；无论是领导层还是执行层，都不同程度地存在"只要现场工作人员小心操作就出不了大事"的错误观点，其本质就是安全观念淡薄，尚未真正意识到实验室安全工作的重要性、特殊性和实验室事故发生的危害性，尚未认识到实验室安全体系建设的重要性。

实验室安全事故的发生往往由于进入实验室的相关人员对安全防护认知不足、凭经验、不良习惯、疲劳疏忽、处理能力不足等原因而造成。因此，对进入实验室人员的安全教育和培训显得十分重要。不少高校实验室安全培训的覆盖面不全，仅仅对个别高风险实验室的师生进行安全培训，没有做到全员、全过程、全覆盖。

3. 实验室安全投入不足

高校实验室安全需要相关经费的投入与支持，在人才引进、改善办学条件、实验室建设和仪器设备采购等工作过程中，常常由于经费原因，忽略了相关的安全保障设施，缺乏全局性和系统性的安全意识。实验室应配备的烟感报警设备、监控设备、灭火器、喷淋洗眼设备、通风设施、防护眼镜、药箱等不够齐全，造成紧急救援开展困难；易燃、易爆、剧毒等危险化学品管理不够规范；一些设备安全操作距离也欠规范。

4. 缺少专业的实验室管理人员

高校实验室安全管理工作要做到专业化，必须要建立具有系统化知识和专业化素质的管理团队，对遇到的专业安全问题能够找出科学的解决办法；要建立实验室安全员制度，负责实验室日常的安全管理工作，而大部分高校没有专业的实验室管理人员，多是兼职管理人员。

5. 安全管理制度执行不到位

在新形势下高校基本健全了实验室安全管理制度，但仍存在着制度执行不严格或执行不到位，制度执行缺乏检查监督等问题。例如常常有学生没有经过安全教育就进入实验室，学生的实验室没有相关管理人员在岗等现象。另外，对于高校实验室安全检查项目表中(详见附录)要求开展结合学科特点的应急演练，通常也以消防应急演练来替代。

1.3.2 实验室安全管理的发展趋势

随着现代科学技术的发展和教育信息化建设步伐的加快，高校实验室安全管理呈现出以下发展趋势。

1. 运用 EHS 管理体系加强实验室安全管理

EHS(Environment Health Safety)管理体系是一种应用质量体系方法来管理 EHS 活动的过程。这种方法是一个循环的过程(即规划、实施、评价和调整)，就是通过第一个循环获取经验、吸取教训，而后将获得的经验教训用于下一个循环来改进和提高 EHS 管理水平。

高校实验室涉及环境、健康、安全问题，实验过程中需要用到化学试剂或高温、高压设备，存在一定的安全隐患，稍不注意便会酿成事故。因此，如何有效地杜绝安全隐患十分重要。EHS 管理体系作为一种新型的管理体系，它是建立在环境管理体系和职业健康安全管理体系基础之上并加以提高的安全长效管理机制，可以最有效地减少安全事故的发生。大量的企业应用实例已证明,EHS 管理体系是当前建立安全长效管理机制的最合适的手段。

在国内高校建立和推行 EHS 管理体系，可以改进高校实验场所的健康和安全状况，改善实验条件，提高广大师生员工的安全素养和健康理念，维护师生员工的职业健康和生命安全等方面的合法权益，可以提高高校实验室科学化管理水平。

2. 常态化安全教育

实验室安全知识的学习和掌握，对实验人员的身心健康、实验室的安全和稳定运行等有着极为重要的影响。同时，由于实验室安全教育的内容比较特殊，也比较烦琐，因此，应该在师生进入实验室前就要进行安全教育，并建立完善的安全教育制度，保持整个实验室的安全管理和运行。

在当今越来越注重安全的形势下，常态化安全教育将会成为一种趋势。把安全教育融入师生学习生活的日常，可以帮助师生增强安全意识和责任感，从而更加注意安全问题，防止事故的发生；可以让师生了解实验室安全操作规程和应急预案等相关知识，并且掌握正确的实验室操作技能，这样可以有效地保障实验室的安全，避免事故的发生；可以让师生了解实验室危险物质的性质和危害，从而加强对健康的保护意识，减少接触危险物质对身体的危害，保护师生身体健康。

3. 智慧实验室

随着信息化与数字化时代的到来，实验室管理信息化水平、实验资源共享程度、实验室管理的智慧化已成为实验室管理水平的重要标志，通过信息技术建立智慧化、智能化的实验室已是大势所趋。

采用人工智能、工业物联网、大数据技术，可以建立一个以控制为根基、以数据流为主二、以软件支撑平台为入口、各个业务应用模块灵活搭配的智能控制系统，通过智能控制、数据采集和统计分析，可以达到智能化管理的目的，进而提高实验室的效率、精度、可靠性和安全性。要实现智慧化、智能化的实验室，需要考虑以下几个方面：

(1) 信息化建设。将实验室设备互联互通，实现实验数据的实时采集、传输、处理和分析，提高实验效率和数据质量。

(2) 智能化装备。选择智能化装备，包括实验室设备和实验室管理系统等，将实验室设备智能化，提高实验效率和可靠性，智能实验室部分基础设施如图 1-1 所示。

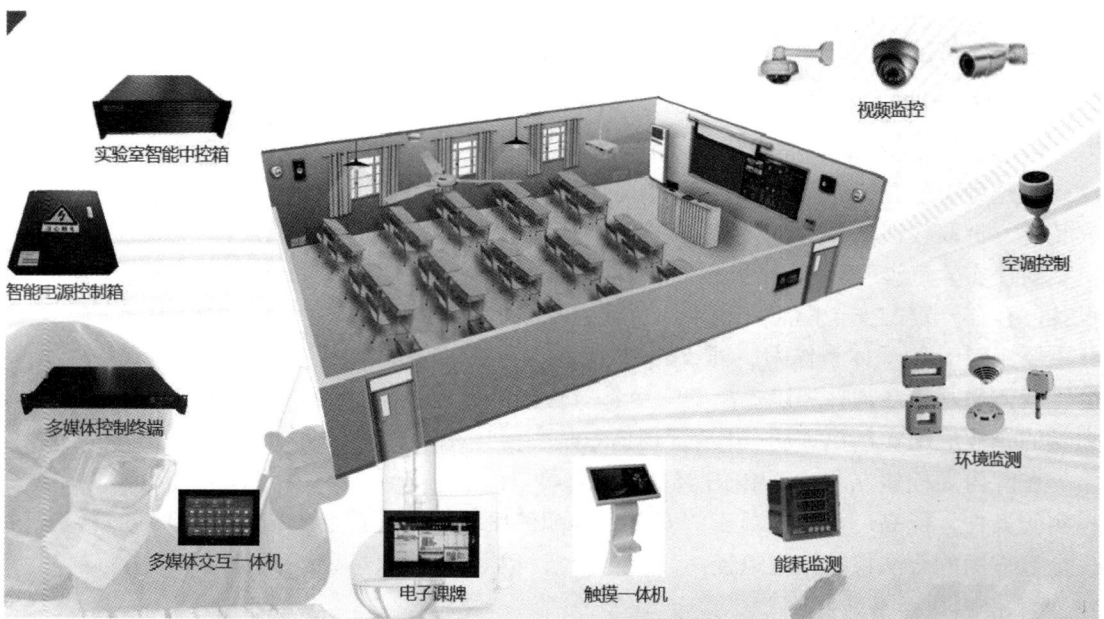

图 1-1　智慧实验室部分基础设施

(3) 安全性考虑。在智慧化、智能化的过程中，需要考虑实验室的安全性，包括实验室环境、实验数据、实验设备等的安全保障。

(4) 人员培训。智慧化、智能化的实验室需要有专业人员进行管理和维护，需要提前进行人员培训，确保实验室管理人员具有相关技能和知识。

智慧实验室的打造在前期规划设计方面，需要考虑实验室的需求，包括实验室的类型、规模、实验项目等。根据实验室的需求，选择合适的设备和系统，并考虑实验室的安全性和人员培训等因素。同时，需要考虑实验室的扩展性和可维护性，确保实验室可以适应未来的需求，并且能够进行持续地更新和维护。

4. 安全文化氛围营造

实验室安全文化是实验室在运行过程中形成的，被实验室人员普遍认同并自觉遵守的安全理念、价值观念和行为规范的总和；是大学校园文化在实验室的体现和衍生，具备团结、引领、鼓励、制约等功能，对展现实验室发展风貌、推动教学改革、营造优良学风、培养学生综合创新能力具有重要意义。

实验室安全文化建设是保障实验室安全的基础和前提。首先，实验室安全文化建设可以提高实验室工作人员的安全意识和安全行为规范，让实验室工作人员时刻保持高度警惕和谨慎，避免因为疏忽大意而导致的安全事故发生。其次，实验室安全文化建设可以加强实验室的安全管理和监控，让实验室工作人员对实验室的安全更加关注，并能够熟练掌握相关安全知识，及时发现和解决实验室中存在的安全隐患。实验室安全文化建设可以为实验室的安全提供有力的保障，是构建实验室安全体系的关键。

营造实验室安全文化氛围的方法和策略主要有以下几方面：

(1) 制定相关制度和规范。实验室应该制定一系列的安全管理制度和规范，明确实验室工作人员的安全责任和义务，让实验室工作人员清楚地了解实验室的安全管理制度和规范，并能够认真遵守。

(2) 加强安全教育和培训。实验室应该定期对工作人员进行安全教育和培训，让他们了解实验室的安全管理制度和规范，掌握正确的安全操作方法和技能，增强他们的安全意识和安全行为规范。

(3) 建立安全监控机制。实验室应该建立一套完善的安全监控机制，加强对实验室安全的监控和掌握，及时发现和解决实验室中存在的安全隐患，确保实验室的安全。

(4) 加强安全文化宣传。实验室应该加强安全文化宣传，通过各种途径和渠道宣传实验室的安全管理制度和规范，提高实验室工作人员的安全意识和安全行为规范。

5. 实验室安全管理规范化

实验室安全管理规范化是实验室工作的基础，是确保实验室工作安全、高效、科学的一项必要措施。

高校实验室管理应该严格贯彻落实《高等学校实验室安全规范》(教科信厅函〔2023〕5 号)相关要求和规范，坚持"安全第一、预防为主、综合治理"的方针，实现规范化、常态化管理体制，重点落实安全责任体系、管理制度、教育培训、安全准入、条件保障，以及危险化学品等危险源的安全管理内容。高校及校内教学科研二级单位应建立健全实验室安全管理办法和制度，出台规范性文件，确保具有可操作性和实际管理效应，并充分考虑学科专业特点和实验用途，及时修订更新。

第 2 章　实验室消防安全

消防安全是我国公共安全的重要组成部分，是维护社会稳定、保护公民生命财产安全的重要保障，对于国家的长治久安和促进社会进步有着重要的意义。

高校实验室作为人才培养、科学研究、科技创新、社会服务和文化传承的重要基地，是培养学生动手能力、操作技能、创新思维和创造能力的不可或缺的实践场所，同时也是消防防范的重点场所。受实验教学内容多样性和科学研究独特性的影响，实验过程中会涉及易燃、易爆、危险化学品或者具有火灾、爆炸危险的仪器设备等的使用。因此，实验室消防安全隐患较多，火灾或爆炸风险较大，如果管理不规范极易发生火灾或爆炸等严重的实验消防安全事故，造成不可估量的人身伤害和财产损失。

实验室消防安全是实验室安全管理工作的重中之重，高校实验室应严格贯彻落实《中华人民共和国消防法》等法律法规、技术规范和消防工作责任制。实验室管理人员、实验教师、学生等应充分掌握实验室消防安全知识，熟练使用消防设施，全面掌握消防事故自救互救办法。

2.1　实验室消防安全管理

实验室消防安全是一项专业性、科学性、社会性较强的工作。实验室消防安全贯穿于实验室设计、建设、装修、使用的全生命周期，是一项环环相扣、循序渐进的系统性工程，不同的环节相互影响，不可分割。因此，无论是实验室消防安全规范管理，还是消防设施的维护，实验室消防安全都不可能毕其功于一役，实验室消防安全必将是一个在实践中不断改进和完善的长期过程。

根据实验室消防安全管理的需要，可将实验室消防安全管理分为：实验室消防管理制度建设、实验室消防建设标准、实验室消防设施配置三类。

2.1.1　实验室消防管理制度建设

一般来讲，火灾是可以预防的。实验室火灾事故主要是因为实验人员消防意识淡薄、违规操作及缺乏消防安全常识所致的。因此，高校应严格落实"预防为主，防消结合"的消防安全工作方针，不断完善实验室消防管理制度建设。同时，要加强实验室消防安全检查机制和教育培训制度，不断提升师生消防安全意识、掌握基本防火和灭火的常识和技能，主动预防火灾事故的发生。

实验室消防管理制度包括实验室消防安全责任制度、实验室消防安全管理制度、实验室消防安全培训制度、实验室消防安全检查制度、实验室消防安全应急预案、实验室消防安全台账管理制度、实验室消防安全设施管理制度、危险化学品管理制度、实验室安全奖惩制度、实验室安全准入制度等。

(1) 实验室消防安全责任制度。根据"党政同责、一岗双责、齐抓共管、失职追责"和"谁使用、谁负责，谁主管、谁负责"的原则，把实验室消防安全责任落实到岗位、落实到具体人员。构建学校、二级单位、实验室三级联动的实验室消防安全责任体系，逐级签订实验室消防安全责任书，明确各级实验室消防安全管理工作的范围、内容、标准和职责，确保实验室消防安全管理的条理性。

(2) 实验室消防安全管理制度。制定切实可行的实验室消防安全管理制度，明确消防安全管理的各个环节，从实验室管理规章制度、人员培训与考核、设备管理、化学品管理、事故处置等方面，做到有法可依、有章可循，全面保障实验室安全。

(3) 实验室消防安全培训制度。制定并落实实验室消防安全培训制度，开展周期性的消防安全教育、培训和考核，使实验室工作人员掌握基本的消防安全防范知识与技能。

普通高等学校有关职能部门、二级学院和实验室负责安全管理的相关人员应具备相应的消防管理专业知识和技能，接受安全培训和考核，管理人员初次上岗培训应不少于 32 学时，初次上岗培训之后每年再培训应不少于 12 学时。

(4) 实验室消防安全检查制度。建立实验室消防安全检查制度，定期开展实验室消防安全检查，确保实验室消防安全设施和安全制度的有效性，及时发现和消除实验室消防安全隐患。

(5) 实验室消防安全应急预案。制定和完善实验室消防安全应急预案，明确各类消防安全事故的应急处置程序和责任部门，规范消防安全处置程序，充分保证实验室消防安全。

(6) 实验室消防安全台账管理制度。建立完善的实验室消防安全台账管理制度，做好实验室消防安全档案的管理与维护，记录实验室消防安全工作各环节地开展情况，确保实验室消防安全工作的规范实施。

(7) 实验室消防安全设施管理制度。制定实验室消防安全设施管理制度，配置和完善各类消防安全设施，确保设施的有效性、可靠性和易操作性，以保障实验室人员的安全。

(8) 危险化学品管理制度。制定和落实危险化学品管理制度，规范化学品的购置、分类、储存、使用、处置和报废等工作，并建立化学品危险性评估和标识体系，确保实验室人员的生命财产安全。

(9) 实验室安全奖惩制度。建立健全实验室安全奖惩制度，对实验室安全管理成效突出的人员进行奖励，并对涉及违规行为的人员进行通报和处罚，增强实验人员的安全意识和责任感。

(10) 实验室安全准入制度。建立实验室安全准入制度，在实验室开展教学、科研工作的教师、学生和其他实验人员应遵守实验室安全准入制度，进入实验室前应接受实验室安全相关的教育与培训，并在通过考核，签订安全承诺书后，方能进入实验室学习和工作，严禁不合格人员进入实验室，以免造成实验室安全事故。

2.1.2　实验室消防建设标准

实验室消防建设包括实验室的总体规划、合理布局、平面设计以及安全、环境等基础设施和基本条件，以确保实验室在设计上布局合理，符合适用、安全、卫生等方面的基本要求。

普通实验室消防建设标准包括实验室耐火等级、配电线路、通风管道、消防车通道、疏散通道、安全出口、防火门、疏散指示标志灯、应急照明等，具体如下：

(1) 普通实验室耐火等级应不低于三级。

(2) 普通实验室的配电线路应符合电气安装规程的要求，消防设备的配电线路需穿金属管保护，暗敷时非燃烧体的保护厚度不少于 3 cm，明敷时金属管上采取防火保护措施。

(3) 普通实验室的底层疏散门、楼梯以及走道的各自总宽度应按建筑消防要求设定。室内主要通道宽度一般不应小于 2 m。分情况设置门的数量的，其安全疏散出口不应少于 2 个，安全疏散门向疏散方向开启。

(4) 实验楼超过 5 层时，应设置封闭式楼梯间。

(5) 实验室面积大于 60 m²，人数多于 50 人时须有两扇门。

(6) 普通实验室内的通风管道为非燃材料，其保温材料为非燃或难燃材料。

(7) 实验楼宇内应张贴应急疏散平面示意图，标记本楼层实验室结构形状、实验室分布、楼梯口位置以及疏散方向等信息。安装安全出口标识牌、疏散指示标志灯、应急照明灯等，并设置防火门。

2.1.3　实验室消防设施配置

实验室消防设施包括灭火设备、防毒用具、报警器、应急照明设备等消防设施：

(1) 灭火设备。实验楼应根据技术规范配备必要的灭火设备，包括消防栓、水基灭火器、泡沫灭火器、二氧化碳灭火器、干粉灭火器、卤代烷灭火器、砂箱等。每一个实验室均应配备适量的便携式灭火器，配备灭火器的类型，应根据实验室的危险源的性质来决定。在走廊上应设较大型的灭火器以及消防栓、砂箱等。实验室还可以配备一些灭火毯，当有人身上衣物着火时，可用灭火毯及时扑灭。有条件的还可设置防火衣，用于开展灭火与救援的工作。

(2) 防毒用具。每一楼层应设若干过滤式防毒面具或隔离式防毒面具，其容量应可供呼吸 30 分钟，以便能够及时、有效开展灭火与救援的工作。

(3) 报警器。有剧毒气体的实验室，应设报警器，报警器可为电铃或汽笛。如遇有毒气外泄事故报警器能够及时向附近的实验室发出安全警报。

(4) 应急照明设备。实验楼应配备紧急电源，一旦停电，可保证疏散通道与紧要场所的照明需要以及事故应急设施的用电要求。紧急电源分备用发电机与备用蓄电池两种。备用发电机应能远距离启动，或设自动启动装置。

为了防止在实验过程中由于停电而引起的危险，应由备用发电机保证供电，且应在停电后四五秒钟内保证照明需要，亮度可为正常情况下 1 / 8 左右。疏散通道、安全出口和楼梯的应急照明和安全疏散指示灯，可用备用蓄电池供电，照度应不低于 1 lx(光照强度，指单位面积上所接受可见光的光通量)。在可能发生事故的仪器设备附近，控制室、疏散通道两侧的墙面上，安全出口的上顶部，楼梯口和走道的拐角处，应重点设置应急照明灯，并涂上醒目的颜色标志。在安全出口、疏散通道等处，还应设置安全疏散指示灯，使疏散的人员能在出现紧急事故的情况下得以迅速疏散。

2.2　实验室消防安全常识

一般来讲，火灾是实验室安全事故中最为常见、问题最为突出、危害最为严重的类型之一。任何时间、地点都有可能发生火灾事故，直接关系到师生的生命、财产安全。

2.2.1　火灾的概念与特点

火灾是指在时间或者空间上失去控制的燃烧。火灾的本质是一种燃烧现象。

火灾的特点具有以下特征：

(1) 突发性。火灾与爆炸事故往往是在意想不到的时候发生，随机性强。由于对火灾事故的监测、报警等手段的可靠性、实用性和广泛应用尚不理想，人们对火灾事故的规律及其征兆了解甚微，致使对火灾的认识、处理、救援造成很大困难。

(2) 复杂性。发生火灾和爆炸事故的原因比较复杂，因房屋倒塌、设备烧毁，给事故的调查带来许多困难。发生火灾主要表现在着火源众多、可燃物广泛、灾后事故调查和鉴定环境破坏严重等。此外，由于建筑结构的复杂性和多种可燃物的混杂也给灭火和调查分析带来很多困难。

(3) 严重性。火灾与爆炸事故都会造成巨大的经济损失和人员伤亡，打乱学校的正常教学秩序，使国家财产蒙受巨大损失，严重影响教学、生产、生活的顺利进行，通常需较长时间才能恢复，有时火灾与爆炸同时发生，损失更为惨重。

2.2.2　火灾的分类

按照国家标准《火灾分类》(GB/T 4968—2008)规定，根据可燃物的类型和燃烧特性，可将火灾分为 A、B、C、D、E、F 六类，如表 2-1 所示。

表 2-1 火 灾 分 类

火灾类型	火灾特性	引发火灾的主要物质
A 类火灾	固体物质火灾	由木材、棉、毛、麻、纸张等引发的火灾
B 类火灾	液体或可熔化的固体物质火灾	由汽油、煤油、柴油、原油、甲醇、乙醇、沥青、石蜡等引发的火灾
C 类火灾	气体火灾	由天然气、煤气、甲烷、氢气等引发的火灾
D 类火灾	金属火灾	由钾、钠、镁、铝、镁合金等引发的火灾
E 类火灾	带电火灾	由带电物体，如电视机、冰箱、电脑、电磁炉等引发的火灾
F 类火灾	烹饪器具内的烹饪物引发的火灾	由动植物油脂等引发的火灾

2.2.3 火灾的发展阶段

火灾通常都有一个从小到大、逐渐发展直到熄灭的过程。我们通常将火灾的发展阶段分为五个阶段。

1. 初起起火阶段

此阶段是火灾刚开始时的阶段，此时火灾的燃烧速度较慢、燃烧的面积不大、火势较小、火源的热辐射不强、气体和烟雾的流动也相对缓慢，是火灾扑救的最佳时机，应及时组织人员进行火灾扑救。

2. 火灾发展阶段

此阶段，初起火灾未能扑灭或者没有得到有效的控制，导致火势持续蔓延，燃烧速度加快、燃烧面积扩大、燃烧强度增大、温度升高、气体对流增强。此时，需一定灭火力量才能控制火势的发展和扑灭火灾。

3. 火灾猛烈阶段

此阶段，燃烧达到高潮，燃烧温度达到了最高，辐射热最强，燃烧物质分解出大量的燃烧产物，温度和气体对流达到最高限度。如果火灾发生在室内，此时房间内所有可燃物瞬时都被引燃，产生"轰燃"，形成火灾的猛烈燃烧阶段。"轰燃"是室内火灾最显著的特征之一，如果火场人员在"轰燃"时尚未疏散，那么其危险性极高。

4. 衰减阶段

此阶段，随着可燃物燃烧殆尽或者燃烧所需要的氧气不足或者灭火措施(洒水或者化学灭火)的作用，火势开始衰减，烟雾浓度逐渐降低，但仍然存在火源和有毒气体，如果不及时处理，可能会引发二次火灾。火灾衰减阶段，环境温度仍然较高，建筑物及其部件由于被烧损，出现掉落、倒塌现象，仍然会对人员安全构成巨大的威胁。

5. 熄灭

此阶段，可燃物烧完或者燃烧场地氧气不足或者灭火工作起效，火势最终熄灭。

2.2.4　火灾现场的特点

高校实验室火灾现场往往是人物集合的场所，并伴随着火光、烟尘、毒害液体或气体等，主要特点如下。

1. 高温高热

高温高热是火灾现场的最重要特点，一般房间火灾，从起火到蔓延的时间间隔仅为 7 分钟，而在 6 分钟时火场烟气实际温度可达到 300～400℃。在火场中，人对环境温度与热辐射非常敏感。一般人在 65℃ 的环境中，能忍受有限的时间，接着就会昏迷、休克。在 120℃ 的环境中，人大约能忍受 15 分钟；在 175℃ 时，人能忍受的时间不足 1 分钟。对于热辐射反应是：当辐射热为 1200 W/m² 时，人可忍受较长的时间；但对于 4000 W/m² 的辐射热，人只能忍受 15 s 左右；当辐射热达到 12000 W/m² 时，人仅能忍受几秒钟。

2. 缺氧

火灾现场的另一重要特点是缺氧。空气中正常的含氧量为 21%，当发生火灾时，由于物质燃烧需要大量的氧气，所以烟气中的含氧量急剧下降，当氧气浓度为 12%～15% 时，人就会产生呼吸急促、头痛晕眩、动作迟钝等情况。氧气浓度低于 6% 时，在通常情况下，8～16 分钟内人就会死亡。

3. 有害气体

由于燃烧的作用，火灾现场的烟气中会含有大量的一氧化碳、二氧化碳等有毒有害气体和烟尘。这些物质都会对人的生命造成损害，特别是一氧化碳，当它在空气中的浓度为 0.1% 时，人就会头痛、不舒服；浓度为 0.5% 时，在 30 分钟内人就会死亡；浓度为 1% 时，在 2 分钟内人就会死亡。

着火房间的一氧化碳浓度一般可达 5%，最高可达 10% 左右，已远远超过人的生命所能承受的浓度。各种材料燃烧时产生的有毒有害气体成分如表 2-2 所示。

表 2-2　各种材料燃烧时产生的有毒有害气体成分

原 材 料 名 称	有毒有害气体名称
所有含碳的可燃材料	一氧化碳
赛璐珞、聚氨酯	氧化氮
木材、丝绸、皮革、含氮塑料、纤维材料、纤维素塑料、人造丝	氰化氢
木材、纸张	丙烯醛
橡胶、聚硫橡胶	二氧化硫
聚氯乙烯、阻燃塑料、含氟塑料	氯化氢、溴化氢、氟化氢、光气
三聚氰胺、尼龙、尿素、甲醛树脂	氨
酚醛、木材、尼龙、聚酯树脂	乙醛
聚苯乙烯	苯
泡沫塑料	重氮腈
某些阻燃塑料	锑化合物
聚氨基甲酸泡沫	异氰酸盐

在死伤人数较多的火灾案例中可以发现，有相当一部分人不是被火烧死的，而是由于烟气的毒害造成死亡的。例如，1993年4月12日唐山林西百货大楼火灾中有80人丧生，这些遇难者中除1人系跳楼高空坠落死亡外，其余均为一氧化碳及其他毒气中毒而死。

4. 烟尘

烟尘是悬浮在空气中未燃烧的细碳粒及一些分解产物。燃烧物不同，烟的颜色也不相同。烟能刺激呼吸道黏膜，使人呼吸困难甚至窒息，同时烟又强烈地刺激人的眼睛，使人睁不开眼。烟气弥漫时，可见光受到烟粒子的遮蔽而大大减弱，能见度大大降低，使人不易辨别方向，不易查找起火点，严重影响人的行动。火灾现场烟气的流动速度比人在火场中的行动速度要快，而快速流动的滚滚浓烟，往往使人产生极大的恐惧，甚至使人失去理智。

2.2.5　燃烧的概念与类型

1. 燃烧的概念

燃烧是指可燃物与助燃物发生作用产生的一种伴有发光、放热现象的剧烈的氧化反应。燃烧的三个典型特征是发光、发热和产生新的物质。游离基的链锁反应是燃烧反应的实质，发光和发热是燃烧过程中发生的物理现象。火灾的本质是物质的燃烧。

燃烧的发生必须具备可燃物、助燃物和点火源三个条件，三者缺一不可。

燃烧是一个很复杂的现象，即使具备这三个条件，也不一定发生燃烧。因为燃烧反应的发生还与所处环境温度、压力、可燃物的性质以及助燃物的浓度有一定关系，存在一定的阈值。例如：氢气在空气中的体积浓度小于4%时，即使遇到火源，也不会爆炸；一般可燃物在空气中氧气浓度小于14%时，也不会发生燃烧。

1) 可燃物

我们将所有能与空气中氧气或其他氧化剂起燃烧反应的物质统称为可燃物。可燃物大多是含碳和氢两种元素的化合物，一些金属(如镁、铝、钙)在特定的条件下也可以发生燃烧。也有少数可燃物，如低氮硝化纤维、硝酸纤维的赛璐珞等含氧物质，一旦受热后，能自动释放出氧气，不需要外部助燃物就可发生燃烧。

可燃物按其物理状态不同可分为气态可燃物、液体可燃物、固态可燃物三类：

(1) 气态可燃物如氢气、一氧化碳、煤气、天然气(沼气)、液化气等。

(2) 液体可燃物如汽油、柴油、酒精、甲醇、苯和油漆等。

(3) 固态可燃物如煤、木材、纸张、蚊帐、衣物、棉被等。

2) 助燃物

助燃物指能够支持和帮助可燃物燃烧的物质，即能与可燃物质发生燃烧反应的物质。

通常燃烧过程中的助燃物主要是氧，它以游离的氧分子或以化合物中的氧离子存在。氧气是最为常见的助燃物，空气中的氧气大约占21%左右，可燃物在空气中的燃烧以游离的氧分子作为氧化剂，这种燃烧方式是最普遍的。在一些燃烧反应中，三氧化二铁、四氧化三铁等则以化合物中的氧离子作为氧化剂存在。此外，氯、氟、氯酸钾等也可作为燃烧反应的助燃物。

3) 点火源

点火源又称着火源，是指具有一定能量，能够引起可燃物和助燃物发生燃烧反应的热能源。除明火外，高热物及高温表面、电火花、静电火花、摩擦与撞击、物质自行发热、绝热压缩、化学反应热及光线和射线等都能成为点火源。

(1) 明火。明火是最为常见的点火源，如火炉、火柴、烟道喷出火星、气焊和电焊喷火等。

(2) 高热物及高温表面。高热物及高温表面是爆炸危险环境的潜在点燃源，又可分为电气设备热表面和非电气设备热表面两类，如加热装置、高温物料的输送管、冶炼厂或铸造厂里熔化的金属等。

(3) 电火花。电火花指高压电的火花放电、开闭电闸时的弧光放电等。

(4) 静电火花。静电火花指液体流动引起的带电、人体的带电等静电火花。

(5) 摩擦与撞击。摩擦与撞击指机器上轴承转动的摩擦、磨床和砂轮的摩擦、铁器工具相撞等。

(6) 物质自行发热，例如油纸、油布、煤的堆积，金属钠接触水发生反应等。

(7) 绝热压缩。绝热压缩是在与周围不进行热交换的状态下压缩气体时压缩过程所耗功全部转变成热能，这种热能蓄积于气体内使其温度上升，会构成点火源。如硝化甘油液滴中含有气泡时，被落锤冲击受到绝热压缩，瞬时升温，可使硝化甘油液滴被加热至着火点而爆炸。

(8) 化学反应热及光线和射线等。① 化学反应放热能够使参加反应的可燃物质和反应后的可燃产物温度升高，当超过可燃物自燃点时，则发生自燃。能够发生自燃的物质在常温常压条件下发生自燃都属于这种化学反应放热点火现象，例如金属钠与水反应生成氢氧化钠与氢气，并放出热量，导致氢气和钠自燃。② 光线或放射线具有一定的放射能量，也可成为一种点火源，如生活中使用的白炽灯、太阳的聚光作用及电磁辐射等。

2. 燃烧的类型

按照燃烧形成的条件和发生瞬间的特点，可将燃烧分为闪燃、着火、自燃、爆炸四类。

1) 闪燃

闪燃是指可燃液体挥发出来的蒸气与空气混合后，遇火源发生一闪即灭的燃烧现象。闪燃是可燃液体的主要特征之一。一般液体表面都有一定量的蒸气存在，由于蒸气的浓度与该液体本身的性质和温度有关，同一种液体，温度越高，蒸气的单位体积浓度越大。

闪点这个概念主要适用于可燃液体。一般将发生闪燃现象的最低温度点称为闪点。可燃液体的温度高于其闪点时，随时有被点燃的危险。有些可燃固体如樟脑和萘等，能在常温下挥发和缓慢蒸发(升华)，发生闪燃现象。由于闪燃往往是着火的先兆，所以物质的闪点越低，越容易着火，火灾的危险性也越大。

2) 着火

着火又称强制点燃，是指可燃物质在空气中受到明火直接接触或达到一定温度时引起的燃烧现象。

物质能被点燃的最低温度称作燃点，也称作着火点。燃点是评价和衡量物质火灾危险性的主要依据。一般情况下，燃点越低，火灾危险性越大。在防火和灭火工作中，只要能把温度控制在燃点温度以下，燃烧就不能进行。

3) 自燃

自燃是指物质在通常环境条件下自行发生燃烧的现象。可燃物在缓慢氧化的过程中产生的热量，若不能及时散失就会越积越多，当热量的积聚达到一定的温度时，不经点火就可引起自发燃烧的现象。自燃可分为化学自燃和热自燃两种形式。

4) 爆炸

爆炸是指一个或一个以上物质在一定的空间里，在极短的时间内急速燃烧，短时间内释放巨大的能量。爆炸是一种极为迅速的能量释放过程。根据物质发生爆炸的原因和性质的不同，我们一般将爆炸分为物理爆炸和化学爆炸。

(1) 物理爆炸是由于物质的物理状态(温度、体积和压力等因素)发生突变而引发的爆炸。物理爆炸前后，物质的性质及化学成分不发生改变。如压力容器爆炸，蒸汽锅炉因水快速汽化导致容器内压力急剧增加，压力超过设备承受的强度而引发的爆炸，以及压缩气体或液化气钢瓶、油桶等受热引发的爆炸。

(2) 化学爆炸是由于物质在极短的时间内发生化学反应而引发的爆炸。化学爆炸的特点是发生的速度快、产生的能量巨大，具有较大的危害性。化学爆炸包括炸药爆炸、可燃气体爆炸、粉尘爆炸等。可燃气体爆炸和粉尘爆炸是实验室消防安全防范的重点。

燃烧过程中，通常会伴有火焰。因此，我们按照燃烧是否产生火焰，又将燃烧分为有焰燃烧和无焰燃烧。通常看到的明火都是有焰燃烧；有些固体发生表面燃烧时，有发光发热的现象，但是没有火焰产生，这种燃烧方式称为无焰燃烧。

2.2.6 实验室火灾的危害与预防

1. 火灾的危害

火灾可通过直接伤害和间接伤害造成人体损伤。

1) 直接伤害

(1) 火焰烧伤。火灾中火焰表面温度可达 800℃以上，而人体所能耐受的温度仅为 65℃，超过这个温度值，人体就会被烧伤。烧伤由火焰、辐射高温、热烟气流、灼热物质等作用于人体而引起。

(2) 热烟灼伤。火灾中，通常伴有烟雾，烟雾中的微粒携带着高温热值，通过热对流传播给流动的物质，当人吸入高温的烟气时，就会灼伤呼吸道，导致组织水肿、分泌物增多，阻塞呼吸道，造成窒息。

2) 间接伤害

(1) 浓烟窒息。火灾中伴随燃烧会生成大量的烟气，烟气的浓度由单位烟气中所含固体微粒和液滴的数量决定。烟气的温度依据火源的距离而变化。距火源越近，温度越高，烟气浓度越大。人体吸入高浓度烟气后，大量的烟尘微粒有附着作用，使气管和支气管严重阻塞，损伤肺泡壁，导致呼吸衰竭，造成严重缺氧。

(2) 中毒。现代建筑火灾的燃烧物质多为合成材料，所有火灾中的烟雾均含有毒气体，如 CO_2、CO、NO、SO_2、H_2S 等。现代建筑和装修材料中的一些高分子化合物在火灾高温燃烧条件下可以热解出剧毒悬浮微粒烟气，如 HCl、NO_2 等，上述有毒物质的麻醉作用能致人迅速昏迷，并强烈地刺激人的呼吸中枢和影响肺部功能，引起中毒性死亡。资料统计表明，火灾中死亡人数的 80% 是由于吸入有毒性气体而致死的。

(3) 砸伤、埋压。火灾区域的温度根据不同的燃烧物质而有所变化，通常在 1 000℃上下。在这样高的温度下，建筑结构材料在超过耐火极限时就会坍塌，造成砸伤、摔伤、埋压等伤害。

(4) 刺伤、割伤。火灾造成建筑物、构筑物坍塌，许多物质爆裂后形成各种形式的利刃物，可能刺伤人体。

2. 高校实验室常见的火灾原因

高校实验室常见的火灾原因有以下几种：

(1) 实验操作失误。实验过程中，操作人员可能存在疏忽大意、不按规定操作或未经过充分培训等情况，导致化学品泄漏、发生爆炸或引发火灾。

(2) 不安全储存与处理化学品。在实验室中，化学品的储存和处理不当可能会导致火灾。例如，存放在不合适的地方、采用不符合标签要求的容器、混放不相容物质等情况都增加了火灾的风险。

(3) 电气设备问题。实验室中使用的电气设备存在老化、线路故障、插座接触不良等问题，可能引发电弧、短路或过载，从而导致火灾。

(4) 火源接触可燃材料。实验室内常常存有可燃材料，如纸张、溶剂、氧气等，在没有采取足够的防护措施的情况下，这些可燃材料与火源接触可能引发火灾。

(5) 通风系统问题。实验室通风系统不畅通、排风设备故障或使用不当，无法及时排除实验中产生的有毒气体和可燃物质，导致火灾发生的风险增加。

(6) 实验室设施老化。实验室内部分设施设备老化、损坏或存在故障，如果不能及时维修或更换，可能会增加火灾发生的概率。

(7) 管理不到位。部分高校缺乏完善的安全管理制度、操作规范以及培训计划等，导致实验室管理人员对火灾预防重视程度不高，也容易造成火灾事故。

3. 高校实验室安全事故的典型案例

《高校实验室安全事故行为原因分析及解决对策》一文对 2010—2015 年间 46 起高校实验室事故进行分析，其中火灾、爆炸事件发生 42 起，占 91%；而 42 起事件中，有 37 起发生在化学实验室。化学实验室火灾爆炸的典型案例如下。

1) 镁铝粉尘爆燃

事件经过：2021 年 10 月 24 日 15 时 54 分，南京某大学材料实验室发生爆燃事故，相继发生三次爆炸，现场还升起巨大的蘑菇云。此次事故造成 2 人身亡，9 人受伤，爆燃事故现场如图 2-1 所示。

图 2-1　南京某大学实验室爆燃事故

事故原因：镁铝粉尘发生爆燃。爆燃产生的条件：① 有燃料和助燃空气的积存；② 燃料和空气混合物达到了爆燃的浓度；③ 有足够的点火能源。尽管危害程度不如爆炸，但因为爆燃前，室内大量空气已经与大量可燃气体或粉尘充分混合，所以会瞬间燃烧，对室内的人和物都会瞬间造成严重伤害。

事故预防：① 防止镁铝金属粉尘的积聚而达到爆炸点，发现粉尘积聚，要及时清理；② 注意通风，及时去除残留的镁铝金属粉尘；③ 防止粉尘遇到点火源。

2) 违规开展实验冒险作业引发爆炸

事件经过：2018 年 12 月 26 日，北京某大学市政环境工程系学生在环境工程实验室内进行垃圾渗滤液污水处理科研试验时发生爆炸引发火灾，造成 3 名学生身亡，爆炸事故现场如图 2-2 所示。

图 2-2　北京某大学实验室爆炸事故

事故原因：学生在使用搅拌机对镁粉和磷酸进行搅拌的过程中，料斗内产生的氢气被搅拌机转轴处金属摩擦、碰撞产生的火花点燃爆炸，继而引发镁粉粉尘云爆炸，爆炸引起周边镁粉和其他可燃物燃烧。此外，有关人员违规开展试验、冒险作业，违规购买、违法储存危险化学品，对实验室和科研项目安全管理不到位等，也是造成事故发生的原因。

事故预防：按实验室安全规定开展实验与购买危险化学品，根据危险化学品性能分区分类妥善管理，加强安全风险防控。完善实验室安全管理制度，强化制度的落实和监管。

3) 化学试剂引发爆炸

事件经过：2016 年 9 月 21 日，上海某大学化学化工与生物工程学院一实验室发生爆炸，造成两名学生重伤，一名轻伤，爆炸事故现场如图 2-3 所示。

图 2-3　上海某大学实验室爆炸事故

事故原因：经过调查发现，三名学生实验时均未佩戴护目镜，且存在违规操作行为(未注意锥形瓶内的温度就加入高锰酸钾而导致瞬间爆炸)，同时学生导师和校方未尽到安全管理职责(实验室未配备冲淋装置，导致遇事学生无法使用清水清洗眼睛而错过最佳治疗时间)。

事故预防：在实验前，实验人员必须穿戴好相关的防护装备，熟悉相关实验流程，检查实验设备与仪器能否正常运行；在实验期间，实验人员必须严格按照既定的实验计划认真细心地操作，使用危险化学品时必须要小心。

4. 火灾的预防

消防工作的方针是"预防为主，防消结合"。预防为主是消防安全的基础和保障，要保障消防安全，必须落实好预防工作，及时排除各类火灾隐患，切实做到防患于未然。火灾预防一般从以下几个方面入手。

1) 遵守实验室防火制度，消除火灾隐患

(1) 建立完善的实验室安全管理制度和规章制度，包括实验室使用规范、安全操作程序、事故应急预案等。明确责任分工，加强对实验室人员的培训和管理，增强他们的安全意识和火灾防范能力。

所有参加实验的人员都必须严格执行实验室安全操作规程，落实防火措施，严格遵守下列安全规定。

实验人员要严格执行"实验室十不准"：① 不准吸烟；② 不准乱放杂物；③ 不准实验时人员脱岗；④ 不准堵塞安全通道；⑤ 不准违章使用电热器；⑥ 不准违章私拉乱接电线；⑦ 不准违反操作规程；⑧ 不准将消防器材挪作他用；⑨ 不准违规存放易燃药品、物品；⑩ 不准做饭、住宿。

(2) 实验人员及实验中的注意事项。

① 实验人员要清楚所用实验物质的危险特性和实验过程中的危险性。

② 实验人员必须熟知"四懂四会"，即懂本岗位火灾危险性、懂预防措施、懂扑救方法、懂逃生的方法；会报警、会使用灭火器材、会处理险肇事故、会逃生。

③ 实验人员在实验过程中不得脱岗。要随时检查实验仪器设备、电路、水、气及管道等设施有无损坏和异常现象，并做好安全检查记录。

④ 实验人员使用药品时，应确实了解药品的物性、化性、毒性及正确使用方法，严禁将化学性质相抵触的药品混装、混放。实验剩余的药品必须按规定处理，严禁随意乱放、丢弃垃圾箱内或倒入下水道。要针对实验过程中可能发生的危险，制定安全操作规程，采取迁当的防护措施，必要时应参考"材料安全性数据表"进行操作。

⑤ 从事易燃易爆设备操作的人员须经公安消防部门培训，考核合格后持证上岗。

⑥ 实验室内特殊的电气、高温、高压等危险设备必须有相应的防护措施，应严格按照设备的使用说明及注意事项使用。易燃易爆钢瓶必须放置在室外。

⑦ 实验室必须配有防火、防爆、防盗、防破坏的基本设施；危险化学品应分类存放；贵重物品不得在室内随意摆放。严禁摆弄与实验无关的设备和药品，特别是电热设备。冰箱内不得存放易燃液体，普通烘干箱不准加温加热易燃液体。

⑧ 实验室使用剧毒物品要严格执行"五双"管理制度，并存放在保险柜内。

⑨ 实验时疏散门、疏散通道要保持通畅。实验结束后，应对各种实验器具、设备和物品进行整理，并进行全面仔细的安全检查，清除易燃物，关闭电源、水源、气源，确认安全后方可离开。

⑩ 严禁闲杂人员特别是儿童进入实验室，防止因外人的违章行为导致火灾。

2) 配齐防火设施与消防设备

各个实验室要配备有效的防火措施和消防设备，如火警报警系统、手动火灾报警装置、灭火器、消防栓等，并要定期检测和维护这些设备，确保其正常可用。

3) 实验室布局与设计要便于应急疏散

合理规划实验室的布局，确保通道畅通，并设置足够数量和容量的紧急出口。采用防火隔离材料和建筑结构，降低火灾蔓延的风险。

4) 注重电气安全

注意实验室内电气设备的安全使用，包括插头插座接触良好、线路整齐、不超负荷使用等。定期进行电气设备的巡查维护，避免电器短路或过载引发火灾。

5) 加强化学品管理

严格管理实验室中的化学品，确保合理储存和使用，防止泄漏、混合等情况发生。正确操作通风设备，保持实验室空气质量，降低可燃物浓度。

6) 加强员工培训与消防安全意识提升

高校要定期组织员工参加消防安全培训，提高他们的火灾防范和应急处理能力。增强员工的安全意识，引导要求他们遵守实验室安全规定和操作程序。

7) 定期检查与应急演练

高校要定期进行实验室的安全检查和隐患排查，及时解决问题。在培训的基础上，高校要组织火灾应急演练，提高师生对火灾事故的应对能力和逃生自救技能。

2.3　实验室消防设施

火灾的初期一般火势较弱、容易扑灭，是救援的最佳时间。消防器材是用于防火、灭火以及火灾事故救援的重要工具。因此，师生充分掌握消防器材的使用方法，将火灾扑灭在形成前或者初期，对实验室消防安全工作具有重要价值和意义。目前实验室中主要使用的消防器材有手提式灭火器、灭火毯、消防沙、消火栓、防烟面罩、逃生绳、强光手电等，下面进行了简要介绍。

2.3.1　灭火器的灭火原理

灭火器的灭火原理是通过喷射灭火剂消除或阻隔燃烧要素，达到灭火的目的。按照灭火的性质不同将灭火原理分为冷却灭火法、隔离灭火法、窒息灭火法、抑制灭火法四种。

1. 冷却灭火法

冷却灭火法通常选用水和二氧化碳作为灭火剂，将灭火剂直接喷射到可燃物的表面上，通过冷却降温，使燃烧的温度低于燃点，迫使燃烧终止。灭火剂在灭火过程中不参与燃烧过程中的化学反应，属于物理灭火方法。

2. 隔离灭火法

隔离灭火法是将正在燃烧的物质和周围未燃烧的可燃物质隔离或移开，中断可燃物质的供给，使燃烧因缺少可燃物而停止。具体方法有转移火源附近的可燃、易燃、易爆和助燃物品；关闭可燃气体、液体管道的阀门，以减少和阻止可燃物质进入燃烧区；阻隔流散的易燃、可燃液体；拆除与火源相毗连的易燃建筑物，形成防止火势蔓延的空间地带。

3. 窒息灭火法

窒息灭火法是降低燃烧区域中的氧气浓度或用不燃、难燃物质阻隔空气进入燃烧区域，使燃烧反应因得不到足够的氧气而熄灭。具体方法有用沙土、水泥、湿麻袋、湿棉被等不燃或难燃物质覆盖燃烧物；喷洒雾状水、干粉、泡沫等灭火剂覆盖燃烧物；用水蒸气或氮气、二氧化碳等惰性气体灌注发生火灾的容器、设备；密闭起火建筑、设备和孔洞；把不燃的气体或不燃液体(如二氧化碳、氮气、四氯化碳等)喷射到燃烧区域内或燃烧物上。

4. 抑制灭火法

抑制灭火法的灭火原理为化学灭火法。将灭火剂喷射至燃烧区，让灭火剂参与到燃烧的化学反应过程中去，使燃烧过程中产生的游离基消失，而形成稳定分子或低活性游离基，使燃烧反应停止。干粉灭火剂在抑制火势上具有一定的作用。

值得注意的是，灭火剂一般同时具备几种灭火功能。例如水不仅可以起到冷却降温的作用，同时水遇热蒸发生成的水蒸气也起到了一定的窒息作用。卤代烷灭火剂不仅具有化学抑制作用，同时也兼具窒息作用。

2.3.2   实验室常见灭火器的使用

灭火器作为扑救初起火灾的一线消防器材，对实验室火灾救援具有重要的意义。灭火器不是万能的，其救援功能是有限的，扑救火灾的类型是有所区别的。在火灾事故中，能够根据火灾的类型，挑选适合的灭火器扑救火灾尤为重要。如果选择的灭火器不合适，不但无法起到灭火的作用，而且有可能引起逆化学反应，引发更大的灾情，甚至可能造成爆炸伤人事故。

近年来，我国高等学校的办学规模不断扩大，学校加大了对实验室的投入，实验室的数量、规模和设备不断增加，相应地实验室的消防安全风险也逐渐加大。因此，加强实验室消防安全教育，提升师生实验室消防安全意识，熟练掌握灭火器的功能及其使用方法，对维护学校稳定，营造安全的实验环境具有重要意义。

1. 实验室灭火器的分类

依据灭火器内填充的灭火剂的性质和功能，可将灭火器分为水基灭火器、干粉灭火器、二氧化碳灭火器、泡沫灭火器、卤代烷灭火器(对臭氧层有破坏作用，已禁止在非必要场所配置该型灭火器或灭火系统)等。

按照灭火器移动方式的不同，可将灭火器分为手提式和推车式。

根据驱动灭火剂的动力来源的差异，可将灭火器分为储气瓶式、储压式、化学反应式。

我们在此重点介绍依据灭火器内填充的灭火剂的性质和功能进行分类的不同灭火器类型。

2. 实验室常见的灭火器类型

1) 水基灭火器

水基灭火器一般分为清水灭火器、水基型泡沫灭火器和水基型水雾灭火器三类，具体见图 2-4 所示。通常以氮气(或二氧化碳)作为驱动气体，是一种高效的灭火剂。水基灭火器内部充装的灭火剂以水为基础，一般由水、氟碳催渗剂、碳氢催渗剂、阻燃剂、稳定剂等多种试剂混合而成，以液态形式存在。水基灭火器雾化喷嘴喷射出的细水雾，被蒸发后能够吸收大量的热量，迅速降低燃烧区域的温度；同时，还能降低燃烧区域空气中氧气的浓度，有效地阻止可燃物的复燃，具有良好的抗复燃性。

图 2-4　水基灭火器

在起火时，将水基型灭火器中的药剂喷在身上，并涂抹于头上，可以使自己在普通火灾中完全免除火焰伤害，在高温火场中最大限度地减轻烧伤。

2) 干粉灭火器

干粉灭火器一般分为普通干粉灭火器和超细干粉灭火器。通常以二氧化碳或氮气作为驱动气体，通过喷射内部充装的磷酸铵盐干粉灭火剂，能够对可燃物的燃烧产生化学抑制、窒息以及冷却等作用，达到灭火的目的。干粉灭火器实物及结构示意图分别见图 2-5(a)、(b)。

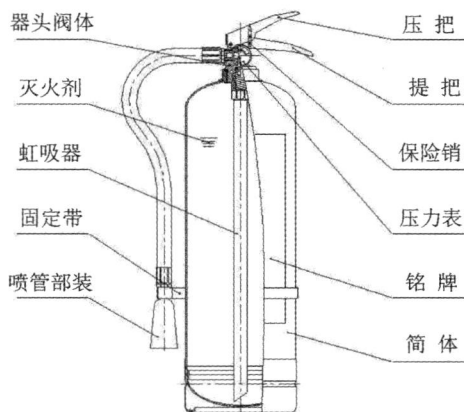

器头阀体　　压把
灭火剂　　提把
虹吸器　　保险销
固定带　　压力表
喷管部装　　铭牌
简体

(a) 实物　　　　　　(b) 结构示意图

图 2-5　干粉灭火器

　　干粉灭火器充装的磷酸铵盐干粉灭火剂主要成分包括干燥且易于流动的微细粉末、具备灭火效能的无机盐、少量的添加剂，以及经干燥、粉碎、混合的微细固体粉末等。能够与可燃物燃烧所产生的自由基或活性基团发生化学抑制和负催化作用，中断燃烧的链反应达到灭火效果。覆盖在可燃物表面的灭火剂与可燃物发生化学反应，在高温作用下形成一层玻璃状覆盖层，使燃烧因缺乏或隔绝氧气而熄灭。另外，干粉灭火器还具有吸热冷却的作用。

　　3) 二氧化碳灭火器

　　二氧化碳灭火器是世界上使用较早的一种灭火器，如图 2-6 所示。二氧化碳灭火器利用充装加注的液态二氧化碳灭火剂进行灭火。二氧化碳灭火剂是一种液化低温气体，本身不能燃烧，也不支持燃烧，能够降低空气中氧气含量和燃烧物体表面温度，从而中断燃烧。二氧化碳灭火器是将液态二氧化碳压缩到钢瓶中，灭火时将其喷出。卸压后液态二氧化碳立即气化，二氧化碳由液态转变为气态，不仅伴随有体积的扩大，还会从周围空气中吸收大量的热量，有降温冷却和隔绝空气的作用，从而达到灭火的目的。

图 2-6　二氧化碳灭火器

　　二氧化碳灭火器的正确使用方法是先拔出保险销，再压合压把，将喷嘴对准火焰根部喷射。使用时要尽量防止皮肤因直接接触喷筒和喷射胶管而造成冻伤。扑救电器火灾时，如果电压超过 600 V 切记要先切断电源后再灭火。

　　手提式二氧化碳灭火器有 2 公斤、3 公斤、5 公斤、7 公斤四种规格。使用手提式二氧化碳灭火器时，可手提灭火器的提把，或把灭火器扛在肩上，迅速赶到火场。在距起火点大约 5 m 处，放下灭火器，一只手握住喇叭形喷筒根部的手柄，把喷筒对准火焰；另一只手旋开手轮，二氧化碳就会喷射出来。扑救流散液体火灾时，应使二氧化碳由近而远向火焰喷射，如燃烧面积较大，操作者可左右摆动喷筒，直至把火扑灭。扑救容器内火灾时，操作者应手持喷筒根部的手柄，从容器上部的一侧向容器内喷射，但不要使二氧化碳直接冲击到液面上，以免将可燃液体冲出窗口而扩大火灾。

　　4) 泡沫灭火器

　　泡沫灭火器通过喷射大量二氧化碳及泡沫，黏附在可燃物上，使可燃物与空气隔绝，阻断火焰的热辐射，从而达到灭火的目的。图 2-7 所示为移动式泡沫灭火装置。

图 2-7　移动式泡沫灭火装置

　　泡沫灭火器的外壳是由铁皮制成的，内部装有碳酸氢钠与发沫剂组成的混合溶液，内部的玻璃瓶内胆中盛有硫酸铝水溶液。使用时需将灭火器颠倒过来，灭火器内的碳酸氢钠与硫酸铝水溶液混合后发生化学反应，产生的二氧化碳气体泡沫体积迅速膨胀，能够快速覆盖可燃物的表面，不仅可以起到吸热冷却的作用，而且还能够形成隔绝层，阻断氧气与可燃物的接触，从而形成灭火能力。

　　泡沫灭火器一般分为手提式泡沫灭火器、推车式泡沫灭火器和空气式泡沫灭火器三类。日常使用中以手提式泡沫灭火器为主。

　　5) 卤代烷灭火器

　　卤代烷灭火器充装卤代烷灭火剂(卤代甲烷、卤代乙烷等)，具有良好的灭火效果，如图 2-8 所示。卤代烷灭火器不是依靠冷却、稀释氧或隔绝空气等物理作用来实现的，而是通过抑制燃烧的化学反应过程，中断燃烧的链反应而迅速灭火的。

图 2-8　卤代烷灭火器

在灭火过程中，卤代烷灭火器喷射出来的卤代烷灭火剂接触高温表面或火焰时，分解产生的活性自由基，通过氯、氟和溴等卤素氢化物的负化学催化作用和化学净化作用，大量扑捉、消耗燃烧链式反应中必需的活性游离基(H•和•OH 等)，破坏和抑制燃烧过程中的化学链式反应，从而降低可燃物燃烧能力，达到抑制火势的效果。

3. 实验室常见灭火器的灭火原理、适用范围及其优点

为了便于大家更清楚地了解各种实验室常见灭火器的原理、适用场景和优点，本书对其进行了总结整理，详见表2-3。

表2-3　实验室常见灭火器的灭火原理、适用范围及其优点

灭火器类型	灭 火 原 理	适 用 场 景	优 点
水基灭火器	水基灭火器的灭火原理属于物理灭火。通过内部装有 AFFF 水性成膜泡沫灭火剂和氮气产生的泡沫喷射到可燃物的表面上，泡沫层析出的水在可燃物表面形成一层水膜，使可燃物与空气隔绝，从而达到灭火的目的	适用于扑救可燃固体物质燃烧(A 类火灾)或可燃性液体燃烧(B 类火灾)引起的初起火灾，广泛应用于油田、油库、轮船、工厂、商店等场所，是木竹类、织物、纸张及油类物质的开发加工、贮运等场所的必备消防器材。水基型灭火器还可以用于扑救电气设备引发的火灾(E 类火灾)	该类灭火器扑救火灾的类型广泛，无毒无污染绿色环保，灭火后药剂可 100% 生物降解，不会对周围设备、环境造成污染；水基灭火器还具有灭火速度快、灭火效率高等特点，能够高效阻止可燃物的燃烧，具有较强的抗复燃性
干粉灭火器	干粉灭火器以二氧化碳或氮气作为驱动气体，通过喷射内部充装的磷酸铵盐干粉灭火剂进行灭火，能够对可燃物的燃烧产生化学抑制、窒息以及冷却等作用	用于扑救可燃固体物质燃烧(A 类火灾)引起的一般火灾，也可以用于扑救石油、有机溶剂等可燃性液体燃烧(B 类火灾)引起的初起火灾，还可以用于扑救电气设备(E 类火灾)引发的火灾，但不能扑救金属燃烧火灾	该类灭火器具有操作方法简单、方便快捷、灭火速度快、灭火剂储存时间长、价格低等优点，具有较高的安全性和稳定性，是日常生活中应用最为广泛的灭火器之一
二氧化碳灭火器	二氧化碳灭火器的灭火原理主要是窒息灭火	主要适用于 A、B、C 类火灾。可用于扑救贵重设备、档案资料、仪器仪表、600 伏以下电气设备及油类的初起火灾	二氧化碳灭火器喷射率高，灭火剂蒸发速度快，可以迅速扑灭火灾；二氧化碳灭火器在灭火过程中，不污染环境，对物品不产生腐蚀和破坏作用，非常适合扑救电气设备火灾(E 类火灾)

续表

灭火器 类型	灭 火 原 理	适 用 场 景	优 点
泡沫 灭火器	泡沫灭火器的灭火原理是灭火时喷射出大量二氧化碳及泡沫，黏附在可燃物上，使可燃物与空气隔绝，阻断火焰的热辐射，从而达到灭火的目的	可用来扑灭可燃固体物质燃烧(A 类火灾)如木材、棉布等固体物质燃烧引发的火灾；最适宜扑救可燃性液体燃烧(B 类火灾)如汽油、柴油等液体燃烧引发的火灾；不能扑救水溶性可燃、易燃液体引发的火灾(如醇、酯、醚、酮等物质)和电气设备(E 类火灾)引发的火灾	灭火器适用范围较广；灭火效果较好，能够有效阻隔氧气，快速扑灭火源；泡沫灭火器采用的是洁净水和添加环保型泡沫灭火剂，洁净环保，灭火时无毒、无味、无粉尘等
卤代烷 灭火器	卤代烷灭火器的灭火原理是通过抑制燃烧的化学反应过程，中断燃烧的链反应而迅速灭火的	适用于多种类型的火灾，可适用于除金属火灾外的所有火灾(A、B、C、E 类火灾)，尤其适用于扑救精密仪器、计算机、珍贵文物及贵重物资仓库等的初起火灾	卤代烷灭火器结构简单，易于学习，使用方便；灭火效果较好，能够快速扑灭火灾，有效防止火势扩大；卤代烷灭火剂不导电、不腐蚀物品，灭火后无灭火剂和化学物质残留，对环境无污染

4. 实验室常见灭火器的使用方法

选择合适的灭火器，在距离火源适当的位置，除掉灭火器铅封，拔出保险销，左手紧握喷射软管，并将喷嘴对准火焰，右手握住启闭阀提把，并用力压下启闭阀压把，进行喷射，直至火灾消除，然后松开启闭阀，插入保险销，并将灭火器放回。

在使用干粉灭火器进行灭火时，应选择在火源上风口位置，不宜逆风喷射。

在使用二氧化碳灭火器进行灭火时，尽量避免皮肤直接接触喷筒外壁以及喷射胶管，防止被冻伤。

在使用泡沫灭火器时则应将灭火器颠倒过来呈垂直状态，进行灭火。

卤代烷灭火器的灭火剂具有一定的毒性，在进行灭火时，应注意避免吸入蒸气和与皮肤接触，使用后应通风换气 10 分钟后再进入使用区域等。

5. 实验室常见灭火器的储存、检查与报废

灭火器通常为压力储存器，运输过程中应避免撞击和挤压，防止灭火器破损。灭火器应存放在干燥、通风、温度适宜的地方，保持干粉灭火器的干燥性能，防止灭火剂因受潮或吸湿导致灭火效果降低。同时，避免阳光直射和高温环境以及与易燃易爆、腐蚀、有毒物品接触，以防止安全事故发生。灭火器应放置在取用方便的地方，以便于在发生火灾时能够及时使用。

灭火器应该每年进行一次检查和维护，检查灭火器的外观、压力表、密封情况、喷嘴、管路以及零部件等状态。要做好灭火器外壳的清洁、喷嘴和管路的疏通，以及零部件状态

的检测。如发现灭火剂贮量不足以及零部件损坏等情况，应立即将灭火器运送至具备相关资质的维修单位进行检查，并按照国家以及行业相关标准进行维修和充装加注灭火剂和驱动气体，加注前须对灭火器进行水压试验，充装后应对灭火器进行气密性试验，不合格的不得使用。

如果灭火器的外壳变形、喷嘴、密封圈、气筒发生严重损坏或老化，灭火能力不能得到保证，需要尽快报废或进行相应的修理。灭火器达到国家规定有效使用年限的，无论该灭火器是否使用过，都必须进行报废处理。

2.3.3　实验室其他灭火器材的使用

实验室火灾的种类有很多，不同类型的火灾要选用不同的灭火器材。如果消防器材使用不当，不仅延误灭火的最佳时间，甚至可能会扩大火情，造成更大的灾害。随着实验室规模的不断扩大，高校配套的消防基础设施难以满足实验室安全管理的需要。因此，我们还要根据实验室安全管理的需要增配相应的消防器材。

1. 灭火毯

灭火毯又称消防被、灭火被、防火毯、消防毯、阻燃毯、逃生毯，是由纤维状隔热耐火材料——耐火纤维制成，能够起到隔离热源及火焰的作用，可用于扑灭油锅起火或者披覆在身上逃生，隔绝火焰对人体的损伤常见灭火毯如图 2-9 所示。

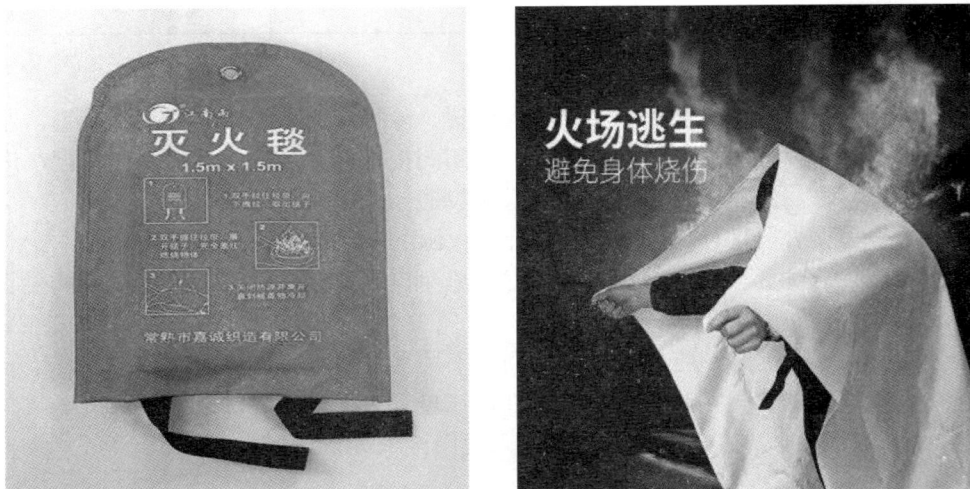

图 2-9　常见灭火毯

1) 灭火原理

将灭火毯盖在燃烧物品上，通过覆盖火源，阻隔空气，使燃烧因无法得到氧气而熄灭，以达到灭火的目的。

2) 适用场景

灭火毯主要适用于企业、商场、汽车、建筑等场合的初起火灾。特别适用于学校、家庭、宾馆、娱乐场所、加油站等一些容易着火的场所。

3) 使用方法

(1) 穿戴手套保护手部，以免被灼伤。

(2) 拉开灭火毯拉带，将灭火毯平放在火源的上方，使灭火毯覆盖火源；或捏住灭火毯两角，将灭火毯投掷到火源处。投掷时应保持安全距离，避免被火焰烧伤。

(3) 将灭火毯完全覆盖火源，并利用手掌拍打或双脚踩踏，使火焰熄灭。

(4) 如果有人员身上着火，将灭火毯轻轻抖开，包裹在着火人员身上，并在地上翻滚以扑灭火源。

(5) 火源被扑灭后，待灭火毯冷却完毕，将灭火毯包裹起来，作为不可回收垃圾处理。

4) 存储、检查、维护保养和报废

(1) 存储：灭火毯应固定或存放在比较显眼且能够快速拿取的墙壁上或抽屉内。

(2) 检查：灭火毯的使用单位应定期对灭火毯进行检查，每年检查次数不得少于 1 次，确保其在火灾扑救时能够充分发挥灭火作用。并建立灭火毯使用台账，准确记录灭火毯使用时间、检查日期和维修记录等信息，以便及时对灭火毯进行更新和报废。

(3) 维护保养：灭火毯没有破损的情况下，可以重复使用。灭火毯受到污染或者损坏，可以采用清洗、修补或更换的方式进行维护保养。修补后的灭火毯应该有足够的强度和耐用性，以确保在使用时不会出现问题。

(4) 报废：通常情况下，灭火毯没有失效期。如果发现灭火毯存在严重磨损、破损、污染、发霉、变形等情况，或灭火毯无法进行修复的，应对其进行报废处理。

5) 灭火毯分类

根据不同的灭火介质，可以将灭火毯分为以下几类：石棉灭火毯、玻璃纤维灭火毯、陶瓷纤维灭火毯、环保型灭火毯、复合型灭火毯等。

(1) 石棉灭火毯使用石棉纤维作为灭火介质，可以扑灭普通火源和油类起火，是最早研制出的灭火毯。

(2) 玻璃纤维灭火毯以玻璃纤维为材料，可用于扑灭多种类型的火灾。

(3) 陶瓷纤维灭火毯采用陶瓷纤维和其他无机材料制成，能够扑灭高温、高热和金属火灾等。与其他类型灭火毯相比，陶瓷纤维灭火毯拥有较强灭火效果。

(4) 环保型灭火毯以环保著称，所采用的材料不含有毒、有害物质，符合国际环保要求。

(5) 复合型灭火毯是通过将多种无机材料复合而成的，可以扑灭不同类型的火灾，具有良好的灭火效果和耐高温性能，能够支持在非常恶劣的环境下使用。

6) 灭火毯的优、缺点

(1) 灭火毯的优点：灭火毯没有失效期，没有使用过的灭火毯可以继续使用；灭火毯质量轻，操作简单，可以由一人进行操作，无需专业培训和装备；灭火毯材质具有防火、耐高温、高热的特点，能够延迟和减缓火势，防止火灾的蔓延。

(2) 灭火毯的缺点：灭火毯只能用于扑灭小型火源，无法扑救大型火灾。灭火毯不适用于扑灭电气火灾，如果在没有切断电源的情况下，有触电危险。

2. 消防沙

消防沙是用于灭火和控制火势的一种常用材料,通常是由细沙和凝结剂组成的混合物,具有良好的散热性和隔离性。凝结剂的作用是让沙子变得更加黏稠,更容易覆盖和黏附在燃烧物表面或火源上。

1) 灭火原理

消防沙的灭火原理是窒息灭火法,主要利用沙子的物理特性来抑制和隔离火源,从而达到灭火的效果。

2) 适用场景

主要用于扑灭油类火灾、易燃化学品火灾,以及金属火灾。有易燃化学品的实验室、化学试剂库房应配备消防沙。消防沙不适用于扑救电气设备引发的火灾,沙子导电,如果在没有切断电源的情况下,有触电危险。

3) 使用方法

(1) 消防沙用器材(如消防袋、桶、箱等)装好,在消防沙器材显眼处张贴"消防沙"标识。

(2) 将消防沙覆盖在燃烧物上,直至火灾扑灭。

(3) 确认火灾扑灭后,按照规定将消防沙清理干净。

4) 存储、维护保养和更换

(1) 储存:消防沙应保持干燥,潮湿的消防沙在灭火过程中,可能因为灼烧造成沙子飞溅。因此,消防沙应存放在干燥、通风、环境温度相对稳定的地方,避免受潮、发霉、变质等情况。同时,消防沙的储存地点应远离火源和易燃物,避免发生火灾。

(2) 维护保养:建议每 3 个月检查一下消防沙,检查消防沙桶以及配套的工具是否齐全,消防沙盘和通道是否通畅、消防沙是否受潮、发霉、变质。并对存放区域进行消毒,确保消防沙不受细菌、霉菌、病毒影响。

(3) 更换:消防沙的有效使用期限为3~5 年,在使用过程中,如果发现消防沙已经结块、变质、发霉或达到有效使用期限,应该及时进行更换。

5) 消防沙的分类

按照材质的不同,可以将消防沙分为以下几类:

(1) 磷灰石消防沙:由磷灰石矿石、硅酸铝、硼碳酸盐等材料制成,是一种常见的干粉灭火剂,具有良好的灭火效果。

(2) 硅酸盐消防沙:以天然硅酸盐矿物为主要原料制成,具有灭火效果好、散热快等特点。

(3) 无机盐消防沙:由硫酸、铵盐、氢氧化铝等无机盐制成,是一种环保、经济、灭火效果好的消防材料。

(4) 硼酸盐消防沙:主要成分为硼酸盐和碳酸盐等,在氧气充足的环境下可燃烧生成水和二氧化碳,并能生成掩盖火焰的水雾,灭火效果较好。

(5) 钾盐消防沙:以钾盐为主要原料制成,扑救液体火灾效果较好,但对于扑救固体火灾的效果不如其他种类消防沙灭火效果好。

不同种类的消防沙在灭火效果、环保性、清洁度等方面有所差异,应根据实际情况选择合适的消防沙使用。

6) 消防沙的优、缺点

(1) 消防沙的优点。

① 消防沙不易受潮，能够长期保存使用。

② 消防沙在扑救易燃液体、气体和固体引发的火灾时，具有良好的灭火效果。

③ 消防沙的颗粒较小，可以渗透到火源较深的部位，隔绝燃烧物与氧气的接触，实现快速灭火。

(2) 消防沙的缺点。

① 消防沙在灭火过程中会产生大量的粉尘，会对人员、设备和环境造成一定的污染和损伤。

② 消防沙在灭火后留下的粉尘和颗粒，需要花费大量的时间进行清理。

③ 消防沙是一次性的，不能够反复使用，且在灭火过程中需要投入使用的量较大，一次灭火成本较高。

④ 消防沙对机电设备以及电子设备等具有一定腐蚀性，容易对设备造成二次损害。

3. 消防栓

消防栓又称消火栓，是消防灭火系统的主要组成部分，是最常用的消防灭火装置，如图 2-10 所示。

图 2-10　消防栓

1) 消防栓的组成

消防栓一般由消防箱、消防水带、喷淋水枪、接扣、栓、卡子等组合而成。消防栓上应张贴明显的"消防栓"标识。

2) 适用场景

消防栓能够为火灾的扑救提供充足、可靠的水源。适用于扑救火势较大的火灾,是火灾应急救援中应用最为广泛的设备之一。

3) 使用方法

根据消防栓放置位置的不同,可以将消防栓分为室内消防栓和室外消防栓。

(1) 室内消防栓的使用方法。

① 按压消防栓弹簧锁,打开消防栓箱门。

② 下消防栓内部的火警按钮(按钮用于报警和启动消防泵)。

③ 一人负责将喷淋枪头与消防水带的一端进行连接,并持连接好的喷淋枪头抵达火灾现场,准备实施救援。

④ 另一人负责将消防水带的另一端与消防栓出水口进行连接,待前者抵达火灾现场后,逆时针旋转打开水阀。

⑤ 向火源喷水,直至火源被扑灭。

⑥ 顺时针关闭水阀。

⑦ 拆卸喷淋枪头、消防水带,整理好后放回原处。

注:扑救电气设备引发的火灾时,要先切断电源,以免发生触电事故。

(2) 室外消防栓的使用方法。

① 确保消防栓阀门处于关闭状态,然后拆除消防栓盖子。

② 一人负责将喷淋枪头与消防水带的一端进行连接,并持连接好的喷淋枪头抵达火灾现场,准备实施救援。

③ 另一人负责将消防水带的另一端与消防栓出水口进行连接,待前者抵达火灾现场后,用扳手打开消防栓的出水阀门开关。

④ 向火源喷水直到火源被扑灭。

⑤ 用扳手关闭地下消防栓的出水阀门开关。

⑥ 拆卸喷淋枪头、消防水带,并将其整理好后放回原处。

4) 存放与设置

消防栓是一种固定式消防设备,通常安装在走廊、电梯间旁边以及楼道进出口处的墙壁凹槽内。重点保护区域以及沿道路也有消防栓设置。

5) 消防栓的优、缺点

(1) 消防栓的优点。

① 安全性高。消防栓是一种固定式消防设备,安装相对牢固不易松脱,具有较高的安全生。

② 适用范围广。适用于高校办公楼、宿舍楼、实验室等多种不同的领域的不同类型火灾。

③ 经济实用。相比于其他消防设备而言,消防栓的成本较低,安装与维护也较为方便。

(2) 消防栓的缺点。

① 目标单一。消防栓只能锁定一个目标,如果需要锁定多个目标,则需要安装多个消防栓。

② 机动性差。消防栓只能安装在特定的位置,并且需要在事先计划好的火灾范围内使用。如果消防栓安装不当,则会影响预期的灭火效果。

③ 容易损坏。室外安装的消防栓,容易受到外部环境、人为因素以及其他不确定因素影响,从而导致损坏或失效。

4. 防烟面罩

火灾中,烟雾不仅会对眼睛产生极大的负荷,而且会导致能见度大大降低,严重阻碍人们逃生和火灾的救援;此外,烟雾中含有大量的有毒有害气体和颗粒物质,这些物质会对人们的呼吸系统产生极大的损伤,甚至会导致中毒和窒息,是造成人员伤亡的主要原因之一。

防烟面罩是一种用于保护人体呼吸器官不受外界有害气体、有毒烟雾、颗粒粉尘等污染物伤害的穿戴于人的头部的专用呼吸装置。防烟面罩装备的滤毒罐、滤烟元件,能够有效过滤掉空气中的有害气体、有毒烟雾、颗粒粉尘等污染物,能够保障逃生人员呼吸到安全、洁净的空气。

1) 防烟面罩的构成

防烟面罩又称消防过滤式自救呼吸器,它通常由面罩和过滤器两部分组成,有些防烟面罩还配备了呼吸阀、调节器和耳挂等,以增强佩戴防烟面罩的舒适性。

2) 防烟面罩的存储

① 防烟面罩应存放在干燥、阴凉、通风、不易受污染、腐蚀且温度适宜的环境中,应避免阳光直射或高温环境。

② 存放时应将防烟面罩放置在原包装盒内、密封的包装袋中,或在密闭的盒子中,也可以用挂钩悬挂在墙壁上。

③ 存储过程中应经常检查防烟面罩的状态,保持滤芯和面罩等部分的完整、干燥、清洁。

④ 不同类型的防烟面罩应分开存放,以免混淆使用。

3) 使用方法及注意事项

(1) 防烟面罩的使用方法。

① 检查防烟面罩状态,选择状态正常的防烟面罩。

② 将防烟面罩戴在头上,将头带调整到合适的位置,使面罩紧贴面部。

③ 调整鼻夹,使之紧贴鼻梁。

④ 检查防烟面罩密闭性,用手捂住面罩,并迅速进行呼气、吸气,以确保面罩内的空气完全经过过滤器。

⑤ 如果面罩使用时间过长或被污染,应及时更换滤芯。

防烟面罩适用方法图详解(见图 2-11)。

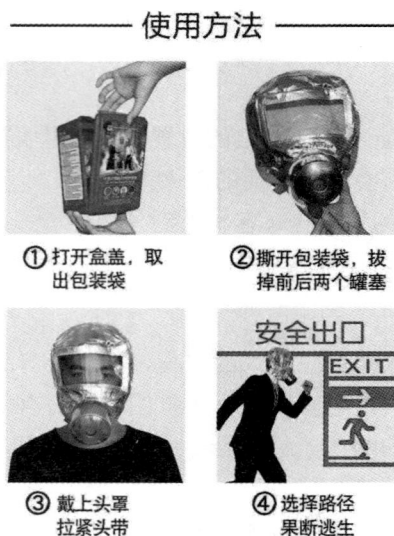

—— 使用方法 ——

① 打开盒盖，取出包装袋

② 撕开包装袋，拔掉前后两个罐塞

③ 戴上头罩拉紧头带

④ 选择路径果断逃生

图 2-11　防烟面罩使用方法

(2) 防烟面罩的注意事项。

① 防烟面罩不适合在缺氧环境中使用。

② 佩戴过程中，应避免频繁调整面罩。

③ 佩戴过程中，应避免呼吸阀与其他物体直接接触。

④ 佩戴过程中，如有不适症状，应立即停止使用。

4) 适用场景

防烟面罩适用于火灾、化学品泄漏、工厂粉尘、建筑工地、实验室等情况下的有害气体、有毒烟雾、颗粒粉尘等的防护。广泛应用于工业环境、建筑工地、消防和紧急救援等领域。

5) 维护保养与报废

(1) 维护与保养：防烟面罩使用完毕后，应更换防烟面罩滤芯，并按照规定要求和方法对面罩以及零部件进行清洗，清洗后的零部件晾干后，应重新进行安装。

(2) 更换与报废：定期对防烟面罩的零部件进行检查，如发现面罩破损、滤芯堵塞、密封垫老化、弹性带松弛或断裂等情况，应及时进行更换和修理。防烟面罩的有效使用期限一般为 3～5 年，当防烟面罩无法进行修复时或达到有效使用期限时，应进行报废处理。防烟面罩是有害垃圾，应按照国家相关规定，运送至具有相关资质的单位进行处理。不得随意丢弃，以免污染环境和损害他人健康与安全。

6) 防烟面罩的优、缺点

(1) 防烟面罩的优点。

① 防烟面罩能够有效过滤空气中的颗粒物、气溶胶、微生物、有机物等有害物质，从而减少对呼吸系统的损伤。

② 防烟面罩体积较小，便于携带。

③ 防烟面罩操作简单，使用方便。

④ 防烟面罩可重复使用，成本较小。

(2) 防烟面罩的缺点。

① 防烟面罩不宜在高度污染的环境中使用，防烟面罩容易因滤芯饱和而无法发挥防护作用。

② 防烟面罩的大小相对固定，无法完全满足人们个性化的需求，佩戴过程中可能存在不透气、不密闭等问题。

5. 逃生绳

逃生绳是一种用于应急救援和紧急逃生的绳索，它通常由高强度纤维制成，如聚酯纤维、聚酰胺、聚烯烃等，具有良好的耐磨性、吸水性、防腐性等特性。

逃生绳是火灾逃生中最为实用的工具之一。在火灾事故中，如果受到火势直接威胁，必须立即脱离又无路可退时，可从窗口处使用逃生绳快速逃生。一般在高层建筑中使用较多，输送被困人员从高层缓降至地面。为确保安全，人们应该学会如何正确佩戴和使用逃生绳。

1) 使用方法

(1) 固定逃生绳。寻找逃生绳的固定物，确保固定点结构牢固可靠。如柱子、暖气管、栏杆、窗户的防护栏等。

(2) 穿戴安全带。将安全带穿戴在臀部、腰间或者腋下，利用松紧扣调整安全带宽松度，并将逃生绳顺着窗口抛向楼下。

(3) 连接。将安全带和 8 字环、挂扣相连接。

(4) 撤离。戴上防护手套双手握住救生绳，左脚面勾住窗台，右脚蹬外墙面，待人平稳后，左脚移出窗外。两腿微弯，两脚用力等墙面的同时，双臂伸直，双手微松，两眼注视下方，沿逃生绳下滑。当接近地面时，右臂向前弯曲，勒紧绳带，两腿微曲，两脚尖先着地。

(5) 如有多名受困人员，应在第一位人员安全着地后，楼上人员把安全绳拉回。其他人员按照以上步骤依次逃生。

逃生绳使用方法图解详见图 2-12。

1. 主要构件：绳盘、钢芯绳、安全钩、橡胶垫、安全带。

2. 使用时，将逃生绳一端安全钩悬挂在窗口或牢固固定在建筑物上，把安全带套在腋下。

3. 手握橡胶垫，有效地预防烫手，适当调整手握方向：由垂直方向往水平方向扭，可增加阻力，减缓下降速度。

图 2-12　逃生绳使用方法

对于不能自控逃生绳的老人和小孩，应在监护下使用，监护人员协助老人和小孩穿戴安全带，并拉起逃生绳的另一端，将老人和小孩慢慢缓降至地面。

2) 存放、检查、维护保养与报废

逃生绳的维护保养非常重要，有效的维护和保养能够确保逃生绳在应急救援和紧急逃生中充分发挥其作用。

(1) 逃生绳的存放。

① 存放位置。逃生绳应存放在干燥、通风、避光的地方，远离有害物质和易燃材料。存放位置应保持清洁，避免绳索表面黏附灰尘、油污等物质。

② 存放方式。逃生绳应以卷曲的方式存放，避免折叠或盘绕，以免出现弯曲、结节等问题。卷曲时要确保绳索不过紧，以免压力损伤和形变。存放时还应避免拉伸和扭转，以保持绳索的弹性和耐久性。

(2) 逃生绳的检查。

① 每次使用后，检查逃生绳的安全性，如逃生绳有严重的破损，应及时进行更换。

② 每3个月应对逃生绳进行一次常规检查，检查逃生绳及其零部件的安全性能。

③ 每6个月应对逃生绳进行一次全面检查，包括外观、材质、结构、保存状态以及有效使用期限等。

(3) 逃生绳的维护保养及报废。

① 逃生绳应使用温水和中性洗涤剂轻轻清洗，清洗后将逃生绳自然晾干。清洗过程中不宜使用漂白剂、香味剂或重碱性清洁剂。

② 定期检查逃生绳的状态，如有撕裂、磨损、硬化应及时进行修理。

③ 更换与报废。逃生绳一般有效使用期限为3～5年，达到有效使用期限的须经专业机构检测符合标准要求的，可以继续使用。如逃生绳出现严重受损或老化的，应进行报废处理。

3) 逃生绳的优、缺点

(1) 逃生绳的优点。

① 便于携带。逃生绳重量较轻，易于携带，便于人们在火灾等紧急情况下迅速逃生，是一种便捷有效的逃生装备。

② 空间利用率高。逃生绳的储存不需要占用太大空间，且能够在狭小的空间中使用。

③ 安全性高。逃生绳通常由高强度的纤维材料制成，能够承载重量较大，在使用过程中安全性较高。

(2) 逃生绳的缺点。

① 适用范围窄。逃生绳长度有限，只适合在建筑物高度较低的场所进行使用。

② 技能要求高。逃生绳的使用需要进行专业的训练并掌握一定的使用方法和技能。如果使用不当，有可能造成严重的人身伤害，甚至会导致死亡事故发生。

6. 强光手电

强光手电是以发光二极管作为光源的高亮度的手持手电筒，它的亮度一般在200～5000流明之间，高出普通手电筒亮度很多倍，主要应用于军事、安保、应急救援以及户外探险等领域。

1) 强光手电的用途

(1) 照明功能。强光手电亮度高、穿透力强，具有良好的照明效果，可用于黑暗或视线较差环境下的照明。

(2) 紧急呼救功能。强光手电还具有紧急呼救功能，能够快速发射闪烁信号或者 SOS 紧急信号，用来吸引搜救队伍或他人注意，传达紧急情况。

2) 强光手电的优、缺点

(1) 强光手电的优点。

① 亮度高。强光手电亮度高，能够照射的距离远，覆盖的区域大，为人们提供良好的视野。

② 可调焦。人们可根据实际需要调节光束的聚散程度，能够适应不同的环境对光的需求。

③ 耐用性强。强光手电具备防水、耐摔、耐腐蚀等特性，具有较强的实用性和耐用性。

(2) 强光手电的缺点。

① 质量大。相比于普通手电筒，强光手电质量更大，不便携带。

② 电池寿命短。强光手电的电池寿命较短，需要经常性更换电池。

③ 价格昂贵。强光手电的生产包含的技术含量高，且材质特殊，增加了强光手电的价格。

2.4 实验室其他消防及安全疏散设施

在实验楼和实验室内应按规定设置其他消防及安全疏散设施，如火灾报警及灭火控制系统、安全疏散设施和防火分隔物等。

2.4.1 火灾报警及灭火控制系统

火灾报警及灭火控制系统是一种自动化系统，可以快速检测到火灾，并及时采取灭火措施，有效地保护人们的生命和财产安全。火灾报警及灭火控制系统通常包括以下组件：

(1) 火灾探测器。该部分主要由传感器构成，如烟雾探测器、热敏探测器、手动报警按钮等，用于检测烟雾、火焰或热量等火灾特征，并向中央控制器发送信号。

(2) 报警控制器。用于监测火灾报警设备的状态，并在发生火灾时触发相应的警报和通知，向消防人员或警卫人员发送警报，并向中央控制器发送信号。

(3) 中央控制器。该部分主要由具有微处理功能的器件组成，用于接收和处理火灾探测器发出的信号，并根据预设的灭火控制策略，控制灭火设施进行灭火。

(4) 火灾声光报警器。当火灾探测器检测到火灾时，报警器会发出声音和闪光，用于提醒人们及时疏散逃生。

(5) 灭火设施。包括灭火器、喷淋头等，可在火灾发生时，自动喷洒灭火剂，将火灾扑灭或控制。

总之，火灾报警及灭火控制系统是一种必要的安全设备，在人们的生产和生活中发挥着重要的作用。需要强调的是，火灾报警及灭火控制系统还需要进行定期维护和测试，确保设备和管理流程都能够正常运行。

2.4.2　安全疏散设施

为保证火灾发生时建筑物内的人员和物资能够尽快转移至安全区域，以减少损失，同时为消防人员灭火提供方便，建筑物内一般建有安全疏散设施。安全疏散设施主要有以下几种。

1. 安全出口

安全出口是指符合安全疏散要求的门，如建筑物的外门、防火墙上所设的防火门、经过走道或楼梯能通向室外的门等。是建筑物安全出口系统中最重要的组成部分之一，其位置、数量、标识、尺寸、开口方向、设施和设备等方面都需要严格按照相关的标准和规范进行设计、安装和使用。充分合理的安全出口可以在发生火灾时，有效地保障人员生命财产安全，减少灾害损失。

(1) 安全出口的标志。安全出口应集中布置，且易于寻找。并在建筑物内醒目的位置设置标识，如使用明亮的颜色、标志、标牌、指示灯等。

(2) 安全出口的数量。在建筑防火设计时，应设置足够数量的安全出口，以便人员在疏散时不会造成阻塞。一般来说，每个防火分区安全出口的数量不得少于两个。

(3) 安全出口的设置。建筑物内安全出口应该均匀分布在建筑物不同角落，并保证与办公室、会议室、走道等活动场所的通道相连通，方便人员逃生。安全出口的设置应遵循双向疏散的原则，保持有两个方向的疏散路线，使疏散的安全性得到充分的保障。

2. 疏散楼梯

疏散楼梯包括普通楼梯、封闭楼梯、防烟楼梯及室外疏散楼梯 4 种。

疏散楼梯是以耐火材料做成楼梯间，包围楼梯结构，用于人员迅速疏散的楼梯。疏散楼梯通常安装在建筑物的外立面或内部的紧急通道中，尽可能远离火源，方便人员疏散。为了确保疏散楼梯的安全效益，设计和施工过程中需要遵守一定的规范和标准，如通道宽度不小于 1.1 m，楼梯宽度不小于 1.2 m，楼梯坡度不大于 50 度等。此外，建筑物使用者需要定期检查和维护疏散楼梯的设施和设备，确保其处于良好的使用状态。

3. 疏散走道

疏散走道是指在紧急情况下，供人们疏散逃生的通道。除了疏散楼梯外，在建筑物中还需要设置疏散走道，以便在紧急情况下，人们能够快速地离开危险区域。疏散走道可以是一条单独的走廊，也可以是一些相连的空间，如走廊、通道和过道。

通常情况下，疏散走道的设计应能够满足人员疏散的需求。疏散走道的宽度、高度、倾斜度等方面的设计须符合安全规范和标准。在国际上，疏散走道最小宽度标准是 1.2 m，走道的长度应该尽可能缩短，从而提高人员疏散的效率。设计过程中还应充分考虑疏散走道的舒适性和体验感。

4. 消防电梯

消防电梯在建筑物的安全疏散和灭火救援中起着至关重要的作用，设计、建设、使用和维护都必须遵守相关的法律法规和标准。因此，与普通电梯相比，消防电梯具有更严格的安全规范和更可靠的紧急救援设备。在火灾等紧急情况下，消防工作人员可以优先使用，来疏散人员和物品，它也可以被用来运送消防水源和灭火设备。消防电梯应设置在不同的防火分区内，且每个分区不应少于一台。

第 3 章 实验室电气及机械加工安全

随着高校在实验室建设和拓展上投资力度的加大，先进的实验设备、高难度的实验环境以及复杂的实验条件在培养拔尖创人才方面发挥了重要的作用，然而设备的先进、环境的高难度、条件的复杂性也给实验室带来新的安全隐患，其发生方式和表现形式也越来越趋于多样化、难防止，具有隐蔽性强、破坏性强等特点，从而给实验室安全管理带来了新的难题。因此实验室工作人员熟悉并掌握实验室电气及机械加工安全对于实验室安全管理具有重要意义。

3.1 实验室设备的用电安全

实验室用电安全是非常重要的，因为实验室中涉及的电气设备通常都是高功率、高电压的设备，师生如果不遵守安全用电标准，则可能会引发电气火灾、电击等事故。为了更好地安全用电，有必要了解电流对人体的伤害、掌握防止触电的技术措施以及通过案例对高校实验室的电气事故进行分析。

3.1.1 电流对人体的危害

1. 电流伤害的种类

电流的能量直接或间接作用于人体会造成伤害，当人体接触带电体时电流会对人体造成不同程度的伤害。电流对人体的伤害有三种：电击、电伤、电磁场伤害。

(1) 电击是指电流通过人体，破坏人体心脏、肺及神经系统的正常功能。一般认为：电流通过人体的心脏、肺部和中枢神经系统的危险性比较大，特别是电流通过心脏时，危险性最大，所以从手到脚的电流途径最为危险。此外触电还容易因剧烈痉挛而摔倒，导致电流通过全身并造成摔伤、坠落等二次事故。

(2) 电伤是指电流热效应、化学效应和机械效应对人体的伤害，这里主要指电弧烧伤、电炝伤、皮肤金属化、电光眼等。多数情况，电击和电伤同时发生，但大多数触电死亡是由于电击造成的。

(3) 电磁场伤害是指在高频磁场(泛指 100 kHz 以上的发射频率)的作用下,表现为感应放电伤害,高大金属构架接收电磁波以后,可能发生谐波,产生较高的感应电压,可能给人以明显的电击,还可能与邻近的接地导体之间发生火花放电。

2. 人体的触电方式

触电事故中,电流比电压对人体的效应更具有直接性。电流对人产生的效应主要有:使人体产生刺激和兴奋行为,使人体活组织发生变异,通过肌肉组织引起肌肉收缩,通过中枢神经起作用引起细胞刺激,产生脉冲形式的神经兴奋波,使人体各部位做出相关反应。

人体的触电方式有三种:单相触电、两相触电和跨步电压触电。

(1) 单相触电。单相触电是指人体某部位接触到线路三相中的一相。这时电从人体接触电线的部位进入人体,在人体与大地接触处电通入大地而形成回路,如图 3-1 所示。

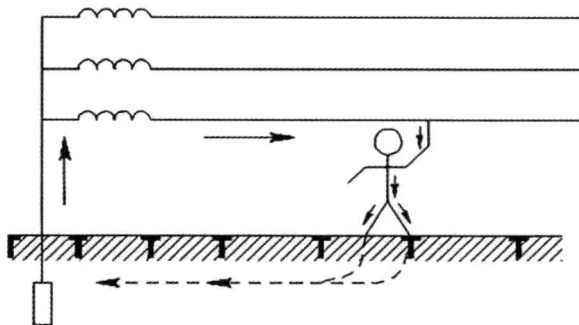

图 3-1　单相触电示意图

(2) 两相触电。两相触电是指人体不同部位同时接触到三相中的两相,即两根线,这时电不但可能通入大地,更重要的是交流电从其中的一相进入人体而从另一相出去形成了回路,由于两相间电压的正负值不同,故这种触电更危险,如图 3-2 所示。

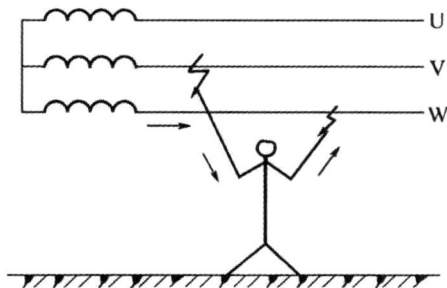

图 3-2　两相触电示意图

(3) 跨步电压触电。如果人站在距离高压电线落地点 8～10 m 以内,就可能发生触电事故,这种触电叫作跨步电压触电。人受到跨步电压时,电流虽然是沿着人的下身,从脚经腿、胯部又到脚与大地形成通路,没有经过人体的重要器官,好像比较安全,但是事实并非如此。因人受到较高的跨步电压作用时,双脚抽筋使身体倒在地上,这不仅使作用于身体上的电流增加,而且使电流经过人体的路径发生改变,完全可能流经人体重要器官,如从头到手或脚，此时触电具有致命危险。跨步电压触电如图 3-3 所示。

图 3-3　跨步电压触电示意图

受到跨步电压触电威胁时的处理方法是：当一个人发觉跨步电压威胁时，应赶快把双脚并在一起，然后马上单足或并足跳出危险区。

3. 触电电流分类

电流大小影响电流对人体的伤害程度，电流越大，生理反应越明显，人体感觉越强烈，致命危险越大，触电电流一般有以下分类。

(1) 感知电流：能引起人感觉到的最小电流值称为感知电流，交流为 1 mA，直流为 5 mA。

(2) 摆脱电流：人触电后能自己摆脱的最大电流称为摆脱电流，交流为 10 mA，直流为 50 mA。

(3) 致命电流：在较短的时间内危及生命的电流称为致命电流，致命电流为交流 50 mA。在有防止触电保护装置的情况下，人体允许通过的电流一般可按交流 30 mA 考虑。

工频电流对人体的影响如表 3-1 所示。

表 3-1　工频电流对人体的影响

电流/mA	电流持续时间	生 理 效 应
0～0.5	持续通电	没有感觉
0.5～5	持续通电	开始有感觉，手指、手腕等处有麻感，没有痉挛，可以摆脱带电体
5～30	数分钟以内	痉挛，不能摆脱带电体，呼吸困难，血压升高，是可以忍受的极限
30～50	数秒至数分钟	心脏跳动不规则，昏迷，血压升高，强烈痉挛
50～数百	低于心脏搏动周期	受强烈刺激，但未发生心室颤动
	超过心脏搏动周期	昏迷，心室颤动，接触部位留有电流通过的痕迹
超过数百	低于心脏搏动周期	在心易损期触电时，发生心室颤动，昏迷，接触部位留有电流通过的痕迹
	超过心脏搏动周期	心脏停止跳动，昏迷，可能有致命的电灼伤

4. 影响人体触电伤害程度的因素

影响人体触电伤害程度的因素主要有以下几类：

(1) 人体触电时，致命的因素是通过人体的电流，而不是电压，但是当电阻不变时，电压越高，通过导体的电流就越大。因此人体触及带电体的电压越高，危险性就越大。

(2) 电流通过人体的持续时间是影响电击伤害程度的又一重要因素。人体通过电流的时间越长，人体电阻就越低，流过的电流就越大，后果就越严重。同时，人的心脏每收缩、扩张一次，中间约有 0.1 s 的间歇，这 0.1 s 对电流最为敏感。如果电流在这一瞬间通过心脏，即使电流很小也会引起心脏震颤；如果电流不在这一瞬间通过心脏，即使电流较大，也不会引起心脏停搏。由此可知，如果电流持续时间超过一秒，则必然与心脏最敏感的间隙相重合造成很大的危险。

(3) 电流通过人体的途径也与电击伤程度有直接关系。电流通过人的头部，会使人立即昏迷；电流通过脊髓会使人肢体瘫痪；电流通过心脏、呼吸系统和中枢神经，会引起神经失常或引起心脏停止跳动，中断全身血液循环，造成死亡。因此从手到脚的电流途径最为危险，其次是从手到手的电流途径，再次是脚到脚的电流途径。

电流频率对电击伤害程度也有很大影响。常采用的工频(50～60 Hz)交流电，对设计电气设备比较合理，但是这种频率的电流对人体触电伤害程度最为严重。

(4) 人的健康状况和人体的皮肤干湿等情况对电击伤害程度也有一定的影响。凡患有心脏病、神经系统疾病、结核病等症的人电击伤害程度比健康人严重。此外皮肤干燥电阻大，通过的电流小；皮肤潮湿电阻小；通过的电流就大，危害也大。

3.1.2　防止触电的技术措施

触电对生命财产安全会造成严重伤害，并有可能引起火灾、爆炸等更严重的事故，我们可以从直接触电防护、间接触电防护、装设漏电保护装置、实验室防漏电注意事项等方面来防止触电。

1. 直接触电防护

直接触电防护包括绝缘、屏护和间距。

(1) 绝缘是防止人体触及带电体，把带电体用绝缘物封闭起来。陶瓷、玻璃、云母、橡胶、木材、胶布、塑料、布、纸和矿物油等都是常见绝缘材料。应当注意的是，很多绝缘材料受潮后会丧失绝缘性能或在强电场作用下会遭到破坏，丧失绝缘性能。超负荷运行也是造成绝缘破坏的主要原因之一。

影响电气绝缘能力降低的主要原因有：

① 电压的作用。除了与所加电压的高低有关外，还与电压的波形、极性、频率、作用时间、电压上升的速度和电极的形状等有关。

② 温度的作用。过高的温度会使绝缘强度下降甚至发生热老化、热击穿，从而破坏绝缘性能。

③ 机械力的作用。如机械负荷、电动力和机械振动使绝缘结构受到损坏，从而使绝缘强度下降。

④ 化学的作用。例如化学气体、液体的侵蚀作用会使绝缘受到损坏。

⑤ 大自然的作用。例如日光、风、雨、露、雪、尘埃等的作用会使绝缘产生老化、受

潮、闪络，进而使绝缘性能受到破坏。

在机械制造行业，绝缘失效大多是因为受到机械力损伤和绝缘材料受热变性造成的。

(2) 屏护即是采用遮拦、护罩、护盖箱等把带电体和外界隔绝开来。电器开关的可动部分一般不能使用绝缘，而需要屏护。高压设备无论有无绝缘，均应采取屏护。常见屏护装置有：开关的灭弧罩、胶盖、外壳，配电箱、开关柜，变配电装置的遮栏、栅栏、围栏、围墙等。

(3) 间距就是带电体与地面、带电体与其他设备设施、带电体与带电体之间必要的安全距离。间距的保护作用主要防止人体触及或接近带电体造成触电事故，避免车辆或其他器具碰撞或过分接近带电体造成事故，防止火灾、过电压放电及各种短路事故。在低压工作中，最小的检修距离不应小于 0.1 m。

2. 间接触电防护

间接触电防护包括接地和接零。

1) 接地

(1) 接地的概念。接地是指与大地的直接连接。电气装置或电气线路带电部分的某点与大地连接、电气装置或其他装置正常时不带电部分的某点与大地的人为连接都叫接地。带电部分如电流互感器二次侧接地，不带电部分如电动机外壳接地。

(2) 接地的作用。接地是为保障及保护人身安全、防止间接触电而将设备的外露可导电部分接地。主要用于在设备出现漏电时保护人身安全，避免因电击出现伤害或伤亡事故。

(3) 接地的分类。接地分为正常接地和故障接地，常见的接地分类示意图如图 3-4 所示。

① 正常接地即人为接地，包括工作接地和安全接地。工作接地主要指用作电流回路的接地，如弱电工作接地和一些直接工作接地。工作接地也包括提高系统安全运行可靠性的接地，如 110 kV 及以上高压系统的工作接地和 0.23/0.4 kV 三相四线系统的工作接地。安全接地是用于在正常状态下和故障状态下保障人身安全和保证设备安全运行的接地，如保护接地、防雷接地、防静电接地和电磁屏障接地。

② 故障接地指电气装置或电气线路的带电部分与大地之间意外的连接，如电力线路接地、电气设备漏电等。

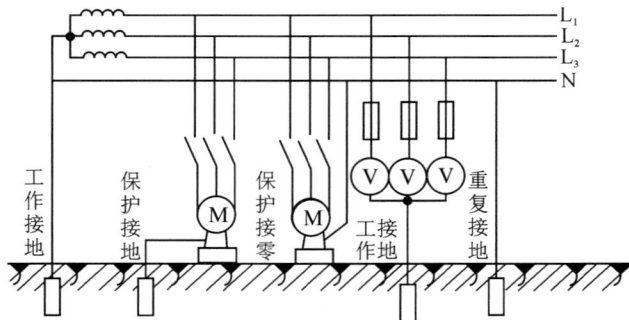

图 3-4　接地的分类示意图

2) 接零

接零又称保护接零或接零保护，就是在中性点接地的系统中，将电气设备在正常情况下不带电的金属部分与零线做良好的金属连接。当某一相绝缘损坏使相线碰壳，外壳带电时，由于外壳采用了保护接零措施，因此该相线和零线构成回路，单相短路电流很大，足以使线路上的保护装置(如熔断器)迅速熔断，将漏电设备与电源断开，避免人身触电的可能性。保护接零常用于 380/220 V、三相四线制、电源的中性点直接接地的配电系统。保护接零示意图如图 3-5 所示。

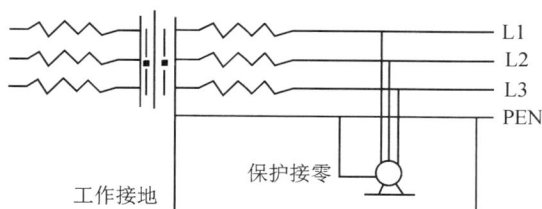

图 3-5　保护接零示意图

在三相五线制的电力系统中，通常是把变压器中性点、电气设备的金属外壳同时接地、接零，这就是所谓的重复接地保护措施。应该注意的是，零线回路中不允许装设熔断器和开关。由于绝缘破坏或其他原因而可能呈现危险电压的金属部分都应采取保护接地的措施，如电机、变压器、开关设备、照明器具及其他电气设备的金属外壳都应予以接地。一般低压系统中，保护接地电阻应小于 4 Ω。

3. 装设漏电保护装置

为了保证在故障情况下人身和设备的安全，应尽量装设漏电断路器作保护器。它可以在设备及线路漏电时通过保护装置的检测机构转换取得异常信号，经中间机构转换和传递，然后促使执行机构动作，自动切断电流，起到保护作用。漏电断路器有如下分类：

漏电开关按极数分 1 P + N、2 P、3 P、3 P+N、4 P，其中 3 P + N 是指断路器的三极具有主跳性能，即这三极在发生故障时都能正确迅速地跳开，而 N 不具有主动性，只具有随跳性，即随着 3 P 的动作而动作，否则它不会动作。4 P 就是说 4 个极都具有主动性，任一极接线发生故障都能正确而迅速地跳开。漏电断路器如图 3-6 所示。

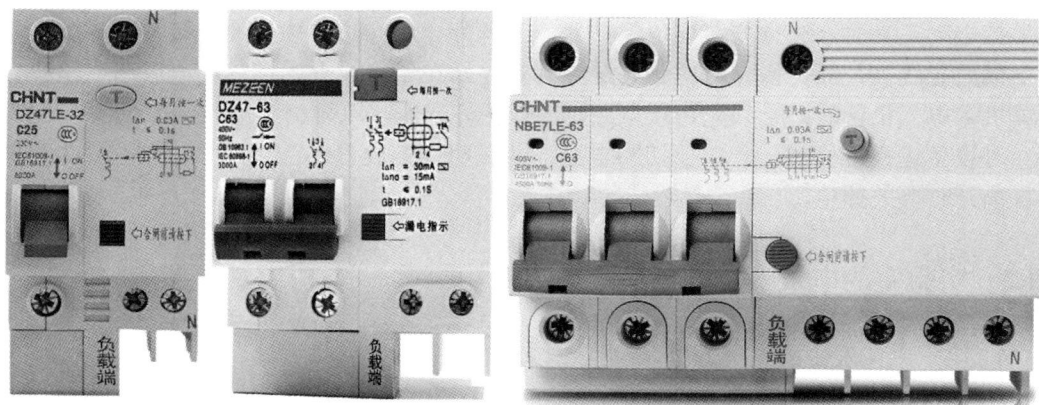

图 3-6　漏电断路器

(1) 1 P + N 同时控制零线、相线，相线具有热脱扣功能。

(2) 2 P 同时控制相线和零线，且都有热脱扣功能。

(3) 3 P 同时控制三根相线，且都有热脱扣功能。

(4) 3 P＋N 控制三根相线及零线，零线没有热脱扣功能。

(5) 4 P 控制三根相线及零线，零线有热脱扣功能。

漏电断路器在一个铁芯上有两个组：一个输入电流绕组和一个输出电流绕组。当无漏电时，输入电流和输出电流相等，在铁芯上二磁通的矢量和为零，就不会在第三个绕组上感应出电势，否则第三绕组上就会有感应电压形成，经放大去推动执行机构，使开关跳闸，这个过程即为漏电脱扣。断路器按脱扣方式分为 B、C、D 三种。

(1) B 型脱扣器，适用于纯阻性负载和低感照明回路，主要用于住宅建筑的插座回路。

(2) C 型脱扣器，适用于感性负载和高感照明回路，一般用于照明和电机回路。

(3) D 型脱扣器，适用于高感负载和较大冲击电流的配电系统，一般用于产生脉冲的电气设备，如变压器、电焊机、电容器等。

4. 实验室触电防护注意事项

在实验室中大部分触电都是由于人员操作不当、认识不够等引起的，因此要严格遵守以下触电防护注意事项。

实验室不得随便移动或私自修理实验室内的电气设备，使用电气设备之前应详细阅读使用说明书，严格按照操作规程进行使用。

对于经常接触和使用的配电箱、配电板、闸刀开关、按钮开关、插座、插销以及导线等，必须保持完好、安全，不得有破损或将带电部分裸露出来。不得用铜丝等代替保险丝，并保持闸刀开关、磁力开关等盖面完整，以防短路时发生电弧或保险丝熔断飞溅伤人。

对于有电气设备的实验室需经常检查电气设备的保护接地、接零装置，保证连接牢固，并合理选用电气装置，例如在干燥少尘的环境中，可采用开启式和封闭式；在潮湿和多尘的环境中，应采用封闭式；在有腐蚀性气体的环境中，必须采用密封式；在有易燃易爆危险的环境中，必须采用防爆式，并选用合格产品。

实验室不允许私拉拖线板，线路电器负荷不能过高，注意电气设备安装位置距易燃可燃物不能太近，注意电气设备运行是否异常，注意防潮等。在实验室使用手电钻、电砂轮等手持电动工具时，必须安装漏电保护器，工具外壳进行防护性接地或接零，并要防止移动工具时导线被拉断。操作时应戴好绝缘手套并站在绝缘板上。在移动电风扇、照明灯、电焊机等电气设备时，必须先切断电源，并保护好导线，以免磨损或拉断。

对设备进行维修时，一定要切断电源，并在明显处放置"禁止合闸，有人工作"的警示牌。离开时要关掉电源。

3.1.3　实验室的电气事故分析

1. 电气火灾发生的主要原因

(1) 短路、电弧和火花：相线和相线、相线和零线(或地线)在某一点由于绝缘破坏而短路，引起电路中电流突然增大的现象。短路是电气设备最为严重的一种故障状态，造成短路的原因主要有：

①　电气设备选用或安装与使用环境不符，致使电气设备的绝缘体在高温、潮湿、腐蚀环境条件下受到破坏；

②　电气设备使用时间过长，超过使用寿命，绝缘老化或受损脱落；

③　金属等导电物体或老鼠等小动物跨接在输电裸导线之间；

④　电线由于振动与硬物体长期摩擦使绝缘层破裂；

⑤　过压使绝缘击穿。

(2) 过负荷：电气线路和电气设备在运行中超过安全载流量或额定值的现象，也叫过载，造成过负荷的主要原因有：

①　设计、安装选型不正确，使电气设备的额定容量小于实际负荷量；

②　设备和导线肆意转接，增加负荷，造成超载运行；

③　检修、维护不及时，使设备或者导线长期处于带病运行状态。

(3) 接触不良：导线与导线、导线与电气设备的连接处由于接触头松动，局部产生较大的接触电阻现象。造成接触不良的主要原因有：

①　电气接头表面污损，接触电阻增大。

②　电气接头长期运行，产生不良氧化膜，未及时消除。

③　电气接头由于振动或冷热变化的影响，使连接头松动。

④　处理铜铝线鼻、导线连接时，没考虑铜铝过渡处理，接触点运行一段时间后产生氧化膜，接触电阻增大。

2. 高校实验室常见的电气事故

(1) 插销与接线板引发的事故。

①　易燃物品压住插座或粉尘落入插座孔，造成短路而发热燃烧。

②　在有爆炸混合物的场所，插入或拔出插头时产生火花造成爆炸起火。

③　用导线的裸线头代替插头插入插座，往往造成短路或产生强烈的火花而引发火灾。

④　乱拉临时线，容易使电线线路中的电压出现紊乱，易致用电器内部温度过高，进而产生自燃，从而引起触电或火灾事故。

⑤　插销或接线板严重过负荷。

⑥　劣质的插线板或接线板易引发事故。

(2) 违章操作——对实验室内的供电、用电设备，没有按照使用说明书的要求进行操作与使用。

①　学生充当电工的角色，随意改动或修理实验室内的供电设备及其线路，容易造成触电事故或造成短路事故而引发火灾。

②　对于科研实验所用的电气设备，没有按照电气设备的要求进行接线使用。如新安装的设备，没有阅读说明书就急忙找插座通电，容易造成严重的电气事故。

③　使用电气设备时，无人看守，甚至人离开实验室电气设备仍在运行，或即使电气设备没有运行，却仍处于通电状态。

(3) 放有易燃易爆危险品的实验室，由于电气设备启动或拔设备插销等操作时产生电火花，易点燃达到爆炸极限的室内混合气体，引起事故。

(4) 实验室内的供电设备、线路及用电设备没有做到有效的维护与检修，或者线路或设备的本身质量与安装质量存在缺陷，从而引发事故。

3. 高校实验室电气事故的预防

(1) 对于人身安全防护，为防止触电，应该做到以下几点：

① 使用电器时，手要干燥。

② 不能用试电笔去试高压电。

③ 不得随便乱动或私自修理实验室内的电气设备。

④ 经常接触和使用的配电箱、配电板、闸刀开关、按钮开头、插座、插销以及导线等，必须保持完好、安全，不得有破损或将带电部分裸露出来。

⑤ 不得用铜丝等代替保险丝，并保持闸刀开关、磁力开关等盖面完整，以防短路时发生电弧或保险丝熔断飞溅灼人。

⑥ 经常检查电气设备的保护接地、接零装置，保证连接牢固。

⑦ 在使用手电钻、电砂轮等手持电动工具时，必须安装漏电保护器，工具外壳进行防护性接地或接零，并要防止移动工具时导线被拉断。操作时应戴好绝缘手套并站在绝缘板上。

⑧ 在移动电风扇、照明灯、电焊机等电气设备时，必须先切断电源，并保护好导线，以免磨损或拉断。

⑨ 在雷雨天，不要走进高压电杆、铁塔、避雷针的接地导线周围 20 m 之内。当遇到高压线断落时，周围 10 m 之内禁止人员入内；若已经在 10 m 范围之内，应单足或并足跳出危险区。

⑩ 对设备进行维修或安装电器时，一定要先切断电源，并在明显处放置"禁止合闸，有人工作"的警示牌。

⑪ 一旦有人触电，应首先切断电源，然后抢救。

(2) 仪器设备在使用时应注意以下安全用电事项：

① 一切仪器应按说明书装接适当的电源，需要接地的一定要接地。

② 若是直流电气设备，应注意电源的正负极，不要接错。

③ 若电源为三相，则三相电源的中性点要接地，这样万一触电时可降低接触电压；接三相电动机时要注意正转方向是否符合，否则要切断电源，对调相线。

④ 接线时应注意接头要牢，并根据电器的额定电流选用适当的连接导线。

⑤ 接好电路后应仔细检查无误后，方可通电使用。

⑥ 仪器发生故障时应及时切断电源。

3.2 电气设备安全

电气设备是指用于发电、变电、输电、配电的各类用电设备、开关设备和控制设备、测量仪器、保护器件等。因电气设备类型多样、构造复杂、应用广泛、使用环境条件复杂，为保证使用的安全，电气设备均具备一定的直接电击和间接电击防护能力。直接电击防护主要用电气设备外壳来实现，间接电击防护措施则体现在设备的触电防护类型。只有电气设备选择适当，使电气设备本身的电击防护能力与用电环境危险性相适应，电气设备的安全性才有保障。

3.2.1　电气设备的用电环境类型

根据不同电击的危险程度，可将电气设备的用电环境分为三类：无较大危险的环境、有较大危险的环境和特别危险的环境。

1. 无较大危险的环境

正常情况下，有绝缘地板(如木地板)、没有接地导体或接地导体很少的干燥、无尘环境，属于无较大危险的环境。或者说，这些环境不具备较大危险和特别危险环境的特征。普通住房、办公室、某些实验室、仪表装配车间等均属于无较大危险的环境。

2. 有较大危险的环境

下列环境均属于有较大危险的环境：

(1) 空气相对湿度经常超过 75%的潮湿环境。

(2) 环境温度经常或昼夜间周期性地超过 35℃的炎热环境。

(3) 含导电性粉尘，即生产过程中排出工艺性导电粉尘(如煤尘、金属尘等)，并沉积在导线上或进入机器、仪器内的环境。

(4) 有金属、泥土、钢筋混凝土、砖等导电性地板或地面的环境。

(5) 工作人员既接触接地的金属构造、金属结构、工艺装备，又接触电气设备的金属壳体的环境。

机械厂的金工车间和锻工车间，冶金厂的压延车间、拉丝车间、电炉电极车间、电刷车间、煤粉车间、水泵房、空气压缩站、成品库、车库等都属于有较大危险的环境。

3. 特别危险的环境

下列环境均属于特别危险的环境：

(1) 室内天花板、墙壁、地板等各种物体都潮湿，空气相对湿度接近 100%的特别潮湿的环境。

(2) 室内经常或长时间存在对电气设备的绝缘或导电部分产生破坏作用的腐蚀性蒸汽、气体、液体等化学活性介质或有机介质的环境。

(3) 具有两种及两种以上有较大危险环境特征的环境(例如有导电性地板的潮湿环境、有导电性粉尘的炎热环境等)。

很多生产实验室，如铸造车间、酸洗车间、电镀车间、电解车间、漂染车间，室外电气装置设置区域、电缆沟等，都属于特别危险环境。

实验室建设在选择电气设备时，应根据电气设备的用电环境危险性类型，考虑防护工作场所各种不安全因素，选择适当防护等级的电气设备。

3.2.2　电气设备外壳防护等级

所谓外壳防护等级，就是对电气设备外壳机械防护能力的分级。

1. 外壳防护功能及分级

从安全角度出发，电气设备外壳防护应具备三种基本防护功能，且每种防护功能有详细的等级划分。三种防护功能及防护等级如下：

(1) 防止人体接近壳内危险部件(如壳内带电部分或运动部分)。

(2) 防止固体异物(包括粉尘)进入壳内设备。

(3) 防止由于水进入壳内对设备造成有害影响。

2. 外壳防护等级表示方法

外壳防护等级用 IP 代码来表示，由字母 IP、第一位特征数字、第二位特征数字、附加字母、补充字母等组成，如图 3-7 所示。其中，字母 IP 及第一位特征数字、第二位特征数字是必需的，而附加字母和补充字母根据实际需要可有可无，如"IP34""IP35C"。

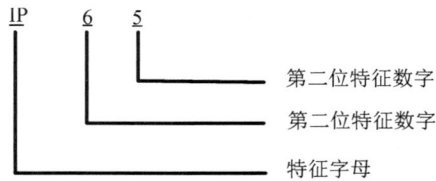

图 3-7　外壳等级标识方法(IP 代码)

1) 第一位特征数字

第一位特征数字表示对"接近危险部件"和"固体异物进入"两种防护功能均不低于的防护等级，也就是说，第一位特征数字表示两种防护功能中等级较低者。如不要求规定特征数字时，该处用"×"代替。第一位特征数字防护等级说明如表 3-2 所示。

表 3-2　第一位特征数字防护等级说明

第一位特征数字	防护等级说明
0	无防护
1	防手背接触，防大于 50 mm 固体异物
2	防手指接触，防大于 12 mm 固体异物
3	防手持工具接触，防大于 2.5 mm 固体异物
4	防手持金属丝接触，防大于 1 mm 固体异物
5	防手持金属丝接触，防尘
6	防手持金属丝接触，尘密

2) 第二位特征数字

第二位特征数字表示外壳对设备进水的防护等级。不要求规定特征数字时，该处用"×"代替。第二位特征数字参考表如表 3-3 所示。

表 3-3　第二位特征数字参考表

第二位特征数字	防 护 等 级	
	简短说明	含　　义
0	无防护	没有特殊防护
1	防滴	滴水(垂直滴水)无有害影响
2	15°防滴	当外壳从正常位置倾斜在 15°以内时，垂直滴水无有害影响
3	防淋水	与垂直 60°范围以内的淋水无有害影响
4	防溅水	任何方向溅水无有害影响
5	防喷水	任何方向喷水无有害影响
6	防猛烈海浪	猛烈海浪或强烈喷水时，进入外壳水量不致达到的有害程度
7	防浸水影响	浸入规定压力的水中经规定时间后进入外壳水量不致达到有害程度
8	防潜水影响	能按制造厂规定的条件长期潜水

3) 附加字母

附加字母表示对人体接近危险部位的防护等级。附加字母可以省略，不需代替。

4) 外壳防护等级表示方法示例

例如"IP34"，第一位数字"3"，表示对人员和防止固体异物进入的防护等级为 3 级，能防止直径大于 2.5 mm 的固体异物进入壳内，且防止工具接近危险部件；而第二位数字"4"表示防止水进入的防护等级为 4 级，为防溅水式。

再如"IP45"，第一位数字"4"表示防止入手持直径不小于 1 mm 的金属线接近部位、防止直径不小于 1 mm 的固体异物进入设备外壳内；第二位特征数字"5"表示防止由于在外壳各个方向喷水对设备造成有害影响。

"IP×5"表示不要求第一位特征数字，"IP5×"表示不要求第二位特征数字，而"IP×5/IP×7"针对不同的作用，给出防喷水和防短时间浸水两种不同的防护等级。

3. 电气设备防触电保护分类

从电气安全的角度，按照防范基本绝缘失效的触电方式，低压电气设备可分为 0、Ⅰ、Ⅱ、Ⅲ四类。

1) 0 类设备

0 类设备仅靠基本绝缘作为基本防护措施，当设备有可能触及可导电部分时，该部分不与设施固定布线中的保护(接地)线相连接，一旦基本绝缘失效，则安全性完全取决于使用环境。按照国际电工委员会(International Electrotechnical Commission，简称 IEC)的触电防护原则，0 类设备只能用于不导电场所或电气隔离系统。

2) Ⅰ类设备

Ⅰ类设备的防触电保护不仅靠基本绝缘，而且还包括一种附加的安全措施，即将能触及的可导电部分与设施固定布线中的保护(接地)线相连接。对Ⅰ类设备的定义虽符合 IEC 的触电防护原则，但大大限制了该类设备的使用范围。实际上目前大多数Ⅰ类设备采用"接地"或"接零"作为保护措施，为了也能符合 IEC 的触电防护原则(要有两个独立的单项防护措施)，Ⅰ类设备常常采用"自动切断电源"作为故障防护措施。Ⅰ类设备一般印有保护接地符号，如图 3-8 所示。

3) Ⅱ类设备

Ⅱ类设备的防触电保护不仅靠基本绝缘，而且还具备像双重绝缘或加强绝缘这样的附加安全措施。这种设备不采用保护接地的措施，也不依赖于安装条件。与Ⅰ类设备最大的不同在于该类设备的故障防护措施就设在设备上，即该类设备本身就具有两个"独立的单项防护措施"，而Ⅰ类设备的故障防护措施是在设备之外设置的，设备本身只是设置了利用故障防护措施的连接线。Ⅱ类设备的标志符号如图 3-9 所示。

图 3-8　保护接地符号

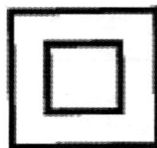

4) Ⅲ类设备

Ⅲ类设备的防触电保护依靠安全特低电压(SELV)供电，且设备内可能出现的电压不会高于安全特低电压。Ⅲ类设备是从电源方面保证了安全，它不具有故障防护措施，只能在安全特低电压(SELV)系统或功能特低电压(PELV)系统使用。Ⅲ类设备的标志符号如图 3-10 所示。

图 3-9　Ⅱ类设备的标志符号

此类设备采用特低电压作为基本防护措施的含义是：

(1) 设备采用标称电压不超过 50 V 的交流或不超过 120 V 的无波纹直流供电。

(2) 设备的内部在正常状态下不会形成超过特低电压的电压。

图 3-10　Ⅲ类设备的标志符号

(3) 在设备内部出现单一故障情况下，可能出现或产生的稳态接触电压不应超过特低电压。

3.2.3　实验室电气设备安全

实验室电气设备分为低压用电设备和高压用电设备，绝大多数用电设备是低压用电设备，如电动机、手持式电动工具、交流弧焊机等，下面就相关电气设备安全介绍如下。

1. 电动机安全

电动机是工科类实验室中最常用的用电设备，其作用是把电能转换为机械能，电动机的安全运行是保证实验室正常运转的基本条件之一。作为动力机，电动机具有结构简单、操作方便、价格低、效率高等优点。

1) 电动机的分类

(1) 直流电动机。

直流电动机的其电磁机构由定子部分和转子部分组成。直流电动机的定子上装有极性固定的磁极，直流电源经整流子(换向器)接入转子(电枢)，转子电流与定子磁场相互作用产生机械力矩使转子旋转。直流电动机结构复杂、成本高、维护困难，但有良好的调速性能和启动性能。直流电动机的工作原理如图 3-11 所示。

图 3-11　直流电动机的工作原理

(2) 交流电动机。

交流电动机主要有同步电动机和异步电动机两类。

① 同步电动机。同步电动机的转子上装有极性固定的磁极。定子接通交流电源后，产生旋转磁场，转子在磁场力作用下开始旋转；至转速达到同步转速(旋转磁场转速)的 95%时，转子经滑环接通直流电源，电动机进入同步运转。同步电动机的工作原理如图 3-12 所示。

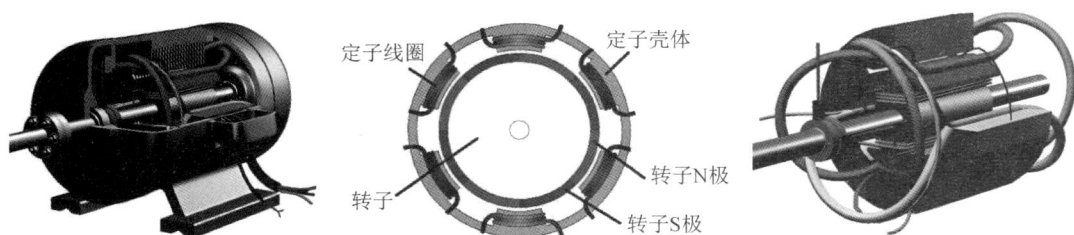

图 3-12　同步电动机的工作原理

同步电动机结构复杂、制动困难、不能调速。同步电动机主要用于不需调速的、不频繁启动的大型设备。

② 异步电动机。

异步电动机主要有笼型和绕线式两种类型。

笼型异步电动机的转子绕组是笼状短路绕组。笼型电动机结构简单、工作可靠、维护方便，是应用最多的电动机，但启动性能和调速性能差。笼型电动机转子绕组如图 3-13 所示。

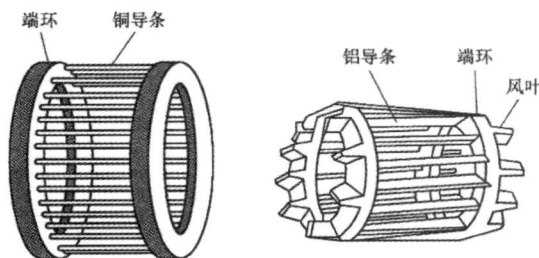

图 3-13　笼型异步电动机转子绕组

绕线式异步电动机转子绕组经滑环与外部电阻器等元件连接，用以改变启动特性和调速。绕线式电动机主要用于启动、制动控制频繁和启动困难的场合，如起重机械和一些冶金机械等。绕线式异步电动机转子绕组如图 3-14 所示。

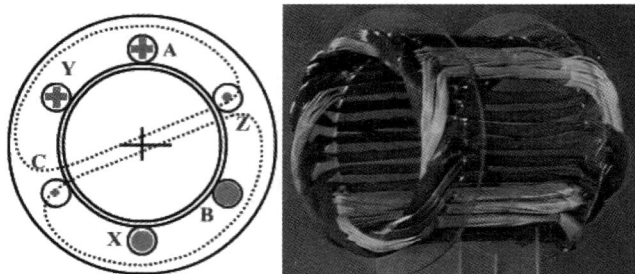

图 3-14　绕线式异步电动机转子绕组

2）电动机的安全问题

(1) 电动机温升：电动机的允许温升是以 40℃ 为基准的环境温度。表 3-4 所示为电动机绝缘等级与允许温升。

表 3-4　电动机绝缘等级与允许温升

绝 缘 等 级	最高工作温度/℃	允许温升/℃
A	105	65
E	120	80
B	130	90
F	155	115
H	180	140

(2) 电动机欠压危险：对于三相异步电动机，启动转矩和最大转矩分别为

$$T_{st} = K \frac{R_2}{R_2^2 + X_{20}^2} \cdot U_1^2$$

$$T_{max} = K \frac{U_1^2}{2X_{20}^2}$$

其中：K 为常数，R_2 为转子电阻，X_{20} 为转子感抗，U_1 为电动机电源电压

从以上两式可以看出，电动机的启动转矩 T_{st} 与最大转矩 T_{max} 均与电源电压的平方成正比，因此，电源电压下降后，电动机的扭矩会大幅下降。所以，电动机在电源欠压的情况下很有可能造成电动机堵转而烧毁。

(3) 三相异步电机缺相：三相异步电机缺相断开后，变成 380 V 单相运行电动机，扭矩减小，易出现堵转而烧毁。

2. 手持式电动工具安全

1）各类手持式电动工具的适用范围与使用要求

手持式电动工具分为 I 、II 、III 类，它们的使用范围与使用要求各不相同。

(1) Ⅰ类工具或设备。Ⅰ类手持式电动工具适用于一般作业场所，不适合在潮湿或金属容器类工作环境中使用。Ⅰ类手持式电动工具使用时要在线路中设置额定漏电动作电流不大于 30 mA 的漏电保护器。各类Ⅰ类手持式电动工具如图 3-15 所示。

(a) 电钻　　　　　　　　(b) 磁力钻　　　　　　　　(c) 冲击钻

(d) 电动抛光机　　　　　(e) 型材切割机　　　　　　(f) 电动磨光机

图 3-15　Ⅰ类手持式电动工具

(2) Ⅱ类工具或设备。Ⅱ类手持式电动式工具最宜在潮湿与金属架构等导电良好的作业现场使用。如果在锅炉、金属容器、管道等全导电作业场所使用，则应装设额定漏电动作电流不大于 30 mA 的剩余电流保护器。

(3) Ⅲ类工具与设备。Ⅲ类手持式电动工具可用于各种工作场所，尤其是在特别潮湿和导电良好的环境，其他类别的工具或电气设备往往不能代替。使用Ⅲ类工具或设备，关键是根据作业或使用场所的危险程度选择合适等级的安全特低电压，如：

① 一般潮湿环境，如建筑工地手持照明工具工作电压 36 V 或更低。

② 比较潮湿环境，如浴室，采用 24 V 及以下工具或设备。

③ 特别潮湿环境，如泳池水下照明设备，采用 12 V 或 6 V 特低安全电压。

此外，Ⅲ类工具安装的安全隔离变压器，Ⅱ类工具的剩余电流动作保护器以及Ⅱ、Ⅲ类工具和设备的电源控制箱和电源耦合器等必须放在作业场所之外。在狭窄作业场所操作时，应有人在外监护。

2) 手持式电动工具的日常检查项目

手持式电动工具的日常检查项目包括：

(1) 是否有产品认证标志和定期检查合格证。

(2) 外壳、手柄是否有裂缝或破损。

(3) 保护接地线(PE)连接是否完好无损。

(4) 电源线是否完好无损。

(5) 电源插头是否完整无损。

(6) 电源开关是否正常、灵活，有无缺损、破裂。

(7) 机械防护装置是否完好。

(8) 工具转动部分是否灵活、轻快，无阻滞现象。

(9) 电气保护装置是否良好。

3) 手持式电动工具的年检

手持式电动工具应每年至少检查一次，包括日常检查项目和绝缘电阻检查，手持式电动工具绝缘电阻检查标准如表 3-5 所示。

表 3-5　手持式电动工具绝缘电阻检查标准

测量部位	绝缘电阻/MΩ		
	I 类	II 类	III 类
带电零件与外壳之间	2	7	1

4) 手持式电动工具的维修后检查

维修后要进行绝缘电阻与耐压试验,手持式电动工具维修后耐压检查标准如表 3-6 所示。

表 3-6　手持式电动工具维修后耐压检查标准

实验电压事假部位	实验电压/V		
	I 类工具	II 类工具	III 类工具
带电零件与外壳之间: ——仅有基本绝缘与带电零件隔离 ——由加强绝缘与带电零件隔离	1250 3750	— 3750	500 —

3. 交流弧焊机使用安全

1) 交流弧原理与危险

交流弧焊机工作时(电弧燃烧时),30 V 左右的电压对人危险性不大。而在电弧熄灭时,焊钳与工件之间存在 70 V 左右的空载电压,危险在于停止作业时,尤其是换焊条时。交流弧焊机原理如图 3-16 所示。

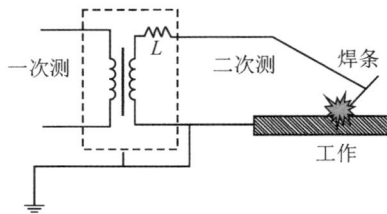

图 3-16　交流弧焊机原理

2) 防空载电压触电措施

(1) 根据环境选择适当空载电压。根据国家标准《小型弧焊变压器安全要求》(GB 19213—2003)规定,交流弧焊机最高空载电压有效值不超过 80 V,峰值不超过 113 V;如果在危险性较大的环境作业,则要求最高空载电压有效值不超过 48 V,峰值不超过 68 V。

(2) 个体防护手段。使用手工弧焊机,必须严格采取如下的个体防护措施:

① 要戴帆布手套,避免更换焊丝时手直接触及焊钳导电部分。

② 一定要穿绝缘防护鞋,这是防止空载电压危险的第二道防线。

③ 第三道防线便是戴头盔,穿能够盖住身体所有部位的工作服,尤其是在金属容器类环境作业。除此之外,应尽量避免人站在工件上作业,如实在无法避免,在工件上焊接时脚下应采用具有阻燃效果的绝缘垫子,以预防脚和手出汗引起鞋子和手套绝缘效果的下降

带来的隐患。

(3) 采用弧焊变压器防触电装置。所谓弧焊变压器防触电装置，就是专门用于防止弧焊机空载电压带来危险的装置，它能在不进行焊接时自动降低空载电压，甚至完全消除空载电压，而在焊接时能使空载电压自动恢复至原值的一种防触电装置。根据国家标准《弧焊变压器防触电装置》(GB 10235－2000)要求，该类装置必须把弧焊机不焊接时的空载电压降至不超过 24 V。而且，当弧焊机的输入电压为额定电压的 110％时，空载电压也不应超过 30 V。

3.2.4　实验室低压用电设备安全

低压用电设备可分为低压控制电器和低压保护电器。

1. 低压控制电器

低压控制电器主要用来接通和断开线路，以及用来控制用电设备。如：刀开关、低压断路器、减压启动器、电磁启动器等。

1) 刀开关

刀开关是最简单的控制电器。刀开关是手动开关，包括胶盖刀开关、石板刀开关、铁壳开关、转换开关、组合开关等。手动减压启动器属于带有专用机构的刀开关。刀开关只能用于不频繁启动的场合。刀开关如图 3-17 所示。

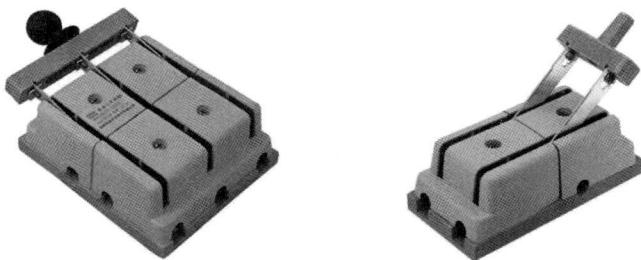

图 3-17　刀开关

刀开关一般起接通电源的作用，单刀用在某一相线上，双刀用在两相上，三刀用在三相上。刀开关没有或只有简单的灭弧装置，因此刀开关无力切断短路电流，刀开关符号接线图如图 3-18 所示。刀开关下方应装有熔体或熔断器。

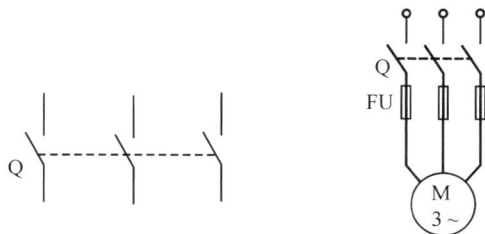

图 3-18　刀开关符号与接线图

刀开关使用注意事项：胶盖刀开关只能用来控制 5.5 kW 以下的三相电动机。刀开关的额定电压必须与线路电压相适应。对于 380 V 的动力线路，应采用 500 V 的闸刀开关；220V 的照明线路，可采用 250 V 的刀开关。对于照明负荷刀开关的额定电流大于负荷电流即可；对于动力负荷，开关的额定电流应大于负荷电流的 3 倍。闸刀开关所配用熔断器和熔体的额定电流不得大于开关的额定电流。一般用刀开关控制电动机时，为了维护和操作的安全，应该在刀开关上方另装一组插式熔断器。

2) 组合开关(QS)

它由多层动触点和静触点组成，主要用于机床设备的电源引入开关，也可用来通断 5 kW 以下电机电路或小电流电路。组合开关起停电动机的接线图如图 3-19 所示。

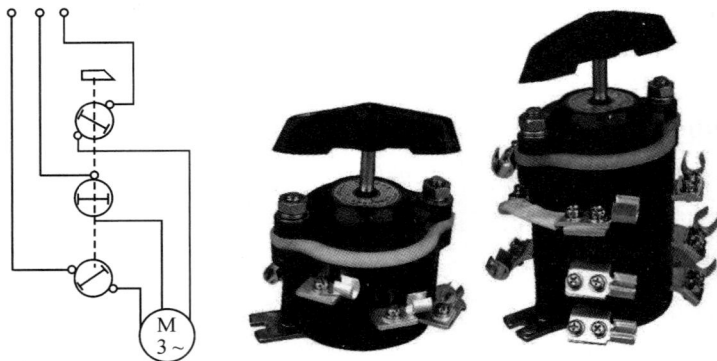

图 3-19　组合开关起停电动机的接线图

3) 低压断路器

低压断路器又叫自动开关或空气开关。在正常情况下，低压断路器可用来不频繁地通断电路及控制电机，当电路中发生过载、短路及失压故障时，还能自动切断故障电源。是低压配电系统中重要的控制和保护电器，兼有刀开关和熔断器的作用。低压断路器与符号如图 3-20 所示。

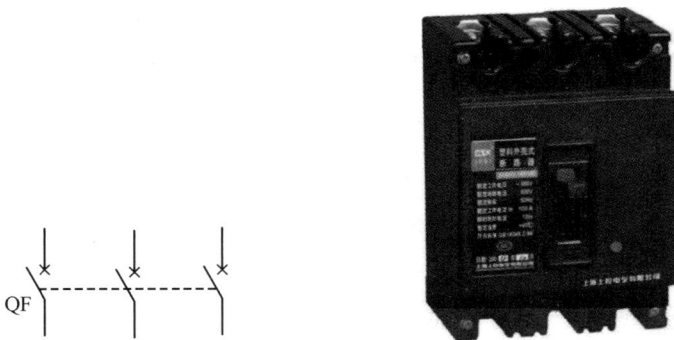

图 3-20　低压断路器与符号

(1) 低压断路器工作原理。

低压断路器主要由感受元件、执行元件和传递元件组成。也可以说由操作机构、触点、保护装置(各种脱扣器)、灭弧系统组成。低压断路器工作原理如图 3-21 所示。

自动空气开关的主触点是靠手动操作或电动合闸的。主触点闭合后，自由脱扣机构将主触点锁在合闸位置上。过电流脱扣器的线圈和热脱扣器的热元件与主电路串联，欠电压脱扣器的线圈和电源并联。

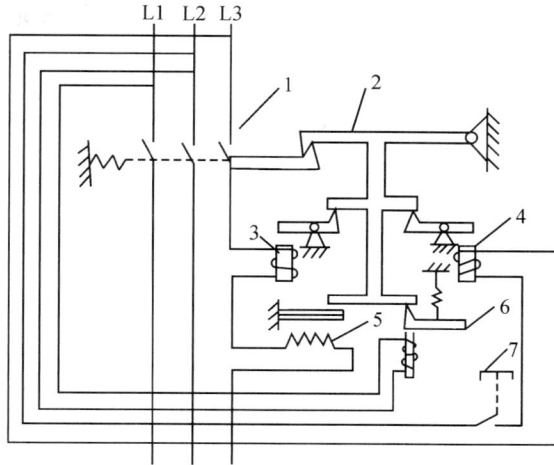

1—主触点；2—自由脱扣机构；3—过电流脱扣器；4—分励脱扣器；
5—热脱扣器；6—欠电压脱扣器；7—停止按钮。

图 3-21 低压断路器工作原理

当电路发生短路或严重过载时，过电流脱扣器的衔铁吸合，使自由脱扣机构动作，主触点断开主电路。

当电路过载时，热脱扣器的热元件发热使双金属片上弯曲，推动自由脱扣机构动作。

当电路欠电压时，欠电压脱扣器的衔铁释放，也使自由脱扣机构动作。

分励脱扣器则作为远距离控制器用，在正常工作时，其线圈是断电的，在需要距离控制时，按下起动按钮，使线圈通电，衔铁带动自由脱扣机构动作，使主触点断开。

(2) 低压断路器的保护特性。

保护特性是指动作时间 t 与过流脱扣器动作电流 I 的关系。图 3-22 为低压断路器的保护特性图。可以看出，自动开关的保护特性具有选择性：ab 段(过载保护部分)、df 段(瞬时动作部分)、ce 段(延时动作部分)。

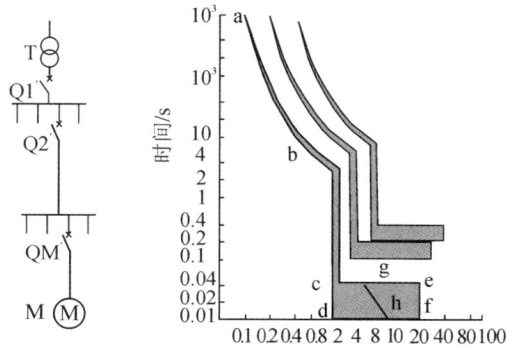

(a) 配电系统简图   (b) 保护特性

图 3-22 低压断路器的保护特性

ab 段：过载保护部分。其动作时间与动作电流成反时限关系，过载倍数越大，动作时间越短；

df 段：瞬时动作部分。故障电流超过与 d 点对应的电流值，过流脱扣器便瞬时动作；

ce 段：延时动作部分。故障电流大于 c 点之值，过流脱扣器经延时后动作。

根据保护对象的要求，自动开关的保护特性有两段式：如 abdf 式(过载长延时和短路瞬时动作)或 abce 式(过载长延时和短路短延时)。

2. 低压保护电器

保护电器主要用来获取、转换和传递信号，并通过其他电器对电路实现控制。如：熔断器、热继电器等。

低压保护电器主要包括熔断器、热继电器、电磁式过电流继电器以及低压断路器、减压启动器、电磁接触器里安装的各种脱扣器。常见低压保护方式有以下三种。

(1) 短路保护：短路保护是指线路或设备发生短路时，迅速切断电源的一种保护。熔断器、电磁式过电流继电器和脱扣器都是常用的短路保护元件。

(2) 过载保护：过载保护是当线路或设备的载荷超过允许范围时，能延时切断电源的一种保护。热继电器和热脱扣器是常用的过载保护元件。

(3) 失压(欠压)保护：当电源电压消失或低于某一限度时，它能自动断开线路。失压(欠压)保护由失压(欠压)脱扣器等元件执行。

3. 常见的低压保护电器

1) 熔断器

(1) 熔断器的结构与原理。

熔断器由熔断体(简称熔体)、熔断器底座和熔断器支持件组成。熔体是核心部件做成丝状(熔丝)或片状(熔片)。低熔点熔体由锑铅合金、锡铅合金、锌等材料制成；高熔点熔体由铜、银、铝等材料制成。

根据结构不同，熔断器分为管式熔断器、螺塞式熔断器、插式熔断器、盒式熔断器等。各类熔短器如图 3-23 所示。

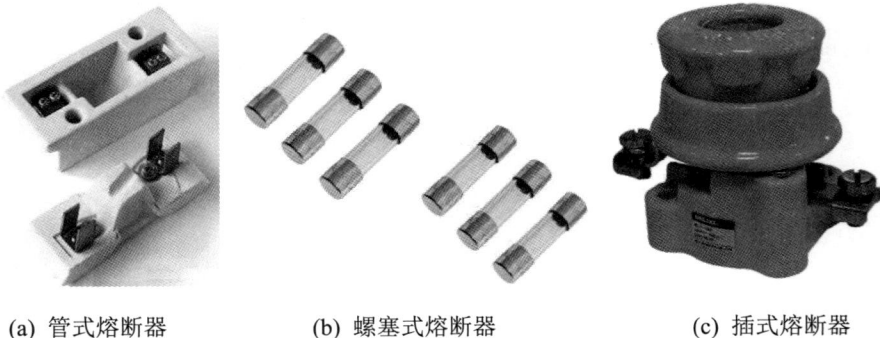

(a) 管式熔断器　　　　(b) 螺塞式熔断器　　　　(c) 插式熔断器

图 3-23　熔断器的种类

负载电流通过熔体，由于电流的热效应而使熔体的温度上升，当电路发生过载或短路故障时，电流大于熔体允许的正常发热电流，使熔体温度急剧上升，当达到熔点温度时，熔体自行熔断，分断电路，从而保护了电气设备。

(2) 熔断器的特性。

保护特性和分断能力是熔断器的主要技术特性。

分断能力是指熔断器在额定电压及一定的功率因数下切断短路电流的极限能力，因此，通常用极限分断电流表示分断能力。填料管式熔断器的分断能力较强。

保护特性是指流过熔体的电流与熔断时间的关系曲线，如图 3-24 所示。保护特性是反时限曲线，而且有一个临界电流 I_c。

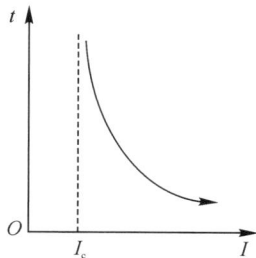

图 3-24　熔断器保护特性关系曲线

(3) 熔断器的应用。

① 用于变压器的过载和短路保护。

② 用于配电线路的局部短路保护。

③ 与低压断路器串接，辅助断流容量不足的低压断路器切断短路电流。

④ 用于电动机的短路保护。

⑤ 用于照明系统、家用电器的过流保护。

⑥ 临时敷设线路的过流保护。

(4) 熔断器的选用原则。

① 熔断器的保护特性必须与被保护对象的过载特性配合良好。

② 熔断器的额定分断能力应大于被保护电路可能出现的短路冲击电流的有效值。

③ 在分级保护中，一般要求前一级熔体比后一级熔体的额定电流大 2 至 3 倍。

④ 在易发生故障的场所，应考虑选用可拆除式熔断器。

⑤ 在易燃易爆场所，应选用封闭式熔断器。

(5) 熔体更换原则。

① 更换熔体时应断电，不许带电工作，以防发生触电事故。

② 更换熔体必须弄清熔体熔断的原因，并排除故障。

③ 更换熔体前应清除熔断器壳体和触点之间的碳化导电薄层。

④ 更换熔体时，不应随意改变熔体的额定电流，更不允许用金属导线代替熔体使用。

⑤ 安装时，既要保证压紧接牢，又要避免压拉过紧而使熔断电流值改变，导致发生误熔断故障。

⑥ 熔丝不得两股或多股绞合使用。

2) 热继电器

热继电器是利用电流的热效应来推动动作机构使触头闭合或断开的保护电器，主要用于电动机的过载保护、断相保护、电流不平衡保护以及其他电气设备发热状态时的控制。常见热继电器如图 3-25 所示。

热继电器工作时将小阻值电阻丝(热元件)串接在电动机的主电路中,电阻丝围绕双金属片,当热元件中通过的电流超过其额定值而过热时,双金属片受热后弯曲,导致扣板脱扣,扣板在弹

图 3-25　热继电器

簧的拉力下将常闭触点断开。常闭触点是串接在电动机的控制电路中的，使得控制电路中的接触器的动作线圈断电，从而切断电动机的主电路。热继电器的工作原理如图 3-26 所示。

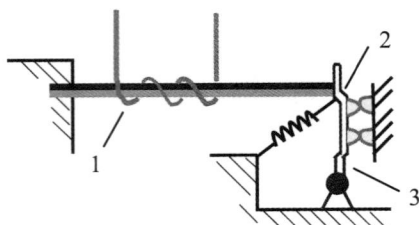

1—发热元件；2—常闭触头；3—杠杆。

图 3-26　热继电器的工作原理

串接在电动机主电路中的发热元件，图符号如图 3-27 所示。

串接在电动机控制电路中的常闭触点，图符号如图 3-28 所示。

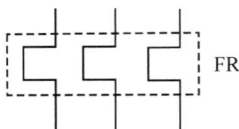

图 3-27　发热元件图符号　　　　图 3-28　常闭触点图符号

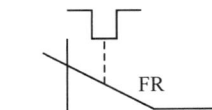

3) 电磁式接触器

主要用于频繁地接通和断开大电流电路的开关电器。电磁式接触器的工作原理：线圈通电后，在铁芯中产生磁通及磁力。此磁力克服弹力使得衔铁吸合，带动触点机构动作，常闭触点打开，常开触点闭合，互锁或接通线路。线圈失电或线圈两端电压降低时，磁力小于弹力，使得衔铁释放，触点机构复位，断开线路或解除互锁。常见电磁式接触器如图 3-29 所示。

图 3-29　电磁式接触器

接触器具有遥控功能，同时还具有欠压、失压保护的功能，接触器的主要控制对象是电动机。

电磁系统：铁芯、衔铁、通电线圈。

触头系统：三对主触头、两对辅助常开触点、两对辅助常闭触点，其中三对主触头体积较大，由三对常开触头组成，用于通断电动机主电路的大电流，如图 3-30 所示。电磁式接触器内部结构如图 3-31 所示。

三对主触头　　　辅助常开触点　　　辅助常闭触点

图 3-30　电磁式接触器触头系统

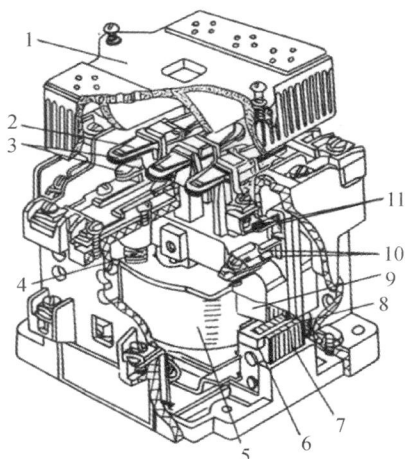

1—灭弧罩；2—触点压力弹簧片；3—主触点；4—反作用弹簧；5—线圈；6—短路环；
7—静铁芯；8—弹簧；9—动铁芯；10—辅助常开触点；11—辅助常闭触点。

图 3-31　电磁式接触器内部结构

为确保操作安全，安全信息告知到位，电气操作类实验室一般要求张贴风险告知牌。如图 3-32、图 3-33 所示为电气操作类实验室中的低压配电箱风险告知牌和电焊机风险告知单。

图 3-32　低压配电箱风险告知牌

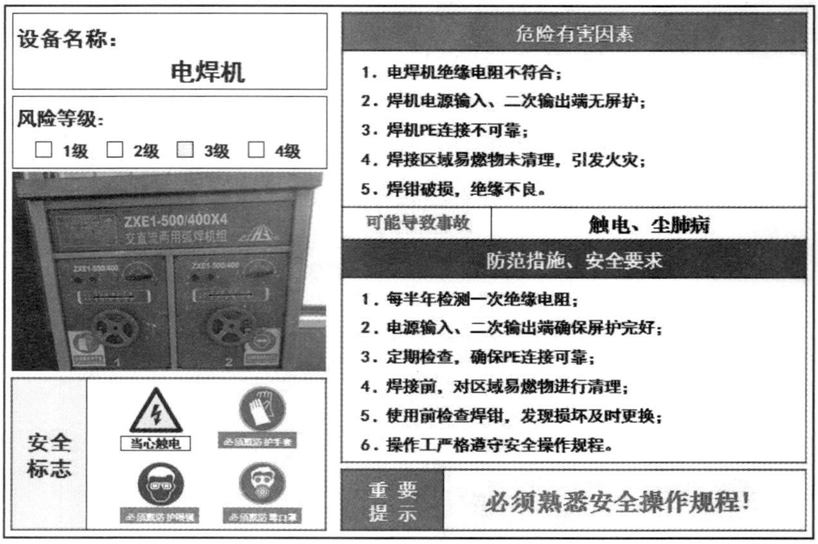

图 3-33 电焊机风险告知牌

3.3 机械加工安全

机械是现代生产中各行各业不可缺少的设备，不仅工业生产要用到各种机械，其它行业也在不同程度上要用到各种机械，它是各行各业解放劳动力、提高生产率的有力工具，也是现代工业的基础。同时也是高校开展实验教学，培养高技能、高素养人才的重要工具。机械在加工过程中存在着加工安全风险，下面我们重点对机械加工安全基础知识、机械加工安全要求、高校实验机械加工设备风险源、高校实验室机械加工事故经验教训进行介绍。

3.3.1 机械加工安全基础知识

机械加工安全要求主要指预防机械性伤害。机械性伤害主要指机械设备运动(静止)部件、工具、加工件直接与人体接触引起的夹击、碰撞、剪切、卷入、绞、碾、割、刺等形式的伤害。各类转动机械的外露传动部分(如齿轮、轴、履带等)和往复运动部分都有可能对人体造成机械伤害。简单来说，机械性伤害是指机械作用于人体并对人体造成的伤害。这类伤害可能导致创伤、骨折、挫伤、挤压伤等不同程度的损伤，并且可能对人体造成严重的身体伤害甚至死亡。

1. 机械设备存在的危险

1) 机械设备处于静止状态时存在的危险

机械设备处于静止状态时存在的危险，即当人接触或与静止设备做相对运动时可引起的危险。包括切削刀的刀刃；机械设备突出的较长的部分，如设备表面上的螺栓、吊钩、手柄等；毛坯、工具、设备边缘锋利和粗糙表面，如未打磨的毛刺、锐角、翘起的铭牌等；引起滑跌的工作平台，尤其是平台有水或油时更为危险。

2) 机械设备直线运动的危险

机械设备直线运动的危险是指作直线运动的机械设备所引起的危险，又可分接近式的危险和经过式的危险。

(1) 接近式的危险：这种危险是指当机械进行往复的直线运动时，如果人处在机械直线运动的正前方而未及时躲让，那么人将受到运动机械的撞击或挤压，这种危险主要包括：

① 纵向运动的构件，如龙门刨床的工作台、牛头刨床的滑枕、磨床的往复工作台等。

② 横向运动的构件，如升降式铣床的工作台。

(2) 经过式的危险指人体经过运动的部件引起的危险，这种危险主要包括：

① 单纯做直线运动的部位，如运转中的带键、冲模。

② 作直线运动的凸起部分，如运动时的金属接头。

③ 运动部位和静止部位的组合，如工作台与底座组合，压力机的滑块与模具。

④ 作直线运动的刃物，如牛头刨床的刨刀、带锯床的带锯。

3) 机械旋转运动的危险

机械旋转运动的危险是指人体或衣服被卷进旋转机械部位引起的危险，主要表现在以下方面：

(1) 卷进单独旋转运动机械部件中的危险，如主轴、卡盘、进给丝杠等单独旋转的机械部件以及磨削砂轮、各种切削刀具，如铣刀、锯片等加工刃具。

(2) 卷进旋转运动中两个机械部件间的危险，如朝相反方向旋转的两个轧辊之间，相互啮合的齿轮。

(3) 卷进旋转机械部件与固定构件间的危险，如砂轮与砂轮支架之间，有辐条的手轮与机身之间。

(4) 卷进旋转机械部件与直线运动部件间的危险，如皮带与皮带轮、链条与链轮、齿条与齿轮、滑轮与绳索间、卷扬机绞筒与绞盘等。

(5) 旋转运动加工件打击或绞轧的危险，如伸出机床的细长加工件。

(6) 旋转运动件上凸出物的打击，如皮带上的金属皮带扣、转轴上的键、定位螺丝、联轴器螺丝等。

(7) 孔洞部分有些旋转零部件，由于有孔洞部分而具有更大的危险性。如风扇、叶片，带辐条的滑轮、齿轮和飞轮等。

(8) 旋转运动和直线运动引起的复合运动，如凸轮传动机构、连杆和曲轴。

4) 机械飞出物击伤的危险

机械飞出物一般有两类，一类指飞出的刀具或机械部件，如未夹紧的刀片、紧固不牢的接头、破碎的砂轮片等。一类指飞出的切屑或工件，如连续排出或破碎而飞散的切屑、锻造加工中飞出的工件。

2. 机械事故造成的伤害种类

机械事故造成的伤害种类如表 3-7 所示。

表 3-7　机械事故造成的伤害种类

机械事故造成的伤害种类	说　明
引入或卷入碾轧	啮合的齿轮之间以及齿轮的齿条之间，带与带轮、链与链轮进入啮合部位的加紧点，两个做相对回转运动的辊子之间的加口引发的引入或卷入；轮子与轨道、车轮与路面等滚动的旋转引发的碾轧等
挤压、剪切和冲击	做直线运动特别是相对运动的两部件之间、运动部件与静止部件产生对人的夹挤、冲撞或剪切伤害
卷绕和绞缠	旋转运动的机械部件将人的头发、饰物(如项链)、手套、肥大衣袖或下摆随回转件卷绕，继而引起对人的伤害
飞出物打击	由于发生断裂、松动、脱落或弹性位能等机械能释放，使失控物件飞甩或反弹对人造成伤害
物体坠落打击	位于高位置的物体意外坠落造成伤害。例如，高处掉落的零件、工具等；悬挂物体的吊挂零件破坏或夹具夹持不牢固引起物件坠落；由于质量分布不均衡、重心不稳定，在外力作用下发生倾翻、滚落
切割和擦伤	切削刀具的锋刃，零件表面的毛刺，工件或废屑的锋利飞边，机械设备的尖棱、利角、锐边、粗糙的表面(如砂轮、毛坯)等，无论物体的状态是运动还是静止的，这些由于形状产生的危险都会构成潜在的危险

(1) 机械设备的零部件做直线运动时造成的伤害。例如锻锤、冲床、切钣金的施压部件、牛头刨床的床头、龙门刨床的床面及桥式吊车大、小车和升降机构等，都是作直线运动的。作直线运动的零部件造成的伤害事故主要有压伤、砸伤、挤伤。

(2) 机械设备零部件作旋转运动时造成的伤害。例如机械设备中的齿轮、支带轮、滑轮、卡盘、轴、光杠、丝杠、供轴节等零部件都是作旋转运动的。旋转运动造成人员伤害的主要形式是绞绕和物体打击伤。

(3) 刀具造成的伤害。例如车床上的车刀、铣床上的铣刀、钻床上的钻头、磨床上的磨轮、锯床上的锯条等都是加工零件用的刀具，刀具在加工零件时造成的伤害主要有烫伤、刺佚、割伤。

(4) 被加工的零件造成的伤害。机械设备在对零件进行加工的过程中，有可能对人身造成伤害。这类伤害事故主要有被加工的零件固定不牢被甩出打伤人，例如车床卡盘夹不牢，在旋转时就会将工件甩出伤人；被加工的零件在吊运和装卸过程中，可能造成砸伤。

(5) 电气系统造成的伤害。工厂里使用的机械设备，其动力绝大多数是电能，因此每台机械设备都有自己的电气系统。主要包括电动机、配电箱、开关、按钮、局部照明灯以及接零(地)和馈电导线等。电气系统对人的伤害主要是电击。

(6) 其他伤害。机械设备除去能造成上述各种伤害外，还可能造成其他一些伤害。例如有的机械设备在使用时伴随着发出强光、高温，还有的放出化学能、辐射能以及尘毒危害物质，等等，这些对人体都可能造成伤害。

3. 机械伤害常见原因分析

机械伤害的主要原因有检修、检查机械忽视安全措施；缺乏安全装置；电源开关布局不合理；机械设备带病运行，不符合安全要求；在机械运行中进行清理、卡料、上皮带蜡等作业；任意进入机械运行危险作业区(采样、干活、借道、拣物等)；不具备操作机械素质的人员上岗或作业人员操作失误等。由此可见，机械伤害事故主要由人的不安全行为和物的不安全状态所造成的。机械伤害常见原因如图 3-34 所示。

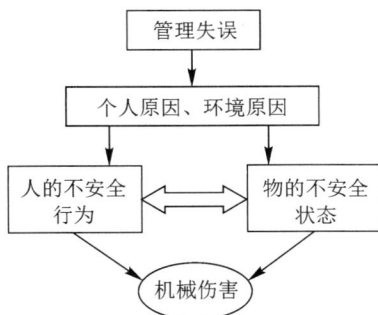

图 3-34　机械伤害常见原因

1) 人的不安全行为

人的不安全行为主要由于操作失误和误入危区。

(1) 操作失误的主要原因有：

① 机械产生的噪声使操作者的知觉和听觉麻痹，导致不易判断或判断错误。

② 依据错误或不完整的信息操纵或控制机械造成失误。

③ 机械的显示器、指示信号等显示失误使操作者误操作。

④ 控制与操纵系统的识别性、标准化不良而使操作者产生操作失误。

⑤ 时间紧迫致使没有充分考虑而处理问题。

⑥ 缺乏对动机械危险性的认识而操作失误。

⑦ 技术不熟练，操作方法不当，作业程序不当，监督检查不够，违章作业。

⑧ 准备不充分，安排不周密，因仓促而导致操作失误。

⑨ 人为使机器处于不安全状态，如取下安全罩、切除联锁装置等。走捷径、图方便、忽略安全程序，如不盘车、不置换分析等。

(2) 误入危区的原因主要有：

① 操作机器的变化，如改变操作条件或改进安全装置时。

② 图省事、走捷径的心理，对熟悉的机器，会有意省掉某些程序而误入危区。

③ 单调的操作使操作者疲劳而误入危区。

④ 由于身体或环境影响造成视觉或听觉失误而误入危区。

⑤ 错误的思维和记忆，尤其是对机器及操作不熟悉的新人容易误入危区。

⑥ 指挥者错误指挥，操作者未能抵制而误入危区。

⑦ 异常状态及其他条件下的失误。

2) 物的不安全状态

物的不安全状态，如机器的安全防护设施不完善，通风、防毒、防尘、照明、防震、防噪声以及气象条件等安全卫生设施缺乏等均能诱发事故。运动机械所造成的伤害事故的危险源常常存在于下列部位：

(1) 旋转的机件具有将人体或物体从外部卷入的危险，如机床的卡盘、钻头、铣刀等；传动部件和旋转轴的突出部分有钩挂衣袖、裤腿、长发等而将人卷入的危险；风翅、叶轮有绞碾的危险；相对接触而旋转的滚筒有使人被卷入的危险。

(2) 作直线往复运动的部位存在着撞伤和挤伤的危险；冲压、剪切、锻压等机械的模具、锤头、刀口等部位存在着撞压、剪切的危险。

(3) 机械的摇摆部位存在着撞击的危险。

(4) 机械的控制点、操纵点、检查点、取样点、送料过程等也都存在着不同的潜在危险因素。

3) 常用机械的主要危害部位

常用机械的主要危险部位如表 3-8 所示。

表 3-8　机械的主要危害部位

机械装置危害部位	危害部位可能造成的伤害示意	机械装置危害部位	危害部位可能造成的伤害示意
旋转轴、连接器、心轴、卡盘、丝杠和杆等		传送带滑轮组的转入夹口	
一对旋转设备之间的转入夹口		转动部件的突出部位	
设有孔口的罩壳内的旋转螺杆及螺旋		设有孔口的罩壳内的旋转高速转筒	
旋转切削工具		往复切削工具	

(1) 旋转部件和成切线运动部件间的咬合处，如动力传输皮带和皮带轮、链条和链轮、齿条和齿轮等。

(2) 旋转的轴，包括连接器、新轴、卡盘、丝杠、圆形心轴和杆等。

(3) 旋转的凸块和孔处。含有凸块或空洞的旋转部件是很危险的，如风扇叶、凸轮、飞轮等。

(4) 对向旋转部件的咬合处，如齿轮、轧钢机、混合辊等。

(5) 旋转部件和固定部件的咬合处，如辐条手轮或飞轮和机床床身、旋转搅拌机和无防护开口外壳搅拌机装置等。

(6) 接近类型，如锻锤的锤体、动力压力机的滑枕等。

(7) 通过类型，如金属刨床的工作台及其床身、剪切机的刀刃等。

(8) 单向滑动，如带锯边缘的齿、砂带磨光机的研磨颗粒、凸式运动带等。

3.3.2　机械加工安全要求

机械加工的安全要求涉及多个方面，旨在确保操作人员的安全和设备的稳定运行。下面就机械的安全措施、机械伤害的预防、机械加工的防护、机械加工的方式、对安全防护装置的要求等进行介绍。

1．机械的安全措施

机械的安全措施分为直接、间接和指导性安全措施：

(1) 直接安全措施：指在设计机器时，消除机器本身的不安全因素。

(2) 间接安全措施：指采用各种安全有效的防护装置。

(3) 指导性安全措施：指制定机器安装、使用、维修保养的安全规程及设置安全标志。

2．机械伤害的预防

预防机械伤害事故，主要从以下几方面入手：

(1) 配备本质安全型机械设备。

本质安全型机械设备配备有自动探测装置，在有人手等肢体处于机械设备的危险部位如刀口下时，此时即使有人员误触动设备开关，设备也不会动作，从而保护人员安全。

(2) 加强对机械设备及操作人员的管理。

制定详细的机械设备操作规程，并对设备操作人员加强培训，使操作人员增强安全意识，认识到操作过程中的危险因素。为操作人员配备合格的个人劳动保护用品，并督促操作人员正确使用。加强对设备操作区域的管理，及时清理杂物，使操作区保持干净整洁、通道畅通。定期对机械设备进行检查，及时处理设备存在的隐患和问题，使机械设备的各种安全防护措施处于完好状态。

(3) 创造良好的工作环境。

(4) 机械操作人员应注意作息时间，充分休息，保持良好的工作状态。

3．机械加工的防护

1) 操作人员的防护

旋转机械设备操作人员的防护：应穿"三紧"，即袖口紧、下摆紧、领口紧；不准戴手套、围巾；女工的发辫要盘在工作帽内，不准露出帽外；脚需穿防砸防刺的劳保鞋，旋转机械设备操作人员着装规范如表 3-9 所示。

表 3-9　旋转机械设备操作人员着装规范

着 装 示 意	是否规范	着 装 示 意	是否规范
	√		√
	√		√
	×		×
	×		

2) 机械的安全防护

安全防护装置是配置在机械设备上能防止危险因素引起人身伤害，保障人身和设备安全的装置。

机床上常见的传动机构有齿轮啮合机构、皮带传动机构、联轴器等。这些机构高速旋转着，人体某一部位有可能被带进去而造成事故，因而有必要对传动机构危险部位进行防护，以保护操作者的安全，机械常见安全防护装置如表 3-10 所示。

表 3-10　机械常见安全防护装置

机械常见安全防护类型	原理及应用	举　例
固定式防护装置	防止操作人员接触机器危险部件的固定安全装置。该装置能自动地满足机器运行的环境及过程条件。装置的有效性取决于其固定的方法和开口的尺寸，以及在其开启后距危险点应有的距离。只能使用工具或破坏其固定方式才能打开或拆卸	封闭式防护装置 距离防护装置
活动式防护装置	不使用工具就能打开的防护装置。包括动力操作式防护装置(依靠人力或重力之外的动力源进行操作)、自关闭式防护装置、自动可调式防护装置(借助重力、弹力、其它外部动力等回复到关闭状态)	自关闭式防护装置
可调式防护装置	整体或者部分可调的固定式或活动式防护装置	钻床上的可调式防护装置

续表

机械常见安全防护类型	原 理 及 应 用	举 例
联锁安全装置	只有当安全装置关合时，机器才能运转；只有当机器的危险部件停止运动时，安全装置才能开启。连锁安全装置可采取机械的、电气的、液压的、气动的或组合的形式 在设计联锁装置时，必须使其在发生任何故障时，都不使人员暴露在危险之中。例如，利用光电作用，人手进入冲压危险区，冲压动作立即停止	 联锁铰链防护装置 (关闭时危险区封闭) 联锁滑动防护装置

4. 机械安全防护的方式

机械安全防护是通过采用安全装置、防护装置或其他装置，对一些机械危险进行预防的安全技术措施，其目的是防止机器在运行时产生各种对人员的接触伤害。机械安全防护方式如图 3-35 所示。

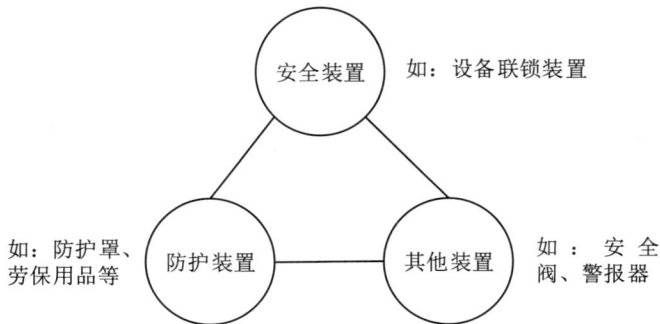

图 3-35　机械安全防护

机械安全防护方式可以分为隔离防护装置、联锁控制防护装置、超限保险装置、紧急制动装置、报警装置。

(1) 隔离防护装置：通过物体障碍方式防止人或人体部分进入危险区，阻止人与外露的高速运动或传动的零部件接触而被伤害，避免飞溅出来的切屑、工件、刀具等外来物伤人。该装置又分为防护罩和防护屏两种类型。两种类型的隔离防护装置如图 3-36 所示。

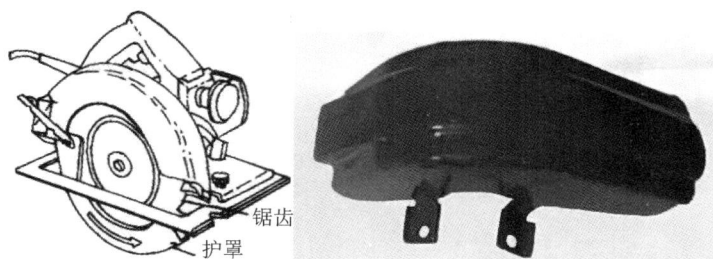

图 3-36　防护罩

(2) 联锁控制防护装置：防止相互干扰的两种运动或不安全操作时电源同时接通或断开的互锁装置。分为机械式连锁装置、电气联锁线路、液压(或气动)联锁回路等。三种类型的连锁控制防护装置如图 3-37 所示。

图 3-37　联锁控制防护装置

(3) 超限保险装置：防止设备在规定的极限参数下(温度、压力、载荷、速度、位置、振动、噪声等)运行的装置，如熔断器、保险丝等。常见的超限保险装置如图 3-38 所示。

图 3-38　超限保险装置

(4) 紧急制动装置：防止和避免在紧急危险状态下发生人身或设备事故的装置，可以在即将发生事故的一瞬间迅速制动。常见紧急制动装置如图 3-39 所示。

图 3-39　紧急制动装置

(5) 报警装置：通过监测装置及时发现机械设备的危险与有害因素及事故预兆，通过闪烁红灯或鸣笛向人们发出报警信号的装置。常见报警装置如图 3-40 所示。

声光报警器　　　　　　　　多色声光报警器

图 3-40　报警装置

5. 对安全防护装置的要求

1) 机械安全防护装置的一般要求

(1) 安全防护装置应结构简单、布局合理，无锐利的边缘和突缘。

(2) 安全防护装置应具有足够的可靠性，在规定的使用期限内有足够的强度、刚度、稳定性、耐腐蚀性、抗疲劳性，以确保安全。

(3) 安全防护装置应与设备运转连锁，保证安全防护装置未起作用之前，设备不能运转；安全防护罩、屏、栏材料，及其至运转部件的距离，应符合《机械安全防护装置固定式和活动式防护装置设计与制造一般要求》GB/T8196—2003 的规定。

(4) 光电式、感应式等安全防护装置应设置自身出现故障的报警装置。

(5) 紧急停车开关应保证瞬时动作时能终止设备的一切运动。对有惯性运动的设备，紧急停车开关应与制动器或离合器连锁，以保证迅速终止运行。

(6) 紧急停车开关的形状应区别于一般开关，颜色为红色。

(7) 紧急停车开关的布置应保证操作人员易于触及，且不发生危险。

(8) 设备由紧急停车开关停止运动后，必须按启动顺序重新启动才能重新运转。

2) 对机械设备安全防护罩的技术要求

(1) 只要操作人员可能触及的活动部件，在防护罩闭合前，活动部件就不能运转。

(2) 采用固定防护罩时，操作人员触及不到运转中的活动部件。

(3) 防护罩与活动部件间有足够的间隙，避免防护罩和活动部件间的任何接触。

(4) 防护罩应牢固地固定在设备或基础上，拆卸、调节时必须使用工具。

(5) 开启式防护罩打开时或一部分失灵时，应使活动部件不能运转或运转中的部件停止运动。

(6) 使用的防护罩不允许给生产场所带来新的危险。

(7) 不影响操作，在正常操作或维护保养时不需拆卸防护罩。

(8) 防护罩必须坚固牢靠，以避免与活动部件接触造成损坏和工件飞脱造成伤害。

(9) 一般防护罩不准脚踏和站立，必须作平台或阶梯时，应能承受 1500 牛顿的垂直力，并采取防滑措施。

3.3.3　实验室机械加工设备风险源

一、实验室机械加工设备风险及其风险源

1. 实验室机械加工设备风险

实验室机械加工设备风险有刺割伤、物体打击、绞伤、烫伤。

2. 实验室机械加工设备风险源

(1) 刺割伤：操作人员使用较锋利的工具刃口，如金工车间里正在工作着的车、铣、刨、钻等机床的刀锯，就像快刀一样，能对未加防护的人体部位造成极大伤害。

(2) 物体打击：车间的高空落物，工件或砂轮高速旋转时沿切线方向飞出的碎片，往复运动的冲床、剪床等，可导致人员受到打击伤害。

(3) 绞伤：机床旋转的皮带、齿轮和正在工作的转轴都可导致绞伤。

(4) 烫伤：切削加工下来的切削迸溅到人体暴露部位上导致人员烫伤。

二、常见实验室机械加工设备危险源识别

1. 普通机床危险源识别

普通车床是能对轴、盘、环等多种类型工件进行多种工序加工的卧式车床，常用于加工工件的内外回转表面、端面和各种内外螺纹，采用相应的刀具和附件，还可进行钻孔、扩孔、攻丝和滚花等。普通车床是车床中应用最广泛的一种，约占车床类总数的 65%，因其主轴以水平方式放置故称为卧式车床，如图 3-41 所示。

图 3-41　普通机床

普通机床的主要危险源如下：

(1) 安全防护装置有缺陷或被拆卸产生安全隐患。

(2) 用手直接抓纱布在工件上磨光；隔着正在加工的工件拿取物体；在加工过程中清理刀具上的铁屑、在切削过程中测量工件，擦拭机床等，易发生碾、碰、割伤害事故。

(3) 未持操作证上岗，安全防护用具使用不当，违章作业触碰设备等，造成伤害。

(4) 机床接地不良，电线裸露，未采用安全电压，造成触电伤害。

(5) 衣服、头发等搅入设备造成人员伤害。

(6) 工件、工具坠落或飞出造成伤害。

2. 铣床危险源识别

铣床主要指用铣刀对工件多种表面进行加工的机床。通常以铣刀的旋转运动为主运动，工件和铣刀的移动为进给运动。它可以加工平面、沟槽，也可以加工各种曲面、齿轮等。常见铣床如图 3-42 所示。

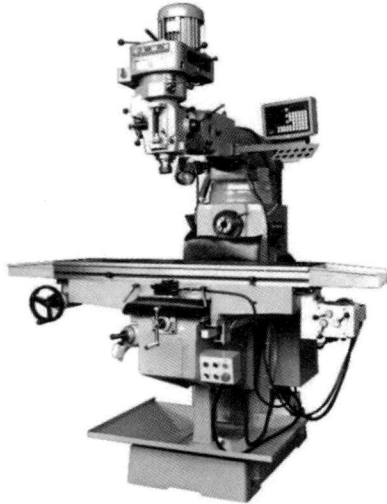

图 3-42　铣床

铣床的主要危险源如下：

(1) 金属碎屑飞溅，造成伤害。

(2) 工具工件坠落或飞出，造成人员伤害。

(3) 金属碎屑飞溅，造成人员伤害。

(4) 未持操作证上岗，安全防护用具使用不当，违章作业触碰设备等，造成人员伤害。

(5) 机床接地不良，电线裸露，未采用安全电压，造成触电伤害。

(6) 衣服、头发等搅入设备造成人员伤害。

(7) 铣削过程中测量工件、拆卸工作，擦拭机床及用手清理铁屑等，易发生机器、工具伤害事故。

3. 砂轮危险源识别

砂轮又称固结磨具，砂轮是由结合剂将普通磨料固结成一定形状(多数为圆形，中央有通孔)，并具有一定强度的固结磨具，一般由磨料、结合剂和气孔构成。常见砂轮如图 3-43 所示。

砂轮的主要危险源如下：

(1) 砂轮防护罩损坏或拆除，砂轮破碎飞出造成伤害。

(2) 砂轮防护罩与砂轮不匹配，易夹碎砂轮，碎块飞出造成伤害。

(3) 挡板与砂轮间隙过大，磨刀时会伤手。

(4) 站在砂轮的正前方操作，易发生事故。

(5) 未持操作证上岗，安全防护用具使用不当，违章作业触碰设备等，造成伤害。

(6) 机床接地不良，电线裸露，未采用安全电压，造成触电伤害。

(7) 衣服、头发等搅入设备造成人员伤害。

(8) 工件掉落造成伤害。

图 3-43　砂轮

4. 钻床危险源识别

钻床指主要用钻头在工件上加工孔的机床。钻床结构简单，加工精度相对较低，可钻通孔、盲孔，更换特殊刀具，可扩、锪孔，铰孔或进行攻丝等加工。加工过程中工件不动，让刀具移动，将刀具中心对正孔中心，并使刀具转动(主运动)。常见钻床如图 3-44 所示。

图 3-44　钻床

钻床的主要危险源如下：

(1) 碎屑飞溅，造成人员伤害。

(2) 未持操作证上岗，安全防护用具使用不当，违章作业触碰设备等，造成人员伤害。

(3) 机床接地不良，电线裸露，未采用安全电压，造成触电伤害。

(4) 衣服、头发等搅入设备造成人员伤害。

(5) 工件掉落造成人员伤害。

3.3.4 实验室机械加工事故经验教训

1. 卡盘把手飞脱

在车床、铣床、钻床上，为了固定材料或工具要使用到卡盘把手，此时经常发生的事故是在安装着卡盘把手的状态下，打开开关，导致卡盘把手飞脱。如果被突如其来的卡盘把手飞撞到身体，轻者受伤，重者有生命危险。在停止运转时必须将卡盘把手拆除。卡盘把手飞脱事故如图 3-45 所示。

图 3-45　卡盘把手飞脱事故

2. 车刀或托板碰撞回转中的卡盘

通常在车床加工，切割外侧时，车刀是送往卡盘的方向。在自动移动时要特别注意。如果车刀碰撞到回转中的卡盘，会有相当大的损伤，虽然受伤的可能性较小但车刀和车床损坏的可能性就很大。车床作业的初学者会疏忽大意，往往会酿成托板碰撞回转中卡盘的事故，托板碰撞到卡盘，对车床会有很大的损伤。车刀或托板碰撞卡盘事故如图 3-46 所示。

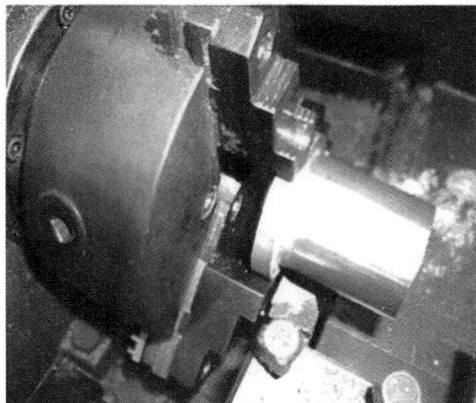

图 3-46　车刀或托板碰撞卡盘事故

3. 碎屑飞入眼中的危险

材料切割时，碎屑会四处飞溅。有时碎屑飞入眼中，不仅仅是疼痛这么简单的事。原则上，切割加工时，必须佩戴防护眼镜，特别是对于初学者，碎屑飞溅的方向是无法预测的，因此一定要佩戴防护眼镜。另外，在清理工作机械时，也会出现因空压机吹起碎屑而使碎屑急速扬起的情况。这种时候，不可以疏忽大意，应佩戴好防护眼镜。同样，使用手提式打磨机也有碎屑突然飞溅的危险。常见防护眼镜如图 3-47 所示。

图 3-47　常用防护眼镜

4. 手指和脸部接触到回转部的危险

在车床、铣床运转时，是没有人会特意将手指、脸部靠近它们的。但是，在机械加工的初学者中，总会发生由于想看清楚加工面，不知不觉中脸部接近回转部的情况。特别要小心的是，有时会在车床上切割较大的材料，回转卡盘，卡盘就会看不见凸起的部分，同样，在车床上切割大的板材时也是看不见回转的材料，所以要特别注意安全。

5. 镗孔加工时切割碎屑飞溅的危险

在车床加工中，无论是端面加工或是外侧加工碎屑飞溅的方向都是可以预测的，所以，通常脸是不会朝着该方向的。但是在镗孔加工中，碎屑可能会飞入回转的卡盘中，然后从卡盘中飞向溅至各个方向。特别是在观察车刀的尖端、加工面时，这种情况发生比较多，所以要特别注意做好相应防护。镗孔加工时切割碎屑飞溅情形如图 3-48 所示。

图 3-48　镗孔加工时切割碎屑飞溅情形

6. 车床去除毛刺作业的危险

在车床上进行的切割加工结束后,有时我们会用锉刀抵住回转中的材料,以达到去除毛刺的目的。此时,我们要注意的是,常会发生锉刀的先端顶住卡盘,致使锉刀飞脱的情况,实际上就是锉刀从脸的侧面飞掠过去。因此,在卡盘的附近使用锉刀加工时要特别注意。另外,还有些禁止的行为,例如通过手指的触碰感觉毛刺去除的情况时,容易令手指受伤。除毛刺作业的情形如图 3-49 所示。

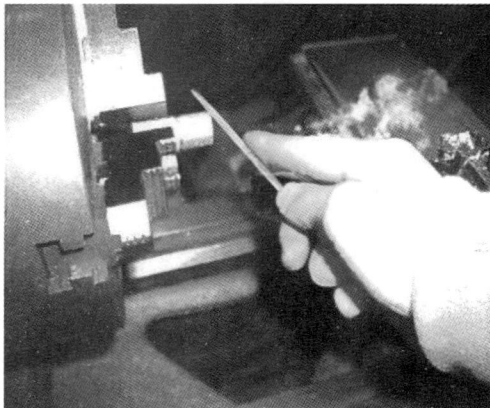

图 3-49　除毛刺作业情形

7. 切割碎屑飞出的危险

车床进行切割柔软的材料时,细长的碎屑会逐渐堆积,导致缠绕住卡盘或工件。因此,碎屑快速飞出时也会碰撞到脸部或头部,令脸部、眼部受伤。此外,还要注意不要用手去抓取缠绕住卡盘或工件的细长的碎屑,避免手被卡盘、工件卷入。切割碎屑飞出的情形如图 3-50 所示。

图 3-50　切割碎屑飞出情形

8. 张夹不足与材料的松脱

用车床、铣床加工时,通常材料都会用卡盘或平口虎钳固定。材料的张夹部分太少时或固定力量不足时,会导致材料飞脱。虽然材料突然飞脱一般不可能发生,但为了以防万一，不要站在预估材料飞脱的方向(机台的正前方和左侧)。当然，无论是加工者本身或是周围的人都要小心。固定柔软的材料时，固定力量不可太足，防止加工后材料变形或损伤。卡盘张夹不足的情形如图 3-51 所示。

图 3-51　卡盘张夹不足的情形

9. 不能使用普通劳工手套、须将头发盘入帽中的理由

在机械加工中，一直都强调不能使用普通的劳工手套。这是因为布制的普通劳工手套，容易卡到刀具和材料，导致手被卷入到机械中。穿戴合身的工作服，将袖口扣紧，不要穿过于肥大的服装和敞领衬衫。留有长发或辫子时，要将头发盘入帽中，防止被卷入到高速旋转的机械中而发生重大事故。普通劳工手套如图 3-52 所示。

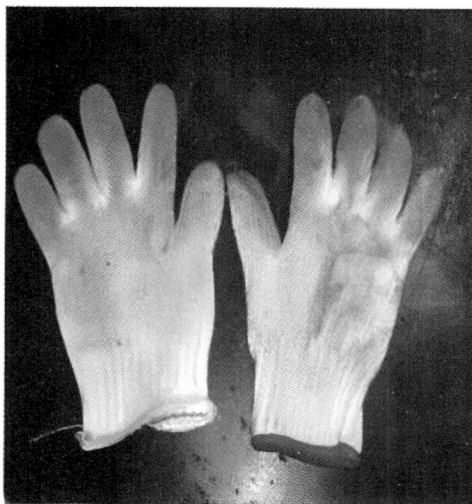

图 3-52　普通劳工手套

10. 台式砂轮机的危险

使切割片高速回转的台式砂轮机是最危险的机械之一。台式砂轮机的切割片与板之间的缝隙过大会导致手指、材料被卷入。手指被卷入，造成的严重伤害是避免不了的。材料进入后，也有可能突然飞出。所以必须调整成适当的缝隙。为防止砂轮的破裂，开机应试运行一分钟以后再开始作业。台式砂轮机如图 3-53 所示。

图 3-53　台式砂轮机

11. 工具交换时的伤害

在机械加工中，受伤最多的并不是运转工作机械的时候，而是用锉刀去除毛刺，铰刀、钻头等工具飞脱时造成的伤害。这些伤害都是在作业时由于安全意识疏忽而造成的。切割金属材料的工具可以很容易切伤像皮肤那么柔软的东西。毛刺如同锯子一样锋利，铰刀的刀锋如同切刀一般，因此在作业时切不可麻痹大意。手工作业如图 3-54 所示。

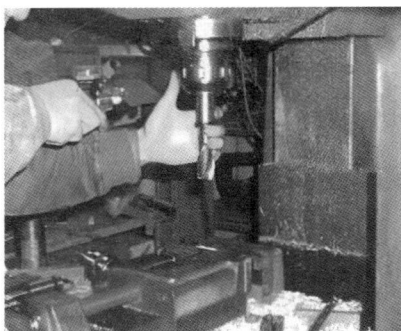

图 3-54　手工作业

12. 清除金属碎屑的危险

清除金属碎屑时常常容易割伤手。特别是不锈钢碎屑像刀一样锋利，稍不小心，就会被割出较深的伤口，相当疼痛。这是作业中疏忽大意最容易发生的伤害。作业中产生的金属碎屑如图 3-55 所示。

图 3-55　金属碎屑

13. 安全信息应告知

机械加工类实验室一般要求张贴风险告知牌，图 3-56、图 3-57 所示分别为普通车床风险告知牌和台钻风险告知牌。

图 3-56　普通车床风险告知牌

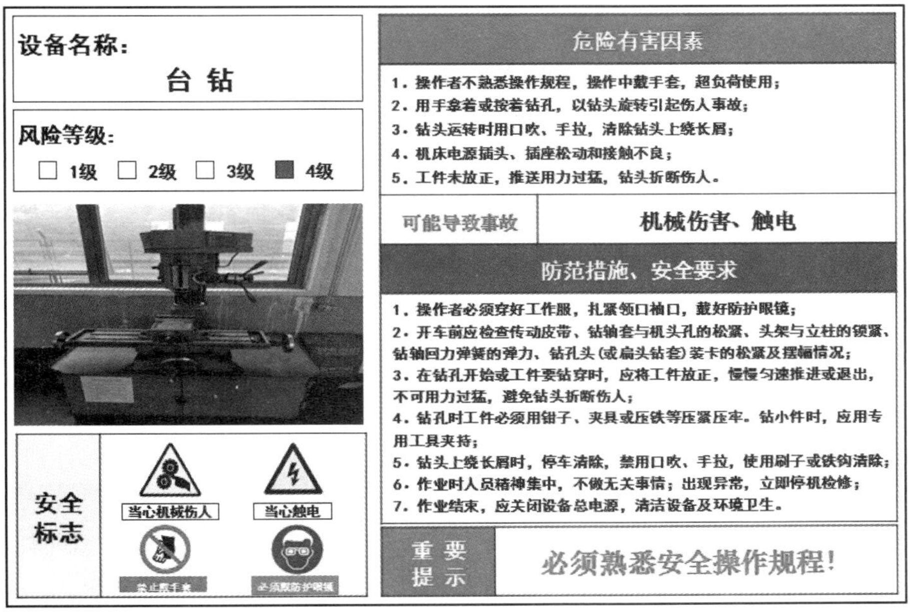

图 3-57　台钻风险告知牌

第4章 实验室特种设备安全

2013 年 6 月 29 日，十二届全国人大常委会通过《中华人民共和国特种设备安全法》(中华人民共和国主席令第四号)，明确了特种设备生产、经营、使用单位的安全主体责任，规定在生产环节，生产企业对特种设备的质量负责；在经营环节，销售和出租的特种设备必须符合安全要求，出租人负有对特种设备使用安全管理和维护保养的义务；在事故多发的使用环节，使用单位对特种设备使用安全负责，并负有对特种设备的报废义务，发生事故造成损害的依法承担赔偿责任。

2014 年 11 月，国家质检总局公布了新修订的《特种设备目录》，特种设备包括锅炉、压力容器(含气瓶)、压力管道、电梯、起重机械、客运索道、大型游乐设施和场(厂)内专用机动车辆，其中锅炉、压力容器(含气瓶)、压力管道为承压类特种设备，电梯、起重机械、客运索道、大型游乐设施为机电类特种设备。

4.1 特种设备的定义及分类

特种设备种类繁多，若管理不当，发生特种设备事故，后果不堪设想，现对特种设备的定义和分类介绍如下，以便对特种设备有直观的认识。

4.1.1 特种设备的定义

特种设备是指在特定条件下使用的具有一定危险性、重要性或特殊功能的设备，它们需要经过特殊的设计、制造、安装、调试和使用，并且需要经过监督检验和注册登记，以确保其安全可靠地运行。为保障特种设备的安全运行，国家对各类特种设备，从生产、使用、检验检测三个环节都有严格规定，实行的是全过程的监督。据《2017—2022 年中国特种设备检验检测行业市场前瞻与投资战略规划分析报告》统计，截至 2021 年底，全国特种设备数量和机构已达到 545 家，包括质检部门所属检验机构、行业检验机构及企业自检机构，另外还有型式试验机构、无损检测机构、气瓶检验机构等。

4.1.2　特种设备的分类

特种设备分为承压类特种设备和机电类特种设备，承压类特种设备主要有锅炉、压力容器(含气瓶)、压力管道。机电类特种设备主要有电梯、起重机械、客运索道、大型游乐设施和场(厂)内专用机动车辆等。

1. 承压类特种设备

1) 锅炉

锅炉是指利用各种燃料、电或者其他能源，将所盛装的液体加热到一定的参数，并通过对外输出介质的形式提供热能的设备，其范围规定为设计正常水位容积大于或者等于 30 L，且额定蒸汽压力大于或者等于 0.1 MPa(表压)的承压蒸汽锅炉；出口水压大于或者等于 0.1 MPa(表压)，且额定功率大于或者等于 0.1 MW 的承压热水锅炉；额定功率大于或者等于 0.1 MW 的有机热载体锅炉。

2) 压力容器

压力容器是指盛装气体或者液体，承载一定压力的密闭设备，其范围规定为最高工作压力大于或者等于 0.1 MPa(表压)的气体、液化气体和最高工作温度高于或者等于标准沸点的液体、容积大于或者等于 30 L 且内直径大于或者等于 150 mm 的固定式容器和移动式容器；盛装公称工作压力大于或者等于 0.2 MPa(表压)，且压力与容积的乘积大于或者等于 1.0 MPa·L 的气体、液化气体和标准沸点等于或者低于 60℃液体的气瓶；氧舱。

3) 压力管道

压力管道是指利用一定的压力，用于输送气体或者液体的管状设备，其范围规定为最高工作压力大于或者等于 0.1 MPa(表压)，介质为气体、液化气体、蒸汽或者可燃、易爆、有毒、有腐蚀性、最高工作温度高于或者等于标准沸点的液体，且公称直径大于或者等于 50 mm 的管道，公称直径小于 150 mm，且其最高工作压力小于 1.6 MPa(表压)的输送无毒、不可燃、无腐蚀性气体的管道和设备本体所属管道除外。其中，石油天然气管道的安全监督管理还应按照《安全生产法》《石油天然气管道保护法》等法律法规实施。

2. 机电类特种设备

1) 电梯

电梯是指动力驱动，利用沿刚性导轨运行的箱体或者沿固定线路运行的梯级(踏步)，进行升降或者平行运送人、货物的机电设备，包括载人(货)电梯、自动扶梯、自动人行道等，非公共场所安装且仅供单一家庭使用的电梯除外。

2) 起重机械

起重机械是指用于垂直升降或者垂直升降并水平移动重物的机电设备，其范围规定为额定起重量大于或者等于 0.5 t 的升降机；额定起重量大于或者等于 3 t(或额定起重力矩大于或者等于 40 t·m 的塔式起重机，或生产率大于或者等于 300 t/h 的装卸桥)，且提升高度大于或者等于 2 m 的起重机；层数大于或者等于 2 层的机械式停车设备。

3) 客运索道

客运索道是指动力驱动,利用柔性绳索牵引箱体等运载工具运送人员的机电设备,包括客运架空索道、客运缆车、客运拖牵索道等,非公用客运索道和专用于单位内部通勤的客运索道除外。

4) 大型游乐设施

大型游乐设施是指用于经营目的,承载乘客游乐的设施,其范围规定为设计最大运行线速度大于或者等于 2 m/s,或者运行高度距地面高于或者等于 2 m 的载人大型游乐设施,用于体育运动、文艺演出和非经营活动的大型游乐设施除外。

5) 场(厂)内专用机动车辆

场(厂)内专用机动车辆是指除道路交通、农用车辆以外仅在工厂厂区、旅游景区、游乐场所等特定区域使用的专用机动车辆。

3. 实验室常见特种设备

1) 实验室承压类特种设备管理范围

实验室的承压类特种设备主要是指容积大于 30 L(含)的高压灭菌锅、加压罐(储气罐)等,简单压力容器除外。实验室常见的承压类特种设备的气瓶。

实验室常见气瓶为盛装公称压力大于或者等于 0.2 MPa(表压),且压力与容积的乘积大于 1.0 MPa·L(含)的气体、液化气体和标准沸点低于 60℃(含)液体的气瓶。实验室常用气瓶如图 4-1 所示。

图 4-1　实验室常见的气瓶

2) 机电类特种设备管理范围

实验室常见的机电类特种设备主要有起重机和行车。

(1) 起重机:额定起重量大于 0.5 t(含)的升降机;额定起重量大于或者等于 3 t(或额定起重力矩大于或者等于 40 t·m 的塔式起重机,或生产率大于或者等于 300 t/h 的装卸桥),且提升高度大于 2 m(含)的起重机。

(2) 行车:在实验室内使用的场内专用机动车辆。

实验室常见用行车及起重机如图 4-2 所示。

图 4-2　实验室常见行车和起重机

4.2　特种设备安全事故及危害

特种设备安全事故主要是由特种设备因其本体原因及其安全装置或附件损坏、失效或特种设备相关人员违反特种设备法律法规和规章、安全技术规范造成的事故。下面对特种设备事故的主要特点以及相关案例进行分析。

4.2.1　特种设备安全事故的主要特点

根据 2020 年相关数据统计，全国共发生特种设备事故和相关事故 219 起，死亡 224 人，受伤 68 人。锅炉事故 8 起，压力容器事故 9 起，气瓶事故 6 起，压力管道事故 1 起，电梯事故 31 起，起重机械事故 100 起，场(厂)内机动车辆事故 59 起，大型游乐设施事故 5 起。其中，电梯、起重机械和场(厂)内机动车辆事故起数和死亡人数所占比重较大，事故起数分别占 14.16%、45.66%、26.94%，死亡人数分别占 9.82%、51.79%、24.11%。特种设备爆炸、泄漏事故现场如图 4-3 所示。

图 4-3　特种设备爆炸、泄漏事故现场

按照损坏形式划分，承压类设备(锅炉、压力容器、气瓶、压力管道)事故的主要特点是爆炸、泄漏、着火等；机电类设备(起重机械、电梯、大型游乐设施、场(厂)内专用机动车辆)事故的主要特征是倒塌、坠落、撞击和剪切等。特种设备事故的主要特点，如图 4-4 所示。

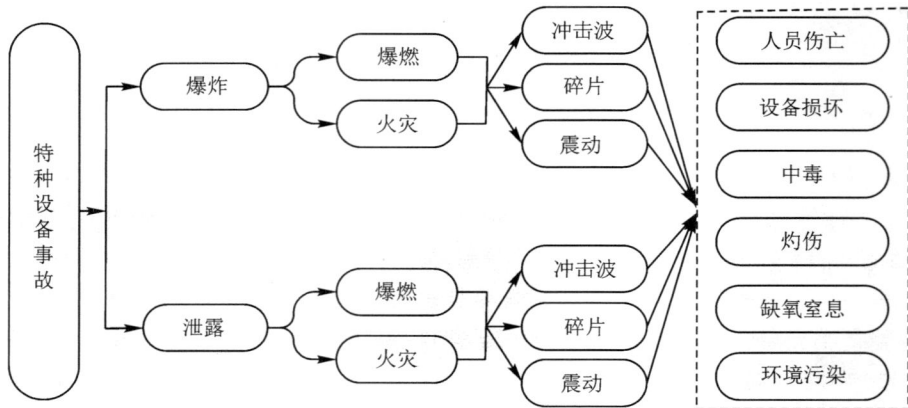

图 4-4　特种设备事故的主要特点

根据已经调查结案并上报的事故调查报告，实验室特种设备的事故原因主要包括：

(1) 违规作业或操作不当。

(2) 设备缺陷或安全附件失效。

(3) 安全管理养护不到位。

(4) 应急救援不当。

(5) 无证操作。

(6) 使用非法设备。

(7) 其他次生原因。

4.2.2　特种设备安全事故分析

1. 高校实验室特种设备爆炸事故案例

在高校实验室，经常使用各类压力容器，如气瓶、高压反应容器、灭菌器等。压力容器本身内部压力高、使用条件苛刻，而且工作介质种类繁多，千差万别，极易发生泄漏、爆炸、火灾、中毒等安全事故。此外，高校实验室环境复杂，不仅用到易燃液体、氧化性物质、毒害品、感染性物品和腐蚀性物品等危险化学品，还需使用大量电气设备，并涉及加热、真空、辐射等危险因素。倘若压力容器发生破裂、损坏或超压等问题，容器内介质迅速膨胀，其威力如同一颗炸弹，瞬间释放出巨大能量并产生强大的冲击波，造成严重的人身伤亡和财产损失；如果容器内充装的是易燃或有毒有害或腐蚀性介质，后果更不堪设想。下面对几起高校实验室特种设备事故原因进行分析。

案例 1：实验室发生爆炸，一名学生被炸伤

2017 年 3 月 27 日 19 时，某大学 209 实验室发生爆炸，造成一名 20 岁男性本科生左

手大面积创伤，右臂骨折。19 时 58 分，救护车到达事故现场，将该学生送往医院救治。

事故原因：经该校化学系核查，当晚有 2 名本科生在 209 实验室工作，受伤学生为三年级本科生，在处理一个约 100 毫升的反应釜过程中，反应釜发生爆炸。

案例 2：实验室爆炸起火，造成一名博士后死亡

2015 年 12 月 18 日上午 10:10 左右，某学院化学系二楼 213 实验室发生爆炸起火，事故造成一名博士后研究人员死亡，三间屋起火，过火面积约 80 m²。

事故原因：氢气瓶意外爆炸、起火。

案例 3：实验室发生爆燃，造成 1 死 4 伤

2015 年 4 月 5 日 12 时 40 分，某大学工学院一实验室发生储气钢瓶(甲烷)爆燃事故，造成学生 1 死 4 伤，其中 1 人伤势较重(重伤截肢)，3 人为轻微伤。

事故原因：实验人员在进行实验时操作不当，违规配置试验用气(气瓶内的甲烷含量达到爆炸极限范围)。开启气瓶阀门时，气流快速流出引起的摩擦热能或静电导致瓶内气体反应爆炸。

案例 4：高压灭菌锅操作不当造成玻璃容器炸裂事故

2016 年 5 月 25 日晚，某高校一博士研究生进行高压灭菌操作。在灭菌锅开盖后，装满溶液的试剂瓶发生爆裂，该学生面部、上肢有不同程度的烫伤和玻璃划伤，眼部受伤。

事故原因：试剂瓶溶剂装得过满；灭菌锅的温度和压力未按要求降到规定值。

2. 教育部高校实验室安全检查中特种设备隐患情况

在 2019 年教育部高校实验室安全检查工作中，高校实验室安全现场检查共发现隐患问题 455 条(如图 4-5 所示)，其中涉及特种设备安全的有 15 条，占比为 3%，存在的主要问题有气瓶使用及存放管理不规范、特种设备作业人员没有取得培训合格证书、压力容器及附件没有定期检验等，现就比较突出的问题介绍如下。

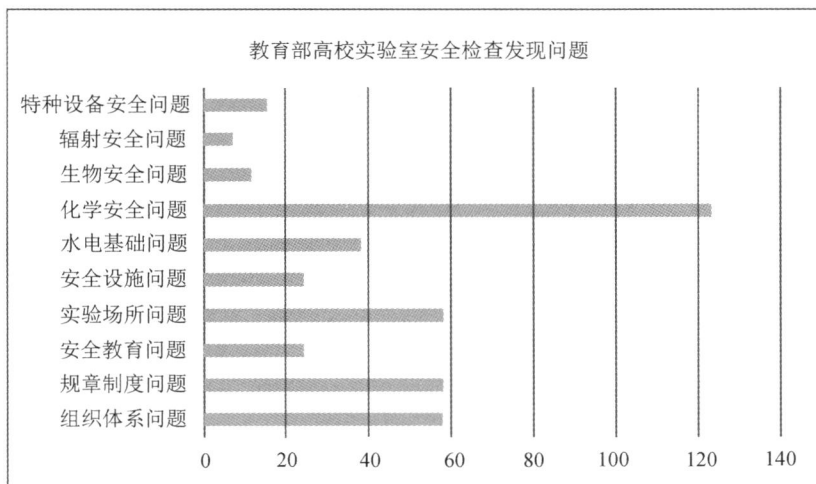

图 4-5　教育部高校实验室安全检查问题

压力容器没有张贴操作规程，没有安全警示标识；使用已达到使用年限且未经过安全检验的压力容器；气体钢瓶已腐蚀，减压阀等附件残缺。存在此类问题的压力容器如图 4-6 所示。

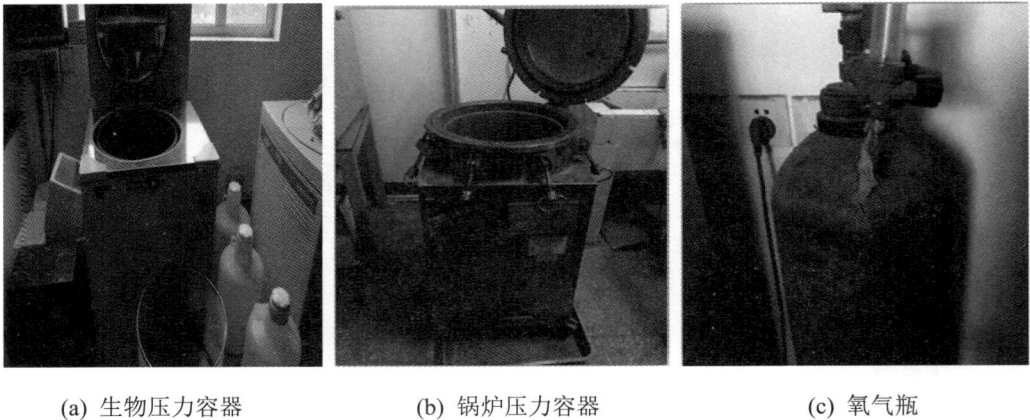

(a) 生物压力容器　　　　　(b) 锅炉压力容器　　　　　(c) 氧气瓶

图 4-6　问题压力容器(一)

多种气体混放，易燃气体、剧毒气体没有安全气体泄漏报警器；气路没有标识，存在多条气体管路的房间没有张贴气体图；气体钢瓶与高温热源距离太近。存在此类问题的压力容器如图 4-7 所示。

图 4-7　问题压力容器(二)

4.2.3　特种设备管理法规概述

为了规范特种设备的生产、经营、使用、检验等环节，确保设备的安全运行，同时为了明确特种设备使用主体的安全责任，提高安全管理水平，预防重特大事故的发生，国家对特种设备管理出台了一系列法规，这对于推动特种设备行业的健康发展，促进经济的稳定增长，维护社会稳定和保障人民安全具有深远的现实意义和必要性。下面就特种设备管理法规择要介绍如下。

1.《中华人民共和国特种设备安全法》

《中华人民共和国特种设备安全法》(中华人民共和国主席令第四号)是为加强特种设

备安全工作，预防特种设备事故，保障人身和财产安全，促进经济社会发展而制定的。由全国人民代表大会常务委员会于 2013 年 6 月 29 日通过，自 2014 年 1 月 1 日起施行。

第二条　特种设备的生产(包括设计、制造、安装、改造、修理)、经营、使用、检验、检测和特种设备安全的监督管理，适用本法。

第五条　国务院负责特种设备安全监督管理的部门对全国特种设备安全实施监督管理。县级以上地方各级人民政府负责特种设备安全监督管理的部门对本行政区域内特种设备安全实施监督管理。

第七条　特种设备生产、经营、使用单位应当遵守本法和其他有关法律、法规，建立、健全特种设备安全和节能责任制度，加强特种设备安全和节能管理，确保特种设备生产、经营、使用安全，符合节能要求。

第十三条　特种设备生产、经营、使用单位及其主要负责人对其生产、经营、使用的特种设备安全负责。特种设备生产、经营、使用单位应当按照国家有关规定配备特种设备安全管理人员、检测人员和作业人员，并对其进行必要的安全教育和技能培训。

第十四条　特种设备安全管理人员、检测人员和作业人员应当按照国家有关规定取得相应资格，方可从事相关工作。特种设备安全管理人员、检测人员和作业人员应当严格执行安全技术规范和管理制度，保证特种设备安全。

第十五条　特种设备生产、经营、使用单位对其生产、经营、使用的特种设备应当进行自行检测和维护保养，对国家规定实行检验的特种设备应当及时申报并接受检验。

第七十条　特种设备发生事故后，事故发生单位应当按照应急预案采取措施，组织抢救，防止事故扩大，减少人员伤亡和财产损失，保护事故现场和有关证据，并及时向事故发生地县级以上人民政府负责特种设备安全监督管理的部门和有关部门报告。县级以上人民政府负责特种设备安全监督管理的部门接到事故报告，应当尽快核实情况，立即向本级人民政府报告，并按照规定逐级上报。必要时，负责特种设备安全监督管理的部门可以越级上报事故情况。对特别重大事故、重大事故，国务院负责特种设备安全监督管理的部门应当立即报告国务院并通报国务院安全生产监督管理部门等有关部门。

与事故相关的单位和人员不得迟报、谎报或者瞒报事故情况，不得隐匿、毁灭有关证据或者故意破坏事故现场。

第七十二条　特种设备发生特别重大事故，由国务院或者国务院授权有关部门组织事故调查组进行调查。

发生重大事故，由国务院负责特种设备安全监督管理的部门会同有关部门组织事故调查组进行调查。

发生较大事故，由省、自治区、直辖市人民政府负责特种设备安全监督管理的部门会同有关部门组织事故调查组进行调查。

发生一般事故，由设区的市级人民政府负责特种设备安全监督管理的部门会同有关部门组织事故调查组进行调查。

2.《特种设备安全监察条例》

《特种设备安全监察条例》(国务院令第 373 号)于 2003 年 2 月 19 日国务院第 68 次常

务会议通过，自 2003 年 6 月 1 日起施行。依《国务院关于修改〈特种设备安全监察条例〉的决定》(国务院令第 549 号)修订，修订版于 2009 年 1 月 24 日公布，自 2009 年 5 月 1 日起施行。

《特种设备安全监察条例》从特种设备生产、使用、检验检测、监督检查、事故预防和调查处理以及法律责任追究等方面对特种设备安全工作提出了具体要求。

《特种设备安全监察条例》对特种设备定义中各类安全参数作出了更加具体的规定，对于事故等级的划分明确了量化指标，细化了处罚办法。

第四条　国务院特种设备安全监督管理部门负责全国特种设备的安全监察工作，县以上地方负责特种设备安全监督管理的部门对本行政区域内特种设备实施安全监察(以下统称特种设备安全监督管理部门)。

第五条　特种设备生产、使用单位应当建立健全特种设备安全管理制度和岗位安全责任制度。

特种设备生产、使用单位的主要负责人应当对本单位特种设备的安全全面负责。

特种设备生产、使用单位和特种设备检验检测机构，应当接受特种设备安全监督管理部门依法进行的特种设备安全监察。

第三十八条　电梯投入使用后，电梯制造单位应当对其制造的电梯的安全运行情况进行跟踪调查和了解，对电梯的日常维护保养单位或者电梯的使用单位在安全运行方面存在的问题，提出改进建议，并提供必要的技术帮助。发现电梯存在严重事故隐患的，应当及时向特种设备安全监督管理部门报告。电梯制造单位对调查和了解的情况，应当作出记录。

第三十九条　锅炉、压力容器、电梯、起重机械、客运索道、大型游乐设施的作业人员及其相关管理人员(以下统称特种设备作业人员)，应当按照国家有关规定经特种设备安全监督管理部门考核合格，取得国家统一格式的特种作业人员证书，方可从事相应的作业或者管理工作。

第四十条　特种设备使用单位应当对特种设备作业人员进行特种设备安全教育和培训，保证特种设备作业人员具备必要的特种设备安全作业知识。

特种设备作业人员在作业中应当严格执行特种设备的操作规程和有关的安全规章制度。

第四十二条　从事本条例规定的监督检验、定期检验、型式试验检验检测工作的特种设备检验检测机构，应当经国务院特种设备安全监督管理部门核准。

第四十三条　特种设备检验检测机构，应当具备下列条件：

(一) 有与所从事的检验检测工作相适应的检验检测人员；

(二) 有与所从事的检验检测工作相适应的检验检测仪器和设备；

(三) 有健全的检验检测管理制度、检验检测责任制度。

实验室安全事关高校师生的生命财产安全，事关学校和社会的稳定，是一项常抓不懈，历久弥新的工作。

特种设备使用单位设立的特种设备检验检测机构，经国务院特种设备安全监督管理部门核准，负责本单位一定范围内的特种设备定期检验、型式试验工作。

4.3　特种设备安全管理要求

特种设备安全管理对于防止和减少事故，保障实验室操作人员生命安全和财产安全，促进人才培养质量提升具有重要意义。特种设备安全管理要求一般要重点关注使用单位主要职责、管理及操作人员主要职责、特种设备使用登记、特种设备安全管理要领等方面。

4.3.1　使用单位主要职责

使用单位主要职责如下：

(1) 建立并保障特种设备安全管理制度、高耗能特种设备节能管理制度以及相关操作规程有效实施。

(2) 采购、使用取得生产许可且经检验合格的特种设备，不得采购超过设计使用年限的特种设备，禁止使用国家明令淘汰和已经报废的特种设备。

(3) 设置特种设备安全管理机构，配备相应的安全管理人员和作业人员，建立人员管理台账，开展安全与节能培训教育，保存人员培训记录。

(4) 办理使用登记，领取《特种设备使用登记证》，设备注销时交回使用登记证。

(5) 建立特种设备台账及技术档案。

(6) 对特种设备作业人员作业情况进行检查，及时纠正违章作业行为。

(7) 对在用特种设备进行经常性维护保养和定期自行检查，及时排查和消除事故隐患，对在用特种设备的安全附件、安全保护装置及其附属仪器仪表进行定期校验(检定、校准，下同)、检修，及时提出定期检验和能效测试申请，接受定期检验和能效测试，并且做好相关配合工作。

(8) 制定特种设备事故应急专项预案，定期进行应急演练；发生事故及时上报，配合事故调查处理等。

(9) 保证特种设备安全、节能必要的投入。

(10) 法律、法规规定的其他义务。

4.3.2　管理及操作人员主要职责

1. 特种设备安全管理负责人(中心主任)职责

(1) 协助主要负责人履行本单位特种设备安全的领导职责，确保本单位特种设备的安全使用。

(2) 宣传、贯彻《中华人民共和国特种设备安全法》以及有关法律、法规、规章和安全技术规范。

(3) 组织制定本单位特种设备安全管理制度，落实特种设备安全管理机构设置、安全管理员配备。

(4) 组织制定特种设备事故应急专项预案，并且定期组织演练。

(5) 对本单位特种设备安全管理工作实施情况进行检查。

(6) 组织进行隐患排查，并且提出处理意见。

(7) 当安全管理员报告特种设备存在事故隐患应当停止使用时，立即作出停止使用特种设备的决定，并且及时报告本单位主要负责人。

2. 特种设备安全管理员(实验室管理人员)职责

(1) 组织建立特种设备安全技术档案。

(2) 办理特种设备使用登记。

(3) 组织制定特种设备操作规程。

(4) 组织开展特种设备安全教育和技能培训。

(5) 组织开展特种设备定期自行检查。

(6) 编制特种设备定期检验计划，督促落实定期检验和隐患治理工作。

(7) 按照规定报告特种设备事故，参加特种设备事故救援，协助进行事故调查和善后处理。

(8) 发现特种设备事故隐患，立即进行处理，情况紧急时，可以决定停止使用特种设备，并且及时报告本单位安全管理负责人。

(9) 纠正和制止特种设备作业人员的违章行为。

3. 特种设备作业人员(任课教师)主要职责

(1) 严格执行特种设备有关安全管理制度，并且按照操作规程进行操作。

(2) 按照规定填写作业、交接班等记录。

(3) 参加安全教育和技能培训。

(4) 进行经常性维护保养，对发现的异常情况及时处理，并且做出记录。

(5) 作业过程中发现事故隐患或者其他不安全因素，应当立即采取紧急措施，并且按照规定的程序向特种设备安全管理人员和单位有关负责人报告。

(6) 参加应急演练，掌握相应的应急处置技能。

4.3.3　特种设备使用登记

使用单位申请办理特种设备使用登记时，应当逐台(套)填写使用登记表，向登记机关提交以下相应资料，并且对其真实性负责，特种设备使用登记程序如图4-8所示。

(1) 使用登记表(一式两份)。

(2) 含有使用单位统一社会信用代码的证明或者个人身份证明(适用于公民个人所有的特种设备)。

(3) 特种设备产品合格证(含产品数据表、车用气瓶安装合格证明)。

(4) 特种设备监督检验证明(安全技术规范要求进行使用前首次检验的特种设备，应当提交使用前的首次检验报告)。

(5) 机动车行驶证(适用于与机动车固定的移动式压力容器)、机动车登记证书(适用于与机动车固定的车用气瓶)。

(6) 锅炉能效证明文件。

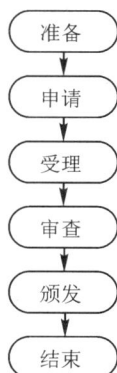

图 4-8　特种设备使用登记程序

4.3.4　特种设备安全管理要领

特种设备安全管理工作一定要做到三落实、一检验、一预案、正确使用和精心维护。

1. 三落实

(1) 落实特种设备安全管理机构和管理人员。

(2) 落实岗位责任制及各项管理制度。

(3) 落实安全技术操作规程。

两有证：人员有证+设备有证，如图 4-9 所示。

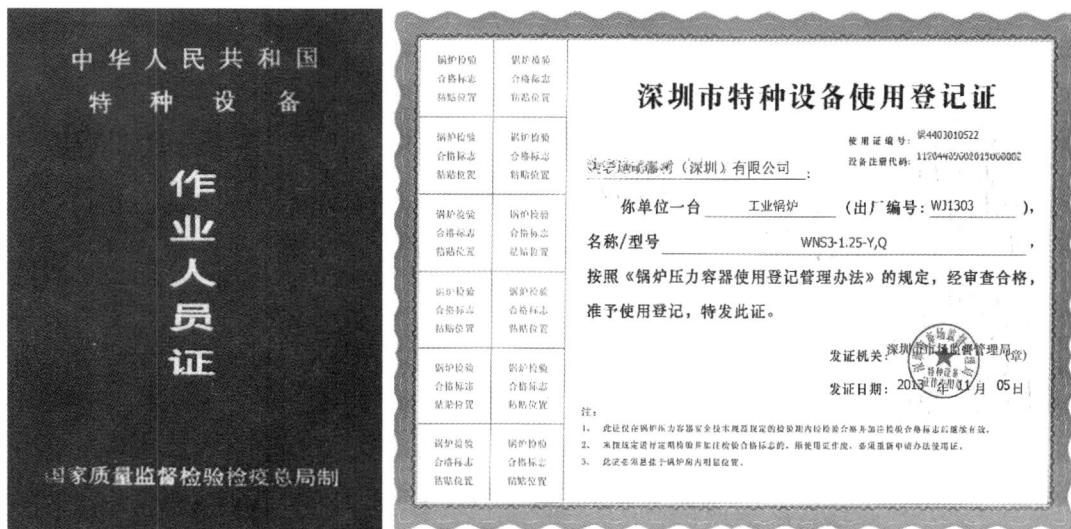

图 4-9　作业人员证和锅炉使用登记证

2．一检验

在检验有效期届满前 1 个月向经国家质检总局核准的特种设备检验检测机构提出定期检验申请。未经定期检验或者检验不合格的特种设备，不得继续使用。特种设备检验周期如表 4-1 所示。

表 4-1　特种设备检验周期

类　别	检 验 周 期	类　别	检 验 周 期
锅炉	1 年	电梯	1 年
压力容器	安全状况等级	起重机械	2 年
压力管道	安全状况等级	场内专用 机动车辆	1 年

3．一预案

使用单位应当制定针对特种设备及其装置的事故应急措施和救援预案，落实事故预防措施、出现事故时的应急救援以及紧急报告措施，大限度地减少事故造成的人员伤亡和财产损失。特种设备安全事故预案基本要素如图 4-10 所示。

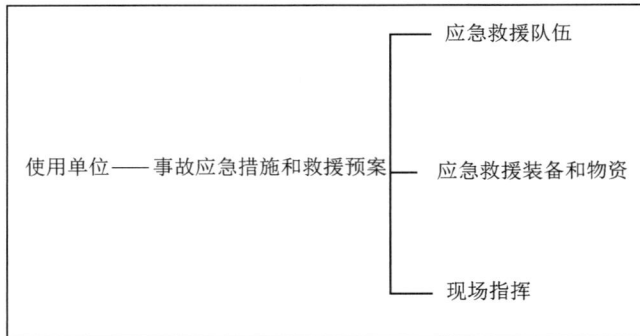

图 4-10　安全事故预案

4．正确使用

特种设备在使用前必须具备相应的使用条件，加强对使用过程中技术要素的控制，严禁超规范、超负荷运转；合理制定操作规程，严格按操作规程操作；合理选用安全保护装置，确保灵敏可靠；作业人员持证上岗，严禁违章作业。

5．精心维护

根据不同设备的不同时限要求，定期自行检查和维护保养，发现异常情况及时处理，做好记录；定期对特种设备的安全附件、安全保护装置、测量调控装置、仪器仪表进行定期校验、检修，做好记录。

4.4　气瓶安全使用

4.4.1　气瓶的认知

1. 气瓶的概念、分类

(1) 气瓶的概念。气瓶是指在正常环境条件下(-40～60℃)可重复进行充气使用的，公称工作压力为 1.0～30 MPa(表压)，公称容积为 0.4～1000 L，盛装永久气体、液化气体或溶解气体的移动式压力容器。

(2) 气瓶的分类。从结构上来分，气瓶有无缝气瓶和焊接气瓶；从材质上分，气瓶有钢质气瓶(含不锈钢气瓶)、铝合金气瓶、复合气瓶和其他材质气瓶；从充装介质上分，气瓶有永久性气体气瓶、液化气体气瓶、溶解乙炔气瓶；从公称工作压力和水压试验压力上分，气瓶有高压气瓶和低压气瓶。

(3) 气瓶的公称压力。气瓶的公称工作压力，对于盛装永久气体的气瓶，系指在基准温度时(一般为 20℃)，所盛装气体的限定充装压力；对于盛装液化气体的气瓶，系指温度为 60℃时瓶内气体压力的上限值。盛装高压液化气体的气瓶，其公称工作压力不得小于 8 MPa。盛装有毒和剧毒危害的液化气体的气瓶，其公称工作压力的选用应适当提高。

2. 气瓶的一般结构

我国目前所使用的钢质气瓶绝大多数是 40 L 无缝钢瓶和容积较大的焊接钢质气瓶，一般由瓶体、瓶阀、瓶帽、底座、防震圈组成，焊接钢瓶还设有护罩。

气瓶最重要的安全附件是安全泄压装置，是为了防止气瓶在遇到火灾等高温时，瓶内气体受热膨胀而发生破裂爆炸。气瓶常见的泄压附件有安全膜片和易熔塞。当氧气瓶内压力达到 18～22.5 MPa 时，安全膜片即破裂泄压，从而保障气瓶的安全。为了保证安全使用，在靠近收口处装有易熔塞，一旦气瓶温度达到 100℃左右时，易熔塞熔化，使瓶内气体外溢，起到泄压作用。

气瓶其他的安全附件还包括防震圈、瓶帽、瓶阀。

(1) 防震圈。

气瓶装有两个防震圈，是气瓶瓶体的保护装置。气瓶在充装、使用、搬运过程中，常常会因滚动、震动、碰撞而损伤瓶壁，以致发生脆性破坏。气瓶受到的脆性破坏是气瓶发生爆炸事故常见原因。气瓶防震圈如图 4-11 所示。

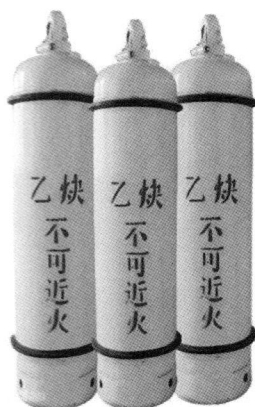

图 4-11　防震圈

(2) 瓶帽。

瓶帽是瓶阀的防护装置，它可避免气瓶在搬运过程中因碰撞而损坏瓶阀，保护出气口螺纹不被损坏，防止灰尘、水分或油脂等杂物落入阀内。不同类型的气瓶瓶帽如图 4-12 所示。气瓶的瓶帽一定要满足以下要求：

① 有良好的抗撞击性。

② 不得用灰口铸铁制造。

③ 无特殊要求的，应佩戴固定式瓶帽，同一工厂制造的同一规格的固定式瓶帽，重量允差不超过 5%。

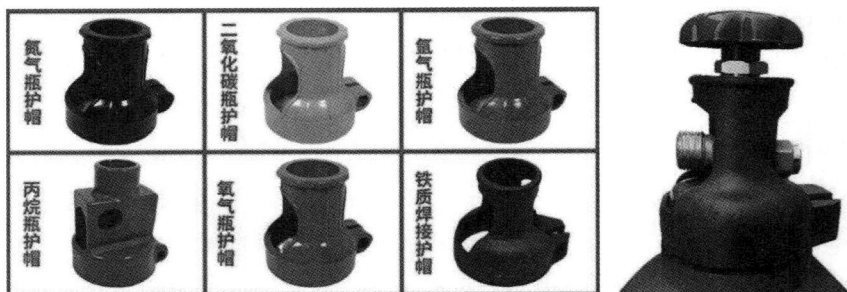

图 4-12　瓶帽

(3) 瓶阀。

瓶阀是控制气体出入的装置，一般是用黄铜或钢制造。充装可燃气体的钢瓶的瓶阀，其出气口螺纹为左旋；盛装助燃气体的气瓶，其出气口螺纹为右旋。瓶阀的这种结构可有效地防止可燃气体与非可燃气体的错装。气瓶的瓶阀如图 4-13 所示。对瓶阀的要求如下：

① 瓶阀材料应符合相应标准的规定，所用材料既不与瓶内盛装气体发生化学反应，也不影响气体的质量。

② 瓶阀上与气瓶连接的螺纹，必须与瓶口内螺纹匹配，并符合相应标准的规定。瓶阀出气口的结构，应有效地防止气体错装、错用。

③ 氧气和强氧化性气体气瓶的瓶阀密封材料，必须采用无油的阻燃材料。

④ 液化石油气瓶阀的手轮材料，应具有阻燃性能。

⑤ 瓶阀阀体上如装有爆破片，其公称爆破压力应为气瓶的水压试验压力。

⑥ 同一规格、型号的瓶阀，重量允差不超过 5%。

⑦ 非重复充装瓶阀必须采用不可拆卸方式与非重复充装气瓶装配。

⑧ 瓶阀出厂时，应逐只出具合格证。

图 4-13　瓶阀

3. 气瓶的标记

气瓶的钢印标记是识别气瓶的依据，钢印标记必须准确、清晰、完整，以永久标记的形式打印在瓶肩或不可拆卸的附件上。应尽量采用机械方法打印钢印标记。气瓶标记分为钢印标记和颜色标识。

1) 气瓶的钢印标记

气瓶的钢印标记包括有制造钢印标记和检验钢印标记。钢印标记应排列整齐、清晰。钢印字体高度应为 5～10 mm，深度为 0.5 mm。检验钢印标记上，也可打在金属检验标记环上。气瓶制造钢印标志的内容较多，与维护保养相关的，主要是实际容积(V 字母开头)、制造日期(XX.XX)和设计使用年限(年限 + y 字母结尾)等。气瓶的钢印标记项目和含义如图 4-14 和 4-15 所示。

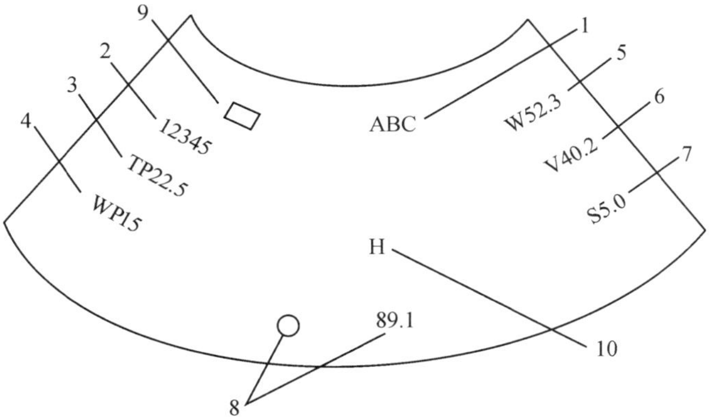

1—气瓶制造单位代号；2—气瓶编号；3—水压试验压力，MPa；4—公称工作压力，MPa；
5—实际重量，kg；6—实际容积，L；7—瓶体设计壁厚，mm；8—制造单位检验标记和制造年月；
9—监督检验标记；10—寒冷地区用气瓶标记。

图 4-14　气瓶制造钢印标志的项目和含义

图 4-15　制造钢印标记

气瓶在定期检验后，需要打上定期检验钢印标记，标记应当打在气瓶瓶体、铭牌或者护罩上，标记内容包括检验机构代号、检验日期，以及下次检验日期。并且气瓶的定期检验钢印标记上，应当按照检验年份涂检验色标。气瓶检验钢印标记如图 4-16 所示。

图 4-16　气瓶检验钢印标记

2) 气瓶的颜色标识

气瓶的颜色标识是指气瓶身上的颜色，它们是用来表示气瓶内含有的气体种类。气体钢瓶的颜色必须符合《气瓶颜色标志》(GB/T7144—2016)的要求。我们在日常生活中见到的气瓶五颜六色，代表充装介质的不同。按规定，氧气瓶为天蓝色，氮气瓶为黑色，氩气瓶为银灰色，乙炔瓶为白色，民用液化石油气瓶为银灰色，等等，气瓶颜色标志如表 4-2 所示。

表 4-2　气瓶颜色标志

序号	介质名称	化学式	瓶色	字样	字色
1	氧	O_2	天蓝	氧	黑
2	氮	N_2	黑	氮	淡黄
3	乙炔	C_2H_2	白	乙炔不可近火	
4	二氧化碳	CO_2	铝白	液化二氧化碳	黑

4. 气瓶的检验周期检

气瓶检验周期的规定如下：

(1) 盛装腐蚀性气体的气瓶(如二氧化硫、硫化氢等)，每两年检验一次。

(2) 盛装一般气体的气瓶(如空气、氧气、氮气、氢气、乙炔等)，每三年检验一次。

(3) 液化石油气瓶，使用未超过二十年的，每五年检验一次；超过二十年的，每两年检验一次。

(4) 盛装惰性气体的气瓶(氩、氖、氦等)，每五年检验一次。

(5) 低温绝热气瓶，每三年检验一次。

(6) 车用液化石油气钢瓶每五年检验一次，车用压缩天然气钢瓶，每三年检验一次。汽车报废时，车用气瓶同时报废。

同时，气瓶在使用过程中，发现有严重腐蚀、损伤或对其安全可靠性有怀疑时，应提前进行检验。超过检验期限的气瓶，启用前应进行检验。

5. 常用气瓶介绍

1) 氧气瓶

氧气瓶是一种储存、运输高压氧气的高压容器，由瓶体、钢印、瓶阀、瓶帽、瓶颈护圈、防震圈等组成。施工现场常用氧气瓶的容积为 40 L，在 14.7 MPa 的压力下。可以储存 6 m³ 的氧气，常见氧气瓶的构造示意图如图 4-17 所示。

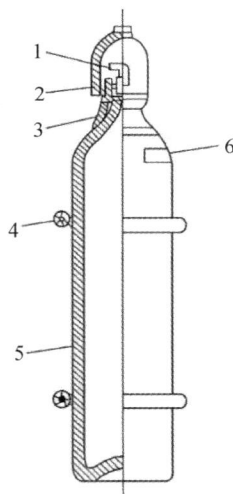

1—瓶阀；2—瓶帽；3—瓶颈护圈；4—防震圈；5—瓶体；6—钢印。

图 4-17　常见氧气瓶构造示意图

(1) 瓶体。

瓶体是用合金钢经热压而制成的圆筒形无缝容器。外表涂淡酞蓝色，并用黑漆标注"氧气"字样。气瓶上部应有该瓶容积和质量、制造日期、工作压力、水压试验压力、出厂日期等标识。

(2) 氧气瓶阀

氧气瓶阀是控制氧气瓶内氧气进出的阀门，根据其构造不同，主要分为活瓣式和隔膜式两种。隔膜式瓶阀的密封性虽好，但容易损坏，使用寿命较短，施工现场基本上不使用。活瓣式氧气瓶阀主要由阀体、密封垫圈、弹簧、弹簧压帽、手轮、压紧螺母、阀杆、开关板、活门、气门和安全装置等组成，常见瓣式氧气瓶阀的构造示意图如图 4-18 所示。

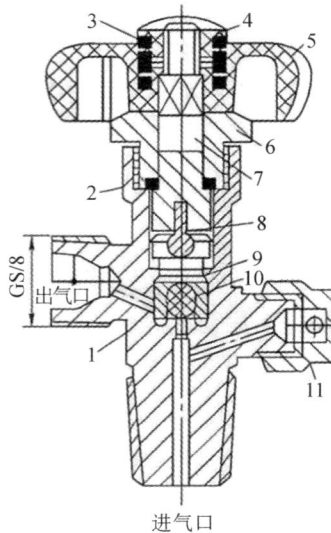

1—阀体；2—密封垫圈；3—弹簧；4—弹簧压帽；5—手轮；6—压紧螺母；

7—阀杆；8—开关板；9—活门；10—气门；11—安全装置。

图 4-18　常见活瓣式氧气瓶阀的构造示意图

为使瓶口和瓶阀配合紧密，将阀体和瓶口配合的一端加工成锥形管螺纹，以旋入气瓶口内。阀体一侧有加工成 G5/8 的管螺纹，用以连接减压器，它是瓶阀的出气口。阀体的另一侧装有安全装置，由安全膜片、安全垫圈以及安全帽组成。当氧气瓶内压力达到 18～22.5 MPa 时，安全膜片即破裂泄压，从而保障气瓶的安全。

将手轮按逆时针方向旋转可以开启氧气瓶阀，顺时针方向旋转则关闭瓶阀。旋转手轮时，阀杆也跟着转动，再通过开关板使活门一起旋转，使活门向上或向下移动。活门向上移动使气门开启，瓶内氧气从瓶阀的进气口进入，出气口喷出。关闭瓶阀时，活门向下压紧，由于活门内嵌有尼龙制成的气门，因此可使活门关紧。瓶阀活门的额定开启高度为1.5～3 mm。

(3) 防震胶圈。

防震胶圈具有一定的厚度和弹性，是用以防止气瓶受撞击的一种保护装置。

(4) 瓶帽。

瓶阀上部装有瓶帽，用以防止瓶阀在搬运过程中因撞击而损坏，甚至被撞断后使气体喷出。

2) 乙炔瓶

乙炔瓶是一种储存和运输乙炔用的焊接钢瓶，但它既不同于压缩气瓶，也不同于液化气瓶，其外形与氧气瓶相似，但比氧气瓶略短、直径略粗，由瓶体、瓶帽、填料、易熔塞和瓶阀等组成，常见乙炔气瓶构造示意图如图 4-19 所示。

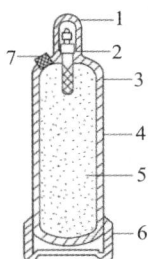

1—瓶帽；2—瓶阀；3—分解网；4—瓶体；5—微孔填料(硅酸钙)；6—底座；7—易熔塞。

图 4-19　常见乙炔气瓶构造示意图

(1) 瓶体。

乙炔瓶的主体部分是用优质碳素钢或者低合金钢轧制而成的圆柱形无缝瓶体。外表漆成白色，并印有"乙炔气瓶""不可近火"等红色字样。

(2) 瓶帽。

乙炔瓶瓶阀上部装有瓶帽，用以防止瓶阀在搬运过程中被撞击而损坏，甚至因撞断而使气体喷出。

(3) 填料。

乙炔瓶内装有多孔而轻质的固态填料，如活性炭、木屑、浮石及硅藻土等合成物，目前已广泛应用硅酸钙，由它来吸收液体物质丙酮，而丙酮用来溶解乙炔。乙炔瓶阀下面的填料中心部分长孔内装有石棉，用以帮助乙炔从多孔性填料内的丙酮中分解出来，而丙酮仍然留在瓶内。

(4) 易熔塞。

为了保证安全使用，在靠近收口处装有易熔塞，一旦气瓶温度达到 100℃ 左右时，易熔塞熔化，使瓶内气体外溢，起到泄压作用。

(5) 瓶阀。

乙炔瓶阀是控制乙炔瓶内气体进出的阀门，主要包括阀体、阀杆、密封圈、尼龙垫、压紧螺母、活门和过滤件等几部分，如图 4-20 所示。乙炔瓶阀体由低碳钢制成，阀体下端加工成 Φ27.8×14 牙/英寸螺纹的锥形尾，以使旋入瓶体上口。

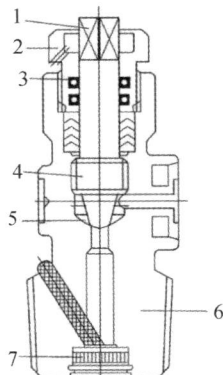

1—阀杆；2—压紧螺母；3—密封圈；4—活门；5—尼龙垫；6—阀体；7—过滤件。

图 4-20　乙炔瓶阀的构造示意图

乙炔阀门上没有手轮，活门开启和关闭靠方孔套筒扳手完成。当方形套筒按逆时针方向旋转阀杆上端的方形头时，活门向上移动则开启阀门，反之则关闭阀门。由于乙炔瓶阀的出气口处没有螺纹，因此，使用减压器时必须使用夹紧装置与瓶阀相结合。

4.4.2　气瓶的保存

气瓶宜存储在室外带遮阳、雨篷的场所，存储场所应通风、干燥，防止雨(雪)淋、水浸、避免阳光直射。存储在室内时，建筑物应符合有关标准要求。气瓶存储室不得设在地下室或半地下室，应与办公、居住区域保持 10 m 以上。气瓶的放置地点不得靠近热源，严禁明火，不得有地沟、暗道和底部通风孔，并且严禁任何管线穿过。存储可燃、爆炸性气体气瓶的库房内照明设备必须防爆，电器开关和熔断器都应设置在库房外，同时应设避雷装置，禁止将气瓶放置到可能导电的地方。

气瓶应分类存储，一般分类存储的要求如下：

(1) 空瓶和满瓶分开、氧气或其他氧化性气体与燃料气瓶和其他易燃材料分开。

(2) 乙炔气瓶与氧气瓶、氯气瓶及易燃物品分室，毒性气体气瓶分室，瓶内介质相互接触能引起燃烧、爆炸、产生毒物的气瓶分室，并在附近设置防毒用具或灭火器材。

(3) 气瓶放置应整齐，佩戴好瓶帽。立放时，要妥善固定；横放时，头部朝同一方向。

乙炔气的储存量超过 30 m³ 时，应用非燃烧材料隔离出单独的储存间，其中一面应为固定墙壁。乙炔气的储存量超过 240 m³(相当 40 瓶)时，应建造耐火等级不低于二级的存储仓库，与建筑物的防火间距不应小于 10 m，否则应以防火墙隔开。

气瓶应直立存储，用栏杆或支架加以固定或扎牢，禁止利用气瓶的瓶阀或头部来固定气瓶。支架或栏杆应采用阻燃的材料，同时应保护气瓶的底部免受腐蚀。常见气瓶栏杆或支架如图 4-21 所示。

图 4-21　常见气瓶栏杆或支架

盛装不宜长期存放或限期存放气体的气瓶，如氯乙烯、氯化氢、甲醚等气瓶，均应注明存放期限。盛装容易发生聚合反应或分解反应气体的气瓶，如乙炔气瓶，必须规定存储期限，根据气体的性质控制储存点的最高温度，并应避开放射源。气瓶存放到期后，应及时处理。

气瓶在室内存储期间，特别是在夏季，应定期测试存储场所的温度和湿度，并做好记录。存储场所最高允许温度应根据盛装气体性质而确定,储存场所的相对湿度应控制在80%以下。

存储毒性气体或可燃性气体气瓶的室内储存场所，必须监测储存点空气中毒性气体或可燃性气体的浓度。如果浓度超标，应强制换气或通风，并查明危险气体浓度超标的原因，采取整改措施。如果气瓶漏气，首先应根据气体性质做好相应的人体保护。在保证安全的前提下，关闭瓶阀，如果瓶阀失控或漏气点不在瓶阀上，应采取相应紧急处理措施。

4.4.3　气瓶的充装

1. 气瓶充装登记有效期

气瓶充装注册登记有效期为五年，有效期满前三个月，气瓶充装单位应向原注册单位提出办理换发注册登记申请。逾期不申请者，视为自动放弃，不得再从事气瓶充装。办理和换发注册登记时的具体检查工作由有条件的中介机构或事业单位进行。

2. 对气瓶充装单位的要求

(1) 充装单位应符合相应的充装站安全技术条件国家标准的要求，严格执行气瓶充装有关规定，确保不错装、不超装、不混装和充装质量的可追踪检查。

(2) 气瓶充装前，充装单位应有专人对气瓶逐只进行充装前的检查，确认瓶内气体并做好记录。无制造许可证单位制造的气瓶和未经安全监察机构批准认可的进口气瓶不准充装，严禁充装超期未检气瓶和改装气瓶。

(3) 气瓶充装单位必须在每只充气气瓶上粘贴符合国家标准《气瓶警示标签》(GB/T 16804—2011)的警示标签和充装标签。

(4) 属于下列情况之一的气瓶，应先进行处理，否则严禁充装。

① 钢印标记、颜色标记不符合规定，对瓶内介质未确认的。

② 附件损坏、不全或不符合规定的。

③ 瓶内无剩余压力的。

④ 超过检验期限的。

⑤ 经外观检查，存在明显损伤，需进一步检验的。

⑥ 氧化或强氧化性气体气瓶沾有油脂的。

⑦ 易燃气体气瓶的首次充装或定期检验后的首次充装，未经置换或抽真空处理的。

(5) 充装液化气体必须遵守下列规定。

① 履行充装质量逐瓶复验制度，严禁过量充装。

② 称重应保持准确，其最大称量值应为常用称量的 1.5～3.0 倍。

③ 严禁从液化石油气储罐或罐车直接向气瓶灌装，不允许瓶对瓶直接倒气。

④ 充装后应逐只检查气瓶，发现有泄漏或其他异常现象，应妥善处理。

⑤ 充装前的检查记录、充装操作记录、充装后复验和检查记录应完整，内容至少应包括气瓶编号、气瓶容积、实际充装量、发现的异常情况、检查者、充装者和复称者姓名或代号、充装日期。记录应妥善保存、备查。

⑥ 操作人员应相对稳定，操作人员须考核后持证上岗并定期进行安全教育。

4.4.4 气瓶安全使用规范

保证气瓶安全使用，是保障实验室各项工作有序、高效开展的基础，下面重点介绍气瓶使用的一般规则及气瓶使用的环境要求。

1. 气瓶使用的一般规则

(1) 气瓶使用者应对气瓶进行安全状况检查，不符合安全技术要求的气瓶严禁入库和使用；使用时必须严格按照使用说明书的要求使用气瓶；重点对盛装气体进行确认，盛装气体是否符合作业要求；减压器、流量表、软管、防回火等装置是否有泄漏、磨损及接头松懈等现象；在可能造成回流的使用场合，必须在设备上配置防止回流的装置，如单向阀、止回阀、缓冲器等。

(2) 压缩气体钢瓶要有颜色标识。一般氧气钢瓶为蓝色、氢气钢瓶为绿色、乙炔气钢瓶为白色、氮气钢瓶为黑色。

(3) 氧气钢瓶、氢气钢瓶、乙炔气钢瓶不能混放；钢瓶应避免日晒，不准放在热源附近，要远离明火；钢瓶要直立放置，用架子、套环固定。在移动搬运气体钢瓶时，要套好防护帽和减震胶圈，不得摔倒和撞击。

(4) 各种钢瓶应定期进行技术检验、检测，并有检验钢印；不合格的钢瓶不能灌气。使用气体钢瓶时装好减压阀，拧紧丝扣，不得漏气。开启气体钢瓶时要小心，应先检查减压阀螺杆是否松开。

(5) 打开气体钢瓶前，先要把减压器调节簧杆逆时针方向到调节弹簧不受压力为止。打开时应先开气瓶阀，再顺时针方向旋转减压器调节螺杆，使压力表达到所需的工作压力。

(6) 开启或关闭瓶阀时，应用手或专用扳手，不准使用其他工具，以防损坏阀件。装有手轮的阀门不能使用扳手。如果阀门损坏，应将气瓶隔离并及时维修。开启或关闭瓶阀应缓慢，特别是盛装可燃气体的气瓶，以防止产生摩擦热或静电火花。打开气瓶阀门时，人要站在气瓶出气口侧面。严禁敲打阀门。

(7) 工作结束后，先关闭气体钢瓶阀，然后将管路中的气体全部排出，把减压器调节簧杆逆时针方向到调节弹簧不受力为止。

2. 气瓶使用的环境要求

气瓶应在通风良好的场所使用。如果在通风条件差或狭窄的场地里使用气瓶，应采取相应的安全措施，以防止出现氧气不足，或危险气体浓度加大的现象。安全措施主要包括强制通风、氧气监测和气体检测等。

(1) 气瓶应立放使用，严禁卧放，并应采取防止倾倒的措施。

(2) 禁止将气瓶与电气设备及电路接触，与气瓶接触的管道和设备要有接地装置。在气、电焊混合作业的场地，要防止氧气瓶带电，如地面是铁板，要垫木板或胶垫加以绝缘。

(3) 气瓶瓶阀或减压器有冻结、结霜现象时，不得用火烤，可将气瓶移入室内或气温较高的地方，或用 40℃ 以下的温水冲浇，再缓慢地打开瓶阀。夏季应防止曝晒，严禁用温度超过 40℃ 的热源对气瓶加热。

(4) 气瓶及附件应保持清洁、干燥，防止沾染腐蚀性介质、灰尘等。氧气瓶阀不得沾有油脂，焊工不得用沾有油脂的工具、手套或油污工作服去接触氧气瓶阀、减压器等。

(5) 乙炔气瓶的使用规范。乙炔气瓶使用前，必须先直立 20 分钟，然后连接减压阀使用。使用乙炔气瓶的现场，乙炔气的存储不得超过 30 m³(相当 5 瓶，指公称容积为 40 L 的乙炔瓶)。乙炔气瓶使用过程中，开闭乙炔气瓶瓶阀的专用扳手应始终装在阀上。乙炔气瓶瓶阀出口处必须配置专用的减压器和回火防止器。使用减压器时必须带有夹紧装置与瓶阀结合。正常使用时，乙炔气瓶的放气压降不得超过 0.1 MPa/h，如需较大流量时，应采用多支乙炔气瓶汇流供气。暂时中断使用时，必须关闭焊、割工具的阀门和乙炔气瓶瓶阀。严禁手持点燃的焊、割工具调节减压器或开、闭乙炔气瓶瓶阀。并且瓶内气体不得用尽，必须留有剩余压力。压缩气体气瓶的剩余压力应不小于 0.05 MPa，液化气体气瓶应留有不少于 0.5%～1.0%规定充装量的剩余气体。

(6) 一般气瓶投入使用后，不得对瓶体进行挖补、焊接修理。严禁将气瓶用作支架等其他用途。气瓶使用完毕，要妥善保管。气瓶上应有状态标签("空瓶""使用中""满瓶"标签)。严禁在泄漏的情况下使用气瓶。使用过程中发现气瓶泄漏，要查找原因，及时采取整改措施。严禁擅自更改气瓶的钢印和颜色标记。严禁敲击、碰撞气瓶，严禁在气瓶上进行电焊引弧。

4.4.5　气瓶爆炸原因

1. 氧瓶、氢瓶混充，没有专瓶专用

在气瓶爆炸死亡事故中，氢、氧瓶混充占很大比例。氢瓶、氧瓶螺纹不同，氢瓶(可燃气体)瓶阀为左旋，氧瓶(非可燃性气体)瓶阀为右旋，氧气瓶阀当然装不进氢气瓶。但有的操作人员无知硬装，结果酿成惨剧。如 1998 年 5 月 26 日大同市发生的氧气瓶爆炸事故，先是两名工人装不进气瓶减压表，一位非专业的领导就批评他们，然后自己去装，还是装不进，当查看瓶内是否有气时，开阀瞬间"氧"气瓶爆炸，结果这位领导与另一名工人当场炸死。气瓶必须专瓶专用，严禁混充。

2. 不留余压气用尽，燃气回灌隐患存

部分个体工商户，为了多营利，将气用尽，不留余压，这样就易造成焊割作业时乙炔气回灌。去充氧时，充装站又不做检查，就留下事故隐患。按 1989 年 12 月颁发的《气瓶安全监察规程》(简称《89 瓶规》)，瓶内剩余压力应不小于 0.05 MPa。

3. 违反规程操作，不按规章作业

有些事故是操作人员不按操作规程、违章作业造成的，如超压致爆、开关阀门动作过快、带油脂作业、瓶子不检超期使用、未禁烟火等。必须遵循《89 瓶规》的"八个严禁充装"，即

① 钢印标记、颜色标记不符合规定及无法判定瓶内气体的。

② 改装不符合规定的或用户自行改装的。

③ 附件不全、损坏或不符合规定的。

④ 瓶内无剩余压力的。

⑤ 超过检验期限的。

⑥ 经外观检查，存在明显损伤，需进一步进行检查的。

⑦ 氧化或强氧化性气体气瓶沾有油脂的。

⑧ 易燃气体气瓶的首次充装，事先未经置换和抽真空的。

4. 氧气含水入瓶，腐蚀钢瓶变薄

氧气带水，钢瓶内残余水不按时倒掉，就越积越多，使钢瓶遭腐蚀，壁厚减薄，尤其在水的界面处，出现"界面腐蚀"。在几例氧气瓶爆炸事故中，爆破口就发生在腐蚀界面(界面爆破)或壁厚减薄处(薄壁爆破)。例如 1996 年 5 月 13 日，烟台气体压缩机总厂一只氧气瓶发生爆炸。原因是瓶体受到严重腐蚀减薄，最薄处仅 1.8 mm，气瓶又经曝晒，气体压力升高，在薄弱处致爆(爆前没有作定期检验)。1996 年 9 月 4 日，天津某厂一只正在充装的氧气瓶爆炸。经调查，为接触海水作业的气瓶，有海水倒灌入瓶，使瓶壁腐蚀减薄(最小壁厚处仅 2.2 mm)所致。

5. 买卖失效钢瓶，超期不检仍用

现在钢瓶市场仍存在对失效钢瓶处理后转卖再用的情况。某钢瓶，从 1958 年出厂后一直转来转去使用，未做瓶检，40 年后终于造成惨剧。《89 瓶规》规定：盛装腐蚀性气体的气瓶，每两年检验一次；盛装一般气体的气瓶，每三年检验一次；盛装惰性气体的气瓶，每五年检验一次。发现有严重腐蚀、损伤或对其安全可靠性有疑虑时，应提前进行检验。对超过检验期限的气瓶，严禁充装。对报废的气瓶，应作"钻孔打洞"处理，避免辗转流失被人再用、留下事故隐患。

6. 野蛮装卸碰撞，曝晒升压致爆

气瓶严禁敲击、碰撞，必须轻搬轻放，但是在实际中仍然存在着将气瓶用脚从汽车上踢下来的卸法。气瓶应防止曝晒，杭州曾发生过一只放在船尾上的氧气瓶突然爆炸的事故，致使一位到运河河埠洗东西的妇女被炸身亡。原因是该瓶受夏天烈日暴晒(未遮盖)，升压后致爆。为此，夏天装运瓶氧时，要有遮阳物覆盖，尤其是露天堆放的气瓶。

为了更好地避免气瓶存放中的安全隐患，在存放气瓶的场所，应有气瓶风险告知牌，乙炔气瓶组风险告知牌和氧气气瓶组风险告知牌、二氧化碳气瓶组风险告知牌如图 4-22 所示。

(a) 乙炔气瓶组风险告知牌

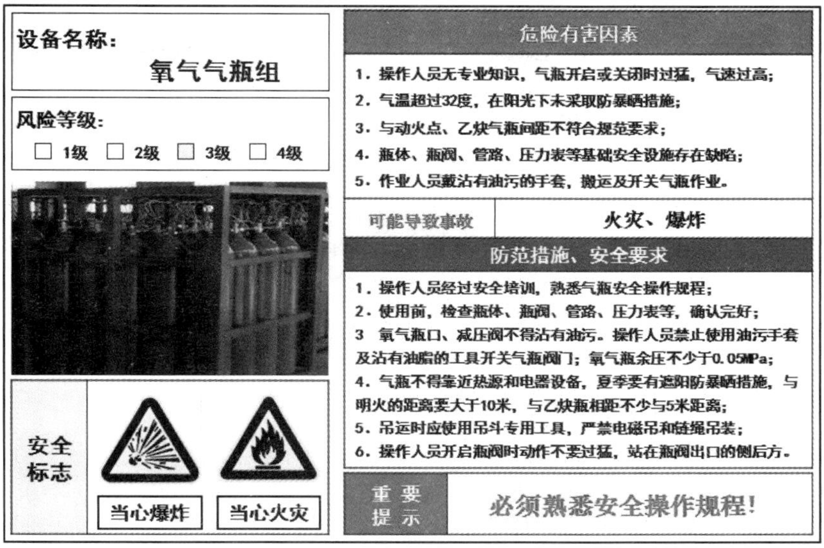

(b) 氧气气瓶组风险告知牌

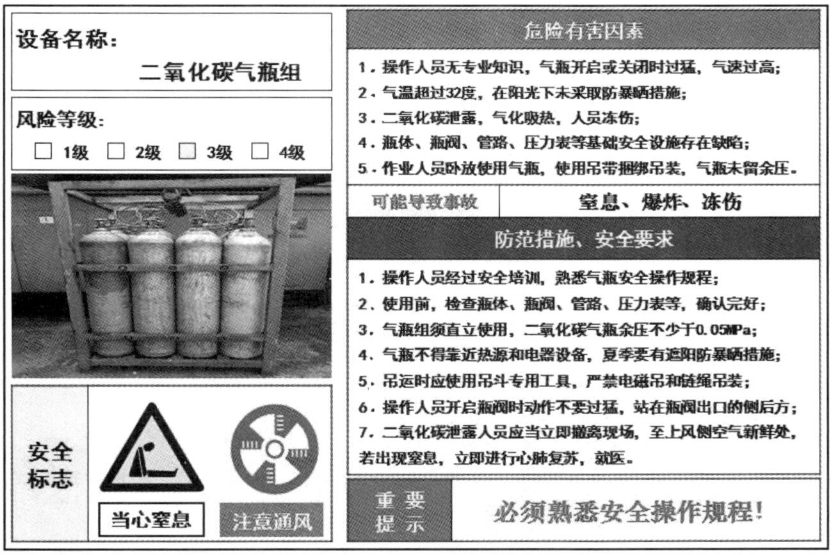

(c) 二氧化碳气瓶组风险告知牌

图 4-22　气瓶风险告知牌

4.5　空气压缩机安全使用

空气压缩机(Air compressor)是气源装置中的主体,它是将原动机(通常是电动机)的机械能转换成气体压力能的装置，是压缩空气的气压发生装置。空气压缩机按工作原理可分为速度式和容积式两大类。

速度式空气压缩机：是靠气体在高速旋转的叶轮带动下，得到较大的动能，随后在扩压装置中急剧降速，使气体动能转变成势能，从而提高气体压力。速度式空气压缩机主要有离心式和轴流式两类。

容积式空气压缩机：是通过直接压缩气体，使气体容积缩小而达到提高气体压力的目的，容积式空气压缩机根据气缸活塞的特点又分为回转式(活塞作旋转运动)和往复式(活塞做往复运动)两类。

现在常用的空气压缩机为螺杆式空气压缩机。

4.5.1 空气压缩机的工作原理

由于空气压缩机工作时会产生大量的热(空气压缩机会因过热而自动停机)，为此空气压缩机必须放在有足够通风的房间里。空气压缩机四周各需要 3 英尺(0.9 m)净空间，控制面板前 4.3 英尺(1.06 m)净空间。空气压缩机工作区域应无灰尘，无化学品，无金属屑，无油漆气味及喷漆作业。

空气压缩机系统包括空压机系统包括空气滤清器、进气控制阀、主机(双螺杆空压机)、油分离器、最小压力阀、温控阀等部分。整个系统以主机(双螺杆空压机)为工作核心，实现吸气、封闭、压气和排气的过程。

1. 空气滤清器

空气滤清器的作用是将吸入的空气通过离心方式和空气过滤器滤芯加以过滤，滤除其较大颗粒的灰尘和杂质。常见空气滤清器如图 4-23 所示。

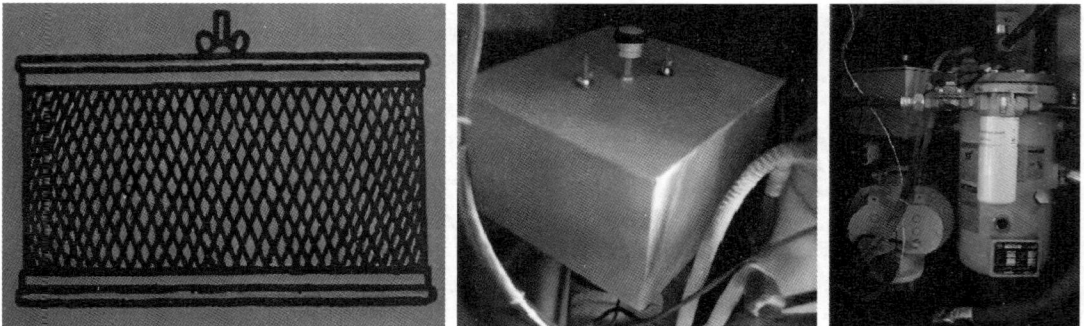

图 4-23 常见空气滤清器

2. 进气控制阀

进气控制阀的作用是控制进入压缩机主机的空气量。当机组满负荷运行时，该阀处于全开状态；当机组处于启动、卸载或停机状态时，该阀处于关闭状态。当部分空压机机组附带气量调节机构时，该阀门的开度大小随用气量的大小进行调节。常见进气控制阀如图 4-24 所示。

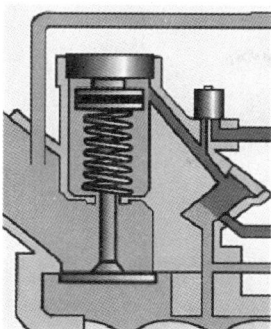

图 4-24　常见进气控制阀

3. 空压机工作原理

双螺杆空压机是借助于两个在机壳内的螺旋形转子，按一定的传动比(四对六或五对六)相互啮合回转运动所产生的工作容积的变化，而实现气体压缩。通常把节圆外具有凸齿的转子(从横截面看)，称为阳转子或阳螺杆；把节圆内具有凹齿的转子(从横截面看)，称为阴转子或阴螺杆。阳转子作为主动转子，带动阴转子转动。如图 4-25 所示。

图 4-25　螺旋形转子

双螺杆压缩机的工作循环可分为吸气过程、封闭及输送过程、压缩及喷油过程和排气过程。随着阴阳转子旋转相互啮合的齿相继完成相同的工作循环。

1) 吸气过程

螺杆式的进气侧吸气口，必须设计得使压缩室可以充分吸气，而螺杆式压缩机无进气与排气阀组，进气只靠一调节阀的开启、关闭调节，当转子转动时，阴阳转子的齿沟空间在转至进气端壁开口时，其空间最大，此时转子的齿沟空间与进气口自由空气相通(因在排气时齿沟之空气被全数排出，排气结束时，齿沟仍处于真空状态)当转到进气口时，外界空气即被吸入，沿轴向流入主副转子的齿沟内。当空气充满整个齿沟时，转子的进气侧端面转离了机壳的进气口，在齿沟间的空气即被封闭。

2) 封闭及输送过程

阴阳转子在吸气结束时，其阴阳转子齿峰会与机壳封闭，此时空气在齿沟内封闭不再外流，即"封闭过程"。两转子继续转动，其齿峰与齿沟在吸气端吻合，吻合面逐渐向排气端移动。

3) 压缩及喷油过程

在输送过程中，啮合面逐渐向排气端移动，亦即啮合面与排气口间的齿沟间渐渐减小，齿沟内之气体逐渐被压缩，压力提高，此即"压缩过程"。而压缩过程中润滑油因压力差的作用而压入压缩室内与空气混合。

4) 排气过程

当转子的啮合端面转到与机壳排气相通时，(此时压缩气体之压力最高)被压缩气体开始排出，直至齿峰与齿沟的啮合面移至排气端面，此时两转子啮合面与机壳排气口这齿沟空间为零，即完成排气过程，在此同时转子啮合面与机壳进气口之间的齿沟长度达到最长，其吸气过程又在进行。整体机工作过程图示如图4-26所示。

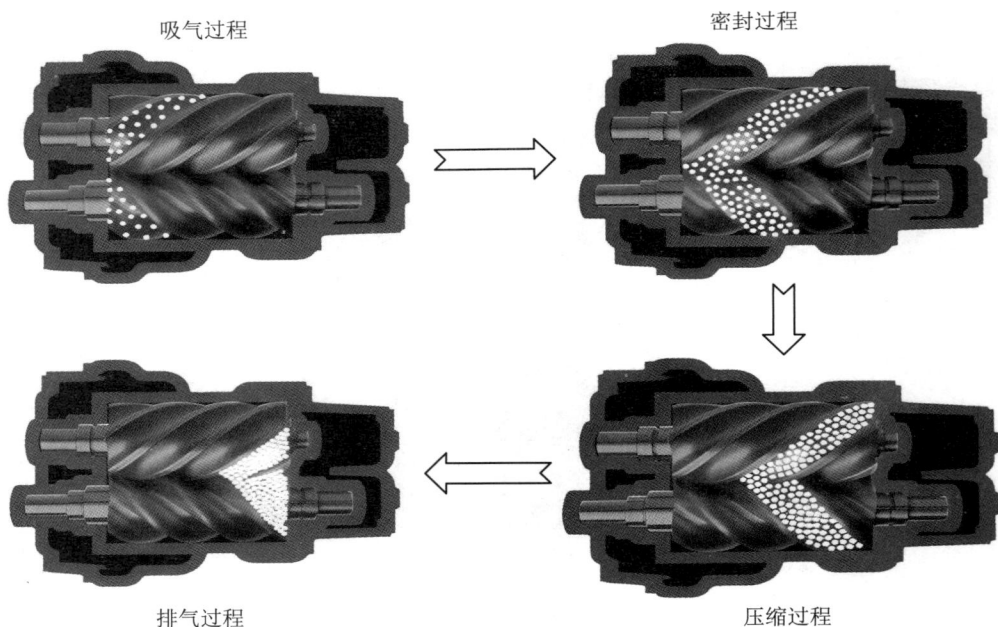

吸气过程　　　　密封过程

排气过程　　　　压缩过程

图4-26　压缩机的整机工作过程图示

4. 油分离器

来自压缩主机的冷却油和空气通过一个切向排气口进入筒体，油气混合物沿着筒体内部旋转，油便聚集起来滴落到筒体油池内。内部折流板使余下的冷却油和空气继续沿着内壁流动。在折流板的作用下，油气流的方向不断改变，加上惯性作用，越来越多的油从空气中除去，并回到油池中。这时的气流已基本上是非常细小的薄雾，朝分离芯流去。分离芯由两个紧密填塞的纤维同心圆柱组成，每个圆柱用钢丝网夹固，分离芯用安装于筒体出口盖上。

气流径向进入分离芯，薄雾聚合，形成小滴，聚集于外侧第一级上的油滴落入油池，而聚集于内侧第二级上的油滴聚集在分离芯出口附近，通过安装于回油管路上的过滤网和回流孔接头，抽回到压缩主机进油口。常见油分离器如图4-27所示。

图 4-27　常见油分离器

5. 最小压力阀

最小压力阀多数安装在油气分离罐的顶盖上，其作用一是在机组启动或卸载运行时确保机组内有一个维持正常运行的喷油压力；二是保持油气分离滤芯内外有一个合理的压差，而不至于使油气分离滤芯被压扁；三是它还可起到单向阀的作用，当机组卸载或停机后阻止管网中的压缩空气倒流至油气分离罐内。如图 4-28 所示。

图 4-28　常见最小压力阀

6. 油温控制阀(恒温阀)

油温控制阀又称温控阀或温度控制阀，它由一个温控阀芯控制，当达到并保持一个最低油温时，将旁通油冷却器；当温度高时，油将通过油冷却器。它的作用是控制润滑油的温度在压力露点温度以上，以避免油气分离罐内含饱和水蒸气的压缩空气中有冷凝水析出，从而导致润滑油乳化。

7. 油冷却器

油冷却器是装于空压机内部的，是由油冷却芯、风扇及风扇电机等组成。冷却气流从罩壳的前端流入，通过垂直安装的油冷却芯后，由罩壳后面排出。

3. 油过滤器

油过滤器是一种纸质过滤器，过滤精度在 10～15μ 之间，其功能是除去油中的杂质，如金属微粒、灰尘等，保护轴承与转子的正常运行。若油过滤器阻塞，则可能导致喷油量不足，影响主机轴承使用寿命，机头排气温度升高(甚至停机)。

4.5.2 空气压缩机零部件与系统的安全

空气压缩机的零部件安全对于整体而言非常重要，其零部件可以气体管路系统和水冷系统两方面来介绍。

1. 气体管路系统

空气压缩机的气体管路系统应畅通、无泄漏现象，主要有安全阀，压力表，过滤器，吸气、排气管道，压缩空气管道等零部件。

(1) 安装安全阀。安全阀应启闭灵敏、牢靠。当排气压力超过额定值的 10%～15%时，应能自动开启；下降到额定值的 95%时，应能自动关闭。安全阀应严密，若有泄漏，应准时停车、卸压修复。安全阀应按说明书的规定定期进展检测。常见安全阀如图 4-29 所示。

图 4-29 常见安全阀

(2) 装置压力表。一、二级气缸排气管路上均应设压力表；压力表应避开受高温柔振动的影响；压力表应完好、灵敏、精确，一般选用精度为 2.5 级。压力表应半年校验一次，经校验合格的压力表应有铅封和校验合格证。压力表的量程应为额定工作压力的 1.5～3 倍，表盘直径不应小于 100 mm，刻度应清楚可见。如指针失灵、刻度不清、表盘玻璃裂开、泄压后指针不回零位、铅封损坏等，均应马上更换。常见压力表如图 4-30 所示。

图 4-30　常见压力表

(3) 空气过滤器。空气过滤器应构造完整，并保证进入空气压缩机的空气清洁。每工作 100 小时，应检查清洗一次，晾干后再用。常见空气过滤器如图 4-31 所示。

图 4-31　常见空气过滤器

(4) 吸气、排气管道的布置应尽量避开或削减对建筑物的影响。排气管道应有热补偿装置。

(5) 压缩空气管道应用法兰与设备和阀门连接，其他部位宜用焊接。接头部位应严密。严禁在管路系统有压力时拧紧连接件。

(6) 依据环境的不同要求，空气压缩机的吸气系统应实行相应的降低噪声的措施。

2. 水冷系统

(1) 水冷系统必须畅通，不得有内泄外漏现象。

(2) 冷却水阀后入口处的给水压力不宜大于 2×10^5 Pa 或小于 0.7×10^5 Pa 表压。冷却水的进口温度不宜高于 30℃；排水温度不应高于 60℃。

(3) 冷却器上部应装有完好的安全膜，以防冷却水系统被堵塞，或空气冷却管束破损，使水腔压力过高而发生事故。

(4) 冷却器安装时应有减振、防松措施。如加橡皮垫、石棉板等。

(5) 空气压缩机停车后，应放尽冷却水。冬季停车后，必须放尽气缸和水套的余水，以免冻裂。

3. 其他要求

(1) 润滑油质应符合要求，保持清洁。油路无内泄外漏现象。

(2) 曲轴箱的润滑油量应保持在油标线内。

(3) 空气压缩机工作场所宜装设废油回收装置。

(4) 机身、曲轴箱等主要受力件严禁有影响强度和刚性的缺陷，且不应有棱角、毛口及其他影响安全的缺陷。

(5) 紧固件必须完整、牢靠，并有防松措施。

(6) 空气压缩机应有清楚的铭牌和安全标志牌。

4.5.3 空气压缩机试车与运行

空气压缩机作为高校化学等相关学科实验室中使用频率较高的设备，其重要性不言而喻。而试运行则是确保设备正常运行的必要措施。如果没有试运行就投入使用，可能会出现安全隐患和运行问题，影响生产效率和设备寿命。因此在投入使用前，必须进行试车与运行。

(1) 安装的空气压缩机，必须是经有关部门批准的正规厂家的产品，并有相应的合格证和技术资料。用户按设备说明书进展验收，经试车合格后，方准使用。

(2) 凡经过大修或中修的空气压缩机，其主要零部件必须要达到原设计规定的技术指标。主要受力件、转动部件均应有具体的检修记录，要按设备说明书和使用单位设备治理规章进展验收，经试车合格后，方可使用。

(3) 空气压缩机的修理必须在卸压后进行。

(4) 空气压缩机工作时，如发生断水、缺油，必须马上停车。

(5) 不符合要求的润滑油不得使用，一般应使用压缩机油。气缸和曲轴箱内的润滑油应泄量适当，润滑系统油压应稳定，油质清洁。

(6) 在酷热地区，应实行降温措施。

(7) 空气压缩机气缸、气缸盖、活塞及冷却器的气体管路等，应定期进行水压试验；管路应以 3×10^5 Pa 的表压进行水压试验，稳压时间不应少于 5 分钟，不允许有渗漏现象。

(8) 受压容器的气压试验和气密性试验必须遵守工艺规程及《压力容器安全技术监察规程》(质技监局锅发〔1999〕154 号)。

(9) 进行气压试验时，如容器内有残留的易燃、易爆气体，禁止用空气作为试验介质。

(10) 气压试验过程中，如发觉试压件有特别声响、压力下降及油漆剥落等不正常现象，应马上停顿试验，查明缘由，必要时卸压检查。

(11) 空气压缩机一般每运行 8 000 小时后，应分解气缸，去除油垢焦渣等。若使用硬水，则每运行 4 000 小时后即应进行清洗。组装后应进行试压。试验压力为工作压力的 1.25 倍。

(12) 冷却器等受压容器的紧固件，每年应进行一次安全鉴定，并做好相应的记录。

4.5.4　空气压缩机防爆措施

空气压缩机的爆炸事故，近期在国内发生过数起，造成了不小的人员及财产损失。因此，对空气压缩机的防爆应当引起重视。

1. 形成空气压缩机爆炸的三要素

依据空气压缩机的工作特性，把空气经过一级或二级以上压缩，制成压缩空气。缸体和活塞需要润滑油润滑必定会生成积炭，空气压缩会大幅升温，空气中含有氧气，这样就形成了空气压缩机爆炸的三要素：积炭、温度、空气。

1) 积炭

排气阀上生成积炭的发热反响是在 154℃～250℃范围的温度下发生的。积炭厚度到了 3 mm 以上时，就会有自燃的危险。另外，积炭影响其散热效率，蓄积热量而形成火点，当和高温高压空气混合，到达爆炸极限时即发生爆炸。一般润滑油受热分解，可产生的轻质碳化氢，容易在空气中达到爆炸界限。积炭产生量的大小与润滑油的氧化安定性、加油量、润滑油质量及检修有关。

(1) 空气压缩机活塞润滑所需的润滑油是在精制根底油的根底上添加各种添加剂制成的。其根底油的好坏直接影响残炭量的大小，根底油好，抗热氧化安定性好，残炭值就小，润滑油生成积炭的速度就低，不易形成大量积炭，所以选好压缩机油很重要。

(2) 空气压缩机缸体注油器加油量的大小，直接导致积炭、油泥、油气的生成量，如 40m³ 二级压缩的空压机，标准规定一级缸注油 12～18 滴/min，二级缸注油 12～15 滴/ min，超过此规定过量的润滑油就会吸附在凹陷处和管道壁上，生成油泥和积炭，只有局部随压缩气体排出。

(3) 检修不准时、清炭效果不好，也是促使产生大量积炭的缘由。据调查，中间冷却箱、后冷却器及管道是不易清炭的部位，此处一般易生成积炭且油泥的量也较大。

2) 温度

压缩气体温度上升是促使爆炸的一个重要条件，据统计空气压缩机超过 170℃的 50% 会发生爆炸，因而各国均规定空气压缩机的排气温度不得超过 150℃。

3) 空气

(1) 进气量削减 10%，则排气温度会上升 20℃。因而要求进口有足够的进气量；

(2) 排气阀积炭引起阀漏气，也会造成排气升温。如：700 kPa 的压缩机正常排气温度为 130℃，而阀漏气时会产生 270℃的高温，很容易发生爆炸事故；

(3) 水冷量缺乏、结垢严重均会造成压缩空气冷却不好，导致温升偏高，进而产生爆炸隐患，必须引起高度重视。

2. 防爆措施

1) 加强润滑油治理

为了掌握积炭的生成速度，应选用根底油好、残炭值小、相宜的黏度(IsOVG68-100)、良好的抗热氧化安定性(康式残炭增值＜3%)、燃点高的润滑油。汽缸供油量不能太大，最大不得超过 50 g/m³，以防止油气量增大和结焦积炭增多。严禁开口储油方式，防止润滑油杂质超标堵塞注油器。另外，空压机油要有产品合格证和油品化验单。

2) 加强设备检修维护治理

空气压缩机各部件的状况，要定期验证，要制定完整的大中修计划，工程要详细，有验收标准。尤其是定期清炭工作要有专人负责验收。吸气口不应设在室内，并保证规定的吸入量，防止空气滤清器堵塞而削减进气量，造成排气温上升。加强水冷却，保证冷却槽进出口水温差不高于 10℃，即使夏季时冷却槽出口水温也不得超过 50℃。定期去除压缩机内部积炭，一般每 600 h 检查清扫排气阀，每 4 000 h 换新排气阀。

3) 加强操作治理

空气压缩机可作为危急源点来对待，因此要求操作人员须经培训后持证上岗。操作人员在严格按操作规程操作的同时，能够对一般空气压缩机故障进行判定和处理。要求操作人员对空气压缩机的工作原理、爆炸起因、合理注油、定时排污、严格执行开停机制度等能清晰明确地掌握。在使用空气压缩机的场所，应有空气压缩机风险告知牌，如图 4-32 所示。

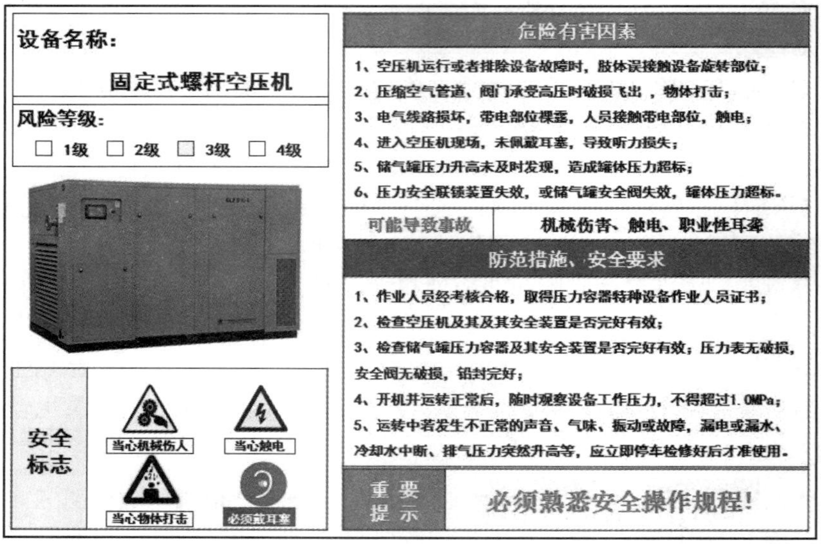

设备名称：	危险有害因素
固定式螺杆空压机	1、空压机运行或者排除设备故障时，肢体误接触设备旋转部位； 2、压缩空气管道、阀门承受高压时破损飞出，物体打击； 3、电气线路损坏，带电部位裸露，人员接触带电部位，触电； 4、进入空压机现场，未佩戴耳塞，导致听力损伤； 5、储气罐压力升高未及时发现，造成罐体压力超标； 6、压力安全联锁装置失效，或储气罐安全阀失效，罐体压力超标。

图 4-32　空压机风险告知牌

4) 提高空气压缩机运行状态的监控力量

在保证空气压缩机空气冷却、温度压力仪表显示、安全阀等基本安全设施的根底上，还应在排气阀出口管线接连处，装自动温度报警器，严格掌握温度不超过 150℃的规定。

目前的往复式空气压缩机存在不可避免的积炭、温度和空气，这就使爆炸具有了可能。因要将空气压缩机的防爆工作落实到日常的综合治理之中，防爆措施落实的明确、细致，空气压缩机的安全运行就有了切实的保证。对于今后的设备改造中，尽量选用无油往复式空压机，可从根源上杜绝爆炸事故的发生。

第5章 实验室危险化学品安全

高校化学、化工、环境、材料、医学等专业在实验教学和科学研究中，经常会使用大量的化学试剂，其中不乏危险化学品。实验室工作人员在使用危险化学品的过程中，如果对危险化学品的安全缺乏必要的认知，那么在使用时极易产生安全隐患或发生安全事故。尤其是在出现危险状况时，如果没有采取有效的措施，可能威胁到师生的生命财产安全，同时还可能对实验设施和环境造成一定的破坏。因此，必须熟知危险化学品的概念、分类、安全标签及安全标志、常见危险化学品、危险化学品的安全管理、危险化学品的灭火措施等，本章主要围绕以上方面进行介绍。

5.1 危险化学品的概念及分类

1. 危险化学品的概念

根据《危险化学品安全管理条例》(中华人民共和国国务院令第 645 号，2013 年修正本)规定，危险化学品是指具有毒害、腐蚀、爆炸、燃烧、助燃等性质，对人体、设施、环境具有危害的剧毒化学品和其他化学品。

2. 危险化学品的分类

联合国推荐的危险化学品或危险货物分类标准为《联合国关于危险货物运输的建议书规章范本》(*The UN Recommendations on the Transport of Dangerous Goods，Model Regulations*，简称 TDG，又称"橙皮书")和《全球化学品 统一分类和标签制度》(*Globally Harmonized System of Classification and Labelling of Chemicals*，简称 GHS，又称"紫皮书")。与之技术方面相一致(非等效)的我国现行的危险化学品分类的参考标准为《危险货物分类和品名编号》(GB 6944—2012)和《化学品分类和危险性公示通则》(GB 13690—2009)。

按照《危险货物分类和品名编号》的分类规则，可以将危险化学品按其危险性或最主要的危险性分为 9 大类，即：① 爆炸品；② 气体；③ 易燃液体；④ 易燃固体、易于自燃的物质和遇湿易燃物品；⑤ 氧化性物质与有机过氧化物；⑥ 毒性物质和感染性物质；⑦ 放射性物质；⑧ 腐蚀性物质；⑨ 杂项危险物质和物品。按照《危险货物分类和品名编号》规则分类的危险化学品详见表 5-1。

表 5-1 按照《危险货物分类和品名编号》规则分类的危险化学品

危险化学品类型	特 性
爆炸品	指在外界作用下(如受热、摩擦、撞击等)能发生剧烈的化学反应，瞬间产生大量的气体和热量，使周围的压力急剧上升，发生爆炸，对周围环境、设备、人员造成破坏和伤害的物品，分为 3 类： (1) 具有整体爆炸危险的物质和物品，如高氯酸。 (2) 具有燃烧危险和较小爆炸危险的物质和物品，如二亚硝基苯。 (3) 无重大危险的爆炸物质和物品，如四唑并-1-乙酸
气体	指压缩、液化或加压溶解的气体。这类物品当受热、撞击或强烈震动时，容器内压力急剧增大，致使容器破裂，物质泄漏、爆炸等，分为 3 类： (1) 易燃气体，如氨气、一氧化碳、甲烷等。 (2) 不燃气体(包括助燃气体)，如氮气、氧气等。 (3) 有毒气体，如氯(液化的)、氨(液化的)等
易燃液体	此类物质在常温下易挥发，其蒸汽与空气混合能形成爆炸性混合物，分为 3 类： (1) 低闪点液体，即闪点低于-18℃液体的液体，如乙醛、丙酮等。 (2) 中闪点液体，即闪点在-18～23℃即闪的液体，如苯、甲醇等。 (3) 高闪点液体，即闪点在 23℃点液以上的液体，如环辛烷、氯苯、苯甲醚等
易燃固体、易于自燃的物质和遇湿易燃物品	此类物品有燃烧特性，易于引起火灾，分为 3 类： (1) 易燃固体，指燃点低，对热、撞击、摩擦敏感，易被外部火源点燃，迅速燃烧，能散发有毒烟雾或有毒气体的固体，如红磷、硫黄等。 (2) 自燃物品，指自燃点低，在空气中易于发生氧化反应放出热量而自行燃烧的物品，如黄磷、三氯化钛等。 (3) 遇湿易燃物品，指遇水或受潮时，发生剧烈反应，放出大量易燃气体和热量的物品，有的不需明火，就能燃烧或爆炸，如金属钠、氢化钾等
氧化性物质与有机过氧化物	此类物品具有强氧化性，易引起燃烧或爆炸，分为 2 类： (1) 氧化剂，指具有强氧化性，易分解放出氧气和热量的物质，对热、震动和摩擦比较敏感，如氯酸铵、高锰酸钾等。 (2) 有机过氧化物，指分子结构中含有过氧键的有机物，其本身易燃易爆、极易分解，对热、震动和摩擦极为敏感，如过氧化苯甲酰、过氧化甲乙酮等
毒性物质和感染性物质	指进入人(动物)肌体后，累积达到一定的量能与体液和组织发生生物化学作用或生物物理作用，扰乱或破坏肌体的正常生理功能，引起暂时或持久性的病理改变，甚至危及生命的物品，如各种氰化物、砷化物、化学农药等

续表

危险化学品类型	特　　性
放射性物质	含有放射性同位素的酸、碱、盐类等，如铀-238、钴-60、硝酸钍等
腐蚀性物质	指能灼伤人体组织并对金属等物品造成损伤的固体或液体，分为 3 类： (1) 酸性腐蚀品，如硫酸、硝酸、盐酸等。 (2) 碱性腐蚀品，如氢氧化钠、硫氢化钙等。 (3) 其他腐蚀品，如二氯化醛、苯酚钠等
杂项危险物质和物品	此类物质指存在危险但不能满足其他类别定义的物质和物品

按照《化学品分类和危险性公示通则》(GB 13690—2009)分类规则，可以将危险化学品分为理化危险、健康危险和环境危险三类，具体见表 5-2。

表 5-2　按照《化学品分类和危险性公示通则》(GB 13690—2009)分类的危险化学品

危险化学品类型	各类细分项
理化危险	爆炸物、易燃气体、易燃气溶胶、氧化性气体、压力下气体、易燃液体、易燃固体、自反应物质或混合物、自燃液体、自燃固体、自热物质和混合物、遇水放出易燃气体的物质或混合物、氧化性液体、氧化性固体、有机过氧化物、金属腐蚀剂
健康危险	急性毒性、皮肤腐蚀/刺激、严重眼损伤/眼刺激、呼吸或皮肤过敏、生殖细胞致突变性、致癌性、生殖毒性、特异性靶器官系统毒性——一次接触、特异性靶器官系统毒性——反复接触、吸入危险
环境危险	危害水生资源、急性水生毒性、慢性水生毒性

5.2　危险化学品安全标签及安全标志

5.2.1　危险化学品安全标签

危险化学品安全标签是指危险化学品在市场上流通时由生产销售单位提供的附在化学品包装上的标签，是向作业人员传递安全信息的一种载体。它用简单、易于理解的文字和图形表述有关化学品的危险特性及其安全处置的注意事项，警示作业人员进行安全操作和处置，它是预防和控制危险化学品危害的基本措施之一。按照《化学品安全标签编写规定》(GB15258—2009)，化学品安全标签应包括物质名称，分子式、化学成式及组成编号，标志，警示词，危险性概述，安全措施，灭火方法，批号、提示向生产销售企业索取安全技术说明书、生产企业名称、地址、邮编、电话、应急服务电话等内容。一份合格有效的安全标签主要由 8 个部分组成，以甲苯为例来说明，甲苯安全标签示意图以如图 5-1 为例来说明：

Methylbenzene

甲苯

C_7H_8

危 险

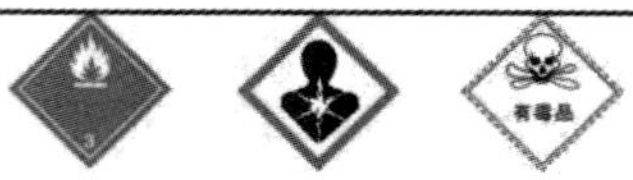

易燃、对人体有害、有毒

【预防措施】

操作人员必须经过专门培训，严格遵守操作规程。

建议操作人员佩戴自吸过滤式防毒面具（半面罩），戴化学安全防护眼镜，穿防毒物渗透工作服，戴橡胶耐油手套。

远离火种、热源，工作场所严禁吸烟。使用防爆型的通风系统和设备。

防止蒸气泄漏到工作场所空气中。

避免与氧化剂接触。灌装时应控制流速，且有接地装置，防止静电积聚。

【事故响应】

如皮肤接触：脱去被污染的衣着，用肥皂水和清水彻底清洗皮肤。

眼睛接触：提起眼睑，用流动清水冲洗。就医。

吸　　入：迅速脱离现场至空气新鲜处，休息保暖。保持呼吸道通畅。

呼吸困难，给输氧气；停止呼吸，立即进行人工呼吸；就医。

食　　入：喝足量温水，催吐；洗胃；就医。

火 灾 时：泡沫、二氧化碳、干粉、砂土、雾状水、用水冷却容器。

【安全储存】

储存于阴凉通风的库房。

远离火种、热源，防止阳光直射。

保持容器密封。

应与氧化剂隔离储运。

采用防爆型照明、通风设施。

禁止使用易产生火花的机械设备和工具。

储区应备有泄漏应急处理设备和合适的收容器具。

【废弃处理】

参阅国家和地方有关法规，建议交有资质单位处置。

请 参 阅 化 学 品 安 全 技 术 说 明 书

供应商：＿＿＿＿＿＿＿＿＿＿　　电话：＿＿＿＿＿＿

地　址：＿＿＿＿＿＿＿＿＿＿　　邮编：＿＿＿＿＿＿

应 急 服 务 电 话 ：＿＿＿＿＿＿＿＿

图 5-1　甲苯安全标签示意图

第 1 部分：危险化学品的名称，名称要求醒目清晰，位于标签的正上方。

第 2 部分：危险化学品的警示词和警示语。警示词，根据危险程度的大小分为两种即“危险”和“警示”。当警示词是“危险”时，说明此化学品危险程度高，需要更加注意；当警示词是“警示”时，说明此化学品危险程度较低。当化学品具有一种以上的危险性时，用危险性最大的警示词。警示词位于化学名称下方，要求醒目、清晰，警示语是对化学品燃烧爆炸危险特性、健康危害和环境危害的简要概述，居警示词下方。

第 3 部分：象形标签。此标签能比较直观地表现危险品的性质。

第 4 部分：预防措施。表示处理危险品时应该采取的防护措施和注意事项，要求简明扼要，重点突出。

第 5 部分：事故响应。就是发生危险品意外时应采取的补救措施。此项要特别注意食入后的处理，一定要看清楚是否适用催吐，很多人觉得食入后要马上催吐，但并不是所有化学品都适合催吐的。某些化学品催吐的过程中有可能造成液体进入肺部，造成危害更大的肺水肿。若化学品为易(可)燃或助燃物质，应提示有效的灭火剂和禁用的灭火剂以及灭火注意事项。

第 6 部分：安全储存。一般化学品应该室内储存，并避免高温、潮湿和阳光直射。

第 7 部分：废弃处理。废弃化学品一般由专业公司回收处理，包括废弃的包装(例如空桶)。

第 8 部分：供应商或厂家联系方式。如果需要了解化学品更详细的性质，或者发生事故不知如何处理，可以致电供应商寻求帮助。

5.2.2　危险化学品安全标志

危险化学品安全标志是通过图案、文字说明、颜色等标识危险化学品的危险等级、性质、危险特征、危险描述以及安全操作的标志。警示相关作业人员进行安全规范的操作和处置。

标志的分类图形、尺寸、颜色及使用方法必须参照国家标准规定执行，目前参照的标准为《危险货物包装标志》(GB190—2009)，这是 2009 年发布的国家标准，标志可以用粘贴、钉附及喷涂等方法标打在包装上，根据不同包装，标志的位置也应不同。如果是箱状包装，标志应位于包装端面或侧面的明显处；如果是袋、捆包装，标志应位于包装明显处；如果是桶形包装，标志应位于桶身或桶盖处；如果是集装箱、成组货物，标签应粘贴在包装的四个侧面。标志由生产单位在货物出厂前标打，出厂后如果改换包装，其标志由改换包装单位标打，标志应该清晰，并且保证在货物储运期内不脱落。

5.3　常见的危险化学品

5.3.1　爆炸品

1. 定义

爆炸品指在外界作用下(如受热、摩擦、撞击等)能发生剧烈的化学反应，瞬间产生大量的气体和热量，使周围的压力急剧上升，发生爆炸，对周围环境、设备、人员造成破坏和伤害的物品；也包括无整体爆炸危险，但具有燃烧、抛射及较小爆炸危险，或仅产生热、光或烟雾等一种或几种作用的烟火物品。

2. 危险特性

1) 强爆炸性

爆炸品具有化学不稳定性，在一定外因的作用下，能快速、猛烈地发生化学反应，一般在万分之一秒内完成化学反应，同时产生的大量气体和热量在短时间内无法逸散开去，致使周围的温度迅速升高并产生巨大的压力而引起爆炸。

2) 高敏感度

爆炸物对外界作用如热、火花、撞击、摩擦、冲击波、爆轰波、光和电等极为敏感，极易发生爆炸。各种爆炸品的化学组成和性质决定了它具有发生爆炸的可能性，但如果没有必要的外界作用，爆炸是不会发生的。也就是说，任何一种爆炸品的爆炸都需要外界供给它一定的能量——起爆能。不同的炸药所需的起爆能不同，某一炸药所需的最小起爆能，即为该炸药的敏感度(简称感度)。起爆能与感度成反比，起爆能越小，则感度越高。一般来讲，感度越高的物质越易爆炸。在外界条件作用下，炸药受热、撞击、摩擦、遇明火或酸碱等因素的影响都易发生爆炸。

爆炸品的感度主要有四种：一是热感度，如加热、火花、火焰；二是机械感度，如冲击、针刺、摩擦、撞击；三是静电感度，如静电、电火花；四是起爆感度，如雷管、炸药。不同的爆炸品的感度数据是不同的。爆炸品在储运中必须远离火种、热源及防震等要求就是根据它的热感度和机械感度来确定的。

影响爆炸品感度的因素很多，化学组成和结构是决定感度的内在因素。影响爆炸品感度的外在因素有温度、杂质、结晶、密度等。

3) 强破坏性

爆炸品爆炸后可产生危害性极强的冲击波、碎片冲击、震荡作用等。大型爆炸往往具有毁灭性的破坏力，并可在相当大的范围内造成危害，导致人员和财产诸方面的重大的损失。爆炸常意外突发，在瞬间完成，令人猝不及防，人员伤亡、物质损坏、建筑倒塌也瞬间发生。爆炸时产生的高温辐射还可能使附近人员受到灼烫伤害甚至死亡。

4) 火灾危险性

很多爆炸品受激发能源作用发生氧化还原反应可形成分解燃烧，且不需外界供氧。绝大多数爆炸品爆炸时可在瞬间形成高温，引燃旁边可燃物品引发火灾。火灾伴随着爆炸，极易蔓延，增加了事故的危害性，造成更为严重的人员伤亡和财产损失。

5) 毒害性

很多爆炸品本身具有一定毒性，且绝大多数爆炸品爆炸时产生多种有毒或者窒息性气体，包括 CO、CO_2、NO、NO_2、SO_2 等，可从呼吸道、食道、皮肤进入人体，引起中毒，严重时危及生命。

3. 实验室中常见的爆炸品

1) 多硝基化合物或硝酸酯类化合物

多硝基化合物或硝酸酯类化合物的燃爆危险性大，可用于制作炸药。例如三硝基甲苯(TNT)、三硝基苯酚(TNP)、硝化甘油(三硝酸甘油酯)、硝化棉(硝化纤维素)等。

2) 叠氮化合物

叠氮化合物在无机化学中，指的是含有叠氮根离子的化合物(N_3^-)，在有机化学中，则指含有叠氮基(-N_3)的化合物。有机和无机叠氮化合物均为叠氮酸衍生物，其结构通式RNNN。叠氮酸重金属盐叠氮银(AgN_3)、叠氮铅(PbN_6)具有高度爆炸性，由于叠氮铅对撞击极敏感，故用作雷管。一般地说，其碱盐无爆炸性，其叠氮钠用途广，遇水会分解，释放出水解产物叠氮酸。烷基叠氮化物室温较稳定，加热易爆炸，温度升高分解释出 HN_3。芳基叠氮化合物为有色、相对稳定的固体，撞击时易爆，熔化时分解释出 HN_3。

3) 高氯酸盐

高氯酸盐是高氯酸形成的盐类，主要用作火箭燃料、烟火中的氧化剂和安全气囊中的爆炸物。多数高氯酸盐可溶于水。许多重金属的高氯酸盐，有机高氯酸盐(如高氯酸肼，二高氯酸肼以及高氯酸氟均极易爆炸)，必须谨慎操作。高氯酸盐与易被氧化的物质混合也非常容易发生爆炸，必须注意，应避免摩擦、受热、火星、震动以及重金属污染等因素，并要采取适当的隔离、屏蔽和人身防护措施，确保工作人员安全。

5.3.2　气体

1. 定义

此处的气体指压缩、液化或加压溶解的气体，并应符合下述两种情况之一者：

(1) 临界温度低于 50℃，或在 50℃ 时，其蒸气压力大于 294 kPa 的压缩或液化气体；

(2) 温度在 21.1℃ 时，气体的绝对压力大于 275 kPa，或在 54.4℃ 时，气体的绝对压力大于 715 kPa 的压缩气体；或在 37.8℃ 时，雷德蒸气压力大于 275 kPa 的液化气体或加压溶解的气体。

压缩气体是经过加压或降低温度，使气体分子间的距离大大缩小而被压入钢瓶中并始终保持为气体状态的气体。而液化气体则是对压缩气体连续加压、降温，使之转化成液态。按照危险特性，可将此类气体分为三类：

① 易燃气体，此类气体极易燃烧，与空气混合能形成爆炸性混合物。在常温常压下遇明火、高温即会发生燃烧或爆炸。如氨气、一氧化碳、甲烷等。

② 不燃气体，指无毒、不燃气体，包括助燃气体。但高浓度时有窒息作用。助燃气体有强烈的氧化作用，遇油脂能发生燃烧或爆炸。如氮气、氧气等。

③ 有毒气体，如氯(液化的)、氨(液化的)等。该类气体有毒，对人畜有强烈的毒害、窒息、灼伤、刺激作用。其中有些还具有易燃、氧化、腐蚀等性质。

2. 危险特性

1) 膨胀爆炸性

气体在光照或受热后，温度上升，分子间的热运动加剧，体积增大，若在一定的密闭容器内，气体受热的温度越高，其膨胀后形成的压力越大。一般压缩气体和液化气体都盛装在密闭的容器内，如果受高温、日晒，气体极易膨胀产生很大的压力。当压力超过容器的耐压强度时就会造成爆炸事故。

2) 流动扩散性

压缩气体和液化气体能自发地充满任何容器，非常容易扩散。比如大多数易燃气体比空气重，能扩散相当远，聚集在地表、沟渠、隧道、厂房死角等处，长时间聚集不散，遇火源容易发生燃烧或爆炸。

3) 易燃易爆性

超过半数的压缩气体和液化气体都具有易燃易爆性。易燃气体一旦点燃，在极短的时间内就能全部燃尽，爆炸危险很大，灭火难度很大。

4) 窒息性

压缩气体和液化气体都有一定的窒息性，一旦发生泄漏，若不采取相应的通风措施，能使人窒息死亡。

5) 腐蚀毒害性

压缩气体和液化气体大都具有一定毒害性和腐蚀性，如硫化氢、氰化氢、氯气、氟气、氢气等，它们通常还对设备有严重的腐蚀破坏作用。例如，硫化氢能腐蚀设备，削弱设备的耐压强度，严重时可导致设备裂缝、漏气，引起火灾等事故。氢的危害性极大，在高压情况下能够渗透到碳素中去，使金属容器发生"氢脆"。因此，对盛装有腐蚀毒害性气体的容器，要采取一定的密封与防腐措施。

6) 氧化性

有些气体本身不燃，但具有很强的氧化性，与可燃气体混合后能发生燃烧或爆炸，如氯气与乙炔混合即可爆炸，氯气与氢气混合见光可爆炸，氟气遇氢气即爆炸，油脂接触氧气能自燃，铁在氧气、氯气中也能燃烧。

3. 实验室中常见的气体

1) 一氧化碳

通常状况下，一氧化碳为无色、无臭、无味的气体。常温下，一氧化碳不与酸、碱等反应，但与空气混合能形成爆炸性混合物，遇明火、高温能引起燃烧、爆炸，属于易燃、易爆气体。一氧化碳具有毒性，较高浓度时能使人出现不同程度中毒症状，危害人体的脑、心、肝、肾、肺及其他组织，甚至使人电击样死亡，人吸入最低致死浓度为 0.5%(5 分钟)。

2) 氧气

氧气是一种强氧化剂，具有强烈的助燃作用，能使带火星的小木棍复燃。氧气在冶炼工艺、化学工业、国防工业、医疗保健等方面都有很广泛的应用。如在金属的切割和焊接中，用纯度 93.5%～99.2%的氧气与可燃气(如乙炔)混合，可产生极高温度的火焰，从而使金属熔融。液氧是现代火箭最好的助燃剂，在超音速飞机中也需要液氧作氧化剂；可燃物质浸渍液氧后具有强烈的爆炸性，可制作液氧炸药。

5.3.3 易燃液体

1. 定义

易燃液体是指易于挥发和燃烧的液态物质，其闪点在 60℃以下，在常温下以液体状态存在，遇火容易引起燃烧。其特性有：蒸气易燃易爆性，受热膨胀性，易聚集静电，具有高度的流动扩展性，与氧化性强酸及氧化剂作用，具有不同程度的毒性等。

所谓闪点，即在规定条件下，可燃性液体加热到它的蒸气和空气组成的混合气体与火焰接触时，能产生闪燃的最低温度。闪点是表示易燃液体燃爆危险性的一个重要指标，闪点越低，燃爆危险性越大。按照闪点大小，易燃液体可分为三类：

(1) 低闪点液体，指闭杯试验闪点小于-18℃的液体，如乙醛、丙酮等。

(2) 中闪点液体，指闭杯试验闪点在-18℃到-23℃之间的液体，如苯、甲醇等。

(3) 高闪点液体，指闭杯试验闪点在 23℃到 61℃之间的液体，如环辛烷、氯苯、苯甲醚等。

2. 危险特性

1) 蒸气易燃易爆性

易燃液体蒸气压较大、容易挥发出足以与空气混合形成可燃混合物的蒸气，其着火所需的能量极小，遇火、受热以及和氧化剂接触时都有发生燃烧的危险。当易燃液体挥发出的蒸气与空气混合形成的混合气体达到爆炸极限浓度时，可燃混合物就转化成爆炸性混合物，一旦点燃就会发生爆炸。

2) 受热膨胀性

易燃液体主要盛装在容器中，其膨胀系数比较大，储存于密闭容器中的易燃液体受热后体积会膨胀，若超过容器的压力限度，就会造成容器膨胀，甚至爆裂，在容器爆裂时会产生火花而引起燃烧爆炸。

3) 易聚集静电

易燃液体具有流动性，与不同性质的物体如容器壁摩擦或接触时易聚集静电，当静电聚集到一定程度时就会发生放电现象，具有火灾或爆炸的危险。

4) 高流动扩展性

易燃液体具有高流动扩展性，泄漏后增大了易燃液体的表面积，使其不断地挥发，空气中易燃液体整体的浓度增大，从而增加了燃烧爆炸的危险性。

5) 腐蚀毒性

大多数易燃液体都具有毒性，有些还具有刺激性和腐蚀性。易燃液体对人体的毒害性主要表现在，其蒸气可以通过呼吸道、消化道、皮肤等途径进入人体内，造成人身中毒。蒸气浓度越高、作用时间越长，中毒越深。如乙腈、丙烯腈、苯、甲醇等都具有很强的毒性。

3. 实验室中常见的易燃液体

1) 乙醇

乙醇是一种有机化合物，化学式为 C_2H_6O，俗称酒精。乙醇在常温常压下是一种易挥发的无色透明液体，低毒性，纯液体不可直接饮用。乙醇易挥发，易燃烧，其蒸气与空气混合成爆炸性气体，遇到高热、明火能燃烧或爆炸。在生产中长期接触高浓度乙醇可引起鼻、眼、黏膜刺激症状以及头痛、头晕、疲乏、易激动、震颤、恶心等。长期酒精中毒可引起多发性神经病、慢性胃炎、脂肪肝、肝硬化、心肌损害及器质性精神病等。皮肤长期接触可引起干燥、脱屑、皲裂和皮炎。乙醇具有成瘾性和致癌性，但乙醇不是直接致癌的物质，但致癌物质通常可溶于乙醇。

2) 苯

苯是最简单的芳香化合物，化学式是 C_6H_6，在常温下是可燃并有致癌毒性的无色透明液体。苯属第三类危险化学品易燃液体中的中闪点液体，挥发性很大，可能造成蒸气局部聚集，因此在储存、运输时要求远离火源和热源，防止静电。同时，苯挥发后暴露在空气中很容易扩散，人和动物吸入或皮肤接触大量苯，会引起急性和慢性苯中毒。

3) 乙醚

乙醚，化学式为 $C_4H_{10}O$，为无色透明液体，有特殊刺激气味，极易挥发。乙醚在火药工业中用于制造无烟火药，在医学中用作麻醉剂。乙醚蒸气与空气可形成爆炸性混合物，遇明火、高热极易燃烧爆炸。乙醚在空气中能氧化成过氧化物、醛和乙酸，暴露于光线下能促进其氧化，其中过氧化物不稳定，加热易爆炸。

5.3.4 易燃固体、易于自燃的物质和遇水放出易燃气体的物质

1. 易燃固体

1) 定义

易燃固体指燃点低，对热、撞击、摩擦敏感，易被外部火源点燃，迅速燃烧，能散发有毒烟雾或有毒气体的固体。易燃固体分为一、二两级，前者燃点低，极易燃烧和爆炸，燃烧速度快，燃烧产物毒性大；后者燃烧性能较前者差些，燃烧时可能放出有毒气体。

2) 易燃固体的危险特性

易燃固体的危险特性：一是易燃性，易燃固体的熔点、燃点、自燃点以及热解温度较低，受热容易熔融、分解或气化；在能量较小的热源和撞击下，很快达到燃点而着火，燃烧速度也较快。二是爆炸性，多数易燃固体具有较强的还原性，易与氧化剂发生反应；易燃固体与空气接触面积越大，越容易燃烧，燃烧速率也越快，发生火灾、爆炸的危险性也就越大。三是毒害性，许多易燃固体不但本身具有毒性，而且燃烧后还可生成有毒物质。四是敏感性，易燃固体对明火、热源、撞击比较敏感。五是自燃性，易燃固体中的赛璐珞、硝化棉及其制品在积热不散时容易自燃起火。六是易分解或升华，易燃固体容易被氧化，受热易分解或升华，遇火源、热源引起剧烈燃烧。

3) 实验室中常见的易燃固体

(1) 红磷。红磷属于一级易燃固体，为紫红或略带棕色的无定形粉末，有光泽，易燃、无毒，加热至 200℃ 则着火燃烧生成五氧化二磷，在有氯环境中加热时亦会燃烧；遇氯酸钾、高锰酸钾、过氧化物和其他氧化剂时可引起爆炸。

(2) 硫黄。硫黄属于二级易燃固体，别名硫，外观为淡黄色脆性结晶或粉末，有特殊臭味。硫黄不溶于水，微溶于乙醇、醚，易溶于二硫化碳。硫黄在空气中燃烧，燃烧时发出蓝色火焰，生成二氧化硫，粉末与空气或氧化剂混合易发生燃烧，甚至爆炸。作为易燃固体，硫黄主要用于制造染料、农药、火柴、火药、橡胶、人造丝等。硫黄对眼睛、皮肤、黏膜和呼吸道有强烈的刺激作用。

2. 易于自燃的物质

1) 定义

易于自燃的物质指自燃点低，在空气中易于发生氧化反应放出热量而自行燃烧的物质。

2) 易于自燃的物质的危险特性

易于自燃的物质的危险特性：一是遇空气自燃性，自燃物品大部分非常活泼，具有极强的还原活性，接触空气中的氧气时被氧化，同时产生大量的热，积热至自燃点而着火、爆炸；发生自燃的过程不需要明火点燃。二是遇湿易燃易爆性，有些自燃物品遇水或受潮后能分解引起自燃或爆炸，如保险粉遇水受潮会自燃；二乙基锌、三乙基铝(烷基铝)等硼、锌、锑、铝的烷基化合物化学性质很不稳定，不但在空气中能自燃，遇水还会强烈分解，产生易燃的氢气，可引起燃烧爆炸等后果。三是毒害腐蚀性，自燃物品及其燃烧产物经常带有较强的毒害腐蚀性，如硫化钠(臭碱)具有毒害腐蚀性，黄磷及其燃烧时产生的五氧化二磷烟雾均为有毒物质。

3) 实验室中常见的易于自燃的物质

白磷(黄磷)，白色固体，质软，有剧毒；几乎不溶于水，难溶于乙醇和甘油，较易溶于乙醚、苯、二硫化碳等。白磷暴露空气中在暗处产生蓝绿色磷光和白色烟雾；在湿空气中约 30℃ 着火，在干燥空气中则稍高约为 40℃；因摩擦或缓慢氧化而产生的热量有可能使局部温度达到 40℃，因此低于 40℃ 也可能自燃。

3. 遇水放出易燃气体的物质

1) 定义

遇水放出易燃气体的物质指遇水或受潮时，发生剧烈反应，放出大量易燃气体和热量的物品，有的不需明火就能燃烧或爆炸。

2) 遇水放出易燃气体的物质的危险特性

遇水放出易燃气体的物质的危险特性：一是遇湿易燃易爆性，与水或者潮湿空气中的水分接触，能发生化学反应，放出易燃气体和热量，即使当时不发生燃烧爆炸，但放出的易燃气体积集在容器或室内与空气亦会形成爆炸性混合物而导致危险；二是与酸反应更剧烈，极易引起爆炸；三是毒害腐蚀性，一些遇湿易燃物品还具有腐蚀性或毒性，如硼氢类化合物有剧毒。

3) 实验室中常见的遇水放出易燃气体的物质

金属钠是典型的遇水放出易燃气体的物质，无臭，在低温时性质脆硬，常温时软如蜡，容易用刀切开；暴露在空气中即生成灰白色氧化膜，覆盖在金属表面。钠与水反应，会放出氢气和热量而引起着火、燃烧或爆炸，具有很高的危险性。钠与卤化物反应，往往会发生爆炸。

5.3.5　氧化性物质和有机过氧化物

1. 定义

氧化性物质，是指本身未必燃烧，但可释放出氧，可能引起或促使其他物质燃烧的一种化学性质比较活泼的物质，常指在无机化合物中含有高价态原子结构的物质和含有双氧结构的物质。其本身一般不会燃烧。

有机过氧化物，是指过氧化氢中的氢原子被烷基、酰基、芳香基等有机基团置换而形成的含有-O-O-过氧官能团的有机化合物。

2. 危险特性

1) 强氧化性

强氧化性是氧化物和有机过氧化物最突出的性质，有机过氧化物由于含有过氧基(-O-O-)，所以表现出强烈的氧化性能，而其余的氧化物则分别含有高价态的氯、溴、碘、氮、硫、锰、铬等元素，这些高价态的元素都有较强的得电子能力。在不同条件下，遇酸碱、受热、受潮或接触有机物，还原剂即能分解放出氧，发生氧化还原反应，引起燃烧。

2) 分解爆炸性

氧化性物质和有机过氧化物均易发生分解放热反应，引起可燃物的燃烧和爆炸。尤其有机过氧化物，含有极不稳定的过氧基(-O-O-)，对热、振动、冲击和摩擦都极为敏感，所以当受到轻微的外力作用时即分解。例如，过氧化二乙酰纯品制成后存放 24 h 就可能发生强烈的爆炸；过氧化二苯甲酰含水在 1%以下时，稍有摩擦即能引起爆炸；过乙酸(过氧乙酸)纯品极不稳定，在 −20℃时也会爆炸，溶液浓度大于 45%时，存放过程中仍可分解出氧气，加热至 110℃时即爆炸。

3) 易燃性

除有机硝酸盐类具有可燃性并能酿成火灾外，大多数氧化性物质都是不燃物质，而有机过氧化物本身是可燃物，极易燃烧，很快就转化为爆炸性反应。

4) 腐蚀毒害性

氧化性物质通常都具有很强的腐蚀性，它们既能灼伤皮肤，还能致人中毒。有机过氧化物容易伤害眼睛，有些即使对眼睛有短暂的接触，也会对角膜造成严重的伤害。

3. 实验室中常见的氧化性物质与有机过氧化物

1) 过氧化氢

过氧化氢，是一种无机化合物，化学式为 H_2O_2。纯过氧化氢是淡蓝色的黏液体，可任意比例与水混溶，水溶液俗称双氧水，为无色透明液体。过氧化氢水溶液适用于医用伤口消毒及环境消毒和食品消毒。过氧化氢是极弱的酸，是强氧化剂。过氧化氢与许多有机物如糖、淀粉、醇类、石油产品等形成爆炸性混合物，在撞击、受热或电火花作用下能发生爆炸。过氧化氢与许多无机化合物或杂质接触后会迅速分解而导致爆炸，放出大量的热、氧和水蒸气。吸入过氧化氢蒸气(或雾)对呼吸道有强烈刺激性，眼睛直接接触液体可致不可逆损伤甚至失明。

2) 过氧化苯甲酸

过氧化苯甲酸是最早且常用的有机过氧化物，化学式为 $C_7H_6O_3$，为粒晶状固体，在环境温度下热稳定，加热极易发生分解爆炸；与还原性物质如镁粉、铝粉、硫、磷等混合后，经摩擦或撞击，能引起燃烧或爆炸。为改进安全性，过氧化苯甲酸可加入 22%或 30%(重量)的水成为湿产品，以减少可燃性和震动灵敏性。

5.3.6 毒性物质和感染性物质

1. 定义

1) 毒性物质

毒性物质是指以小剂量进入机体,通过化学或物理化学作用能够导致健康受损的物质,如各种氰化物、砷化物等。

2) 感染性物质

感染性物质是指已知或一般有理由相信含有病原体的物质。所谓病原体,是指已知或有理由相信会使人或动物引起感染性疾病的微生物(包括细菌、病毒、立克次氏体、寄生生物、真菌)或微生物重组体(杂交体、突变体)。

2. 危险特性

1) 毒性

毒性是毒性物质和感染性物质的最主要特性,是指毒物导致机体损害的能力。毒性越大,危害越大。不同毒性的毒物对机体的危害不尽相同,根据毒物对人每公斤体重的致死量依次将毒物分为:剧毒(< 0.05 g)、高毒(0.05～0.5 g)、中毒(0.5～5 g)、低毒(5～15 g)、微毒(>15 g)。从上述数据可以看出,毒物能够毒死人的量越小,毒性越大,剧毒的毒性最大。化学组成和结构会影响毒性的大小,例如,甲基内吸磷比乙基内吸磷的毒性小 50%;硝基化合物的毒性随着硝基的增加或卤原子的引入而增强。

2) 遇水遇酸反应性

大多数毒性物质遇酸或酸雾分解并放出有毒的气体或烟雾,有的有毒气体还具有易燃和自燃危险性。

3) 氧化性

有些毒性物质具有氧化性,一旦与还原性强的物质接触,容易引起燃烧爆炸,并产生毒性极强的气体。

4) 易燃易爆性

许多有机毒性物质具有易燃性,它们能与氧化剂发生反应,遇明火会发生燃烧爆炸,放出有毒气体或烟雾,有的遇水甚至会发生爆炸。如含硝基和亚硝基的芳香族有机化合物遇高热、撞击等都可能引起爆炸并分解出有毒气体。

3. 实验室中常见的毒性物质和感染性物质

1) 氯仿

氯仿,化学式为 $CHCl_3$,学名为三氯甲烷,为无色透明液体,有特殊气味,味甜,高折光,不燃,质重,易挥发。2017 年 10 月 27 日,世界卫生组织国际癌症研究机构公布的致癌物清单初步整理参考,氯仿在 2B 类致癌物清单中。2019 年 7 月 23 日,氯仿被列入有毒有害水污染物名录(第一批)。氯仿对光敏感,遇光照会与空气中的氧作用,逐渐分解而生成剧毒的光气(碳酰氯)和氯化氢,对皮肤、眼睛、黏膜和呼吸道有刺激作用。它是一种致癌剂，可损害肝和肾，是一种易挥发气体。

2) 丙酮

丙酮又名二甲基酮，是一种有机物，分子式为 C_3H_6O，为最简单的饱和酮。在工业上主要作为溶剂，用于炸药、塑料、橡胶、纤维、制革、油脂、喷漆等行业中，也常常被不法分子做毒品的原料溴代苯丙酮。丙酮极度易燃，具刺激性，急性中毒主要表现为对中枢神经系统的麻醉作用，出现乏力、恶心、头痛、头晕、易激动。重者发生呕吐、气急、痉挛，甚至昏迷；对眼、鼻、喉有刺激性作用；口服后，先表现为口唇、咽喉有烧灼感，后出现口干、呕吐、昏迷、酸中毒和酮症。

5.3.7 放射性物质

1. 定义

放射性物质是那些能自然地向外辐射能量，发出射线的物质。一般都是原子质量很高的金属，如钚、铀等。放射性物质放出的射线有四种，它们分别是 α 射线、β 射线、γ 射线和中子流。

2. 危险特性

1) 放射性

放射性物质能自发、不断地放出人们感觉器官不能觉察到的射线。放射性物质放出的射线可分为四种：α 射线，也叫甲种射线；β 射线，也叫乙种射线；γ 射线，也叫丙种射线；还有中子流。但是各种放射性物品放出的射线种类和强度是不尽相同的。如果上述射线从人体外部照射时，β 射线、γ 射线和中子流对人的危害很大，达到一定剂量致使人患放射病，甚至死亡。如果放射性物质进入体内时，则 α 射线的危害最大。所以要严防放射性物品对人体的危害。

2) 不可抑制性

不能用化学方法使其不放出射线，只能设法把放射性物质清除或者用适当的材料吸收、屏蔽射线。

3) 毒害性

许多放射性物品毒性很大。如钋-210、镭-226、镭-228、钍-230 等都是剧毒的放射性物品；钠-22、钴-60、锶-90、碘-131、铅-210 等为高毒的放射性物品，均应高度重视。

4) 易燃性

多数放射性物品具有易燃性，有的燃烧十分强烈，甚至引起爆炸。

5) 氧化性

有些放射性物品具有氧化性。

3. 常见的放射性物质

常见的放射性物质可根据放射物的物理形态和放出的射线类型进行具体划分。

1) 物理形态

(1) 固体放射性物品：如钴-60、独居石等。

(2) 粉末状放射性物品：如夜光粉、铈钠复盐等。

(3) 液体放射性物品：如发光剂、医用同位素制剂磷酸二氢钠等。

(4) 品粒状放射性物品：如硝酸钍等。

(5) 气体放射性物品：如氪-85、氩-41 等。

2) 放出的射线类型

(1) 放出 a、β、γ 射线的放射性物品：如镭-226。

(2) 放出 a、β 射线的放射性物品：如天然铀。

(3) 放出 β、γ 射线的放射性物品：如钴-60。

5.3.8　腐蚀性物质

1. 定义

腐蚀性物质是指能灼伤人体组织并对金属等物品造成损坏的固体或液体。与皮肤接触在 4 h 内出现可见坏死现象，或温度在 55℃时，对 20 号钢的表面均匀年腐蚀率超过 6.25 mm/年的固体或液体。其主要品类是酸类和碱类。

2. 危险特性

1) 强腐蚀性

强腐蚀性是腐蚀性物质的共性。它的化学性质比较活泼，能和很多金属、非金属、有机化合物、动植物机体等发生化学反应。腐蚀品与人体接触，能引起人体组织灼伤或使组织坏死。吸入腐蚀品的蒸气或粉尘，呼吸道黏膜及内部器官会受到腐蚀损伤，引起咳嗽、呕吐、头痛等症状，严重的会引起炎症(如肺炎等)，甚至造成死亡。腐蚀性物质中的酸、碱，甚至盐都能对金属进行腐蚀，除腐蚀人体、金属外，还能腐蚀有机物、建筑物等，如酸、碱能腐蚀棉布、毛线、水泥、木材、石头等。

2) 毒性

多数腐蚀品有不同程度的毒性，有的还是剧毒品。有很多腐蚀品可以产生不同程度的有毒气体和蒸气，能造成人体中毒。

3) 氧化性

腐蚀性物质如硝酸，浓硫酸、氯磺酸、过氧化氢、漂白粉等，都是氧化性很强的物质，与还原物或有机物接触时会发生强烈的氧化—还原反应，放出大量的热，容易引起燃烧。

4) 易燃性

许多有机腐蚀物品都具有易燃性，这是由它们本身的组成和分子结构决定的，如冰醋酸、甲酸、苯甲酰氯、丙烯酸等接触火源时会引起燃烧。

3. 实验室常见的腐蚀性物质

1) 硫酸

硫酸(化学式：H_2SO_4)，是硫的最重要的含氧酸，是无色黏稠状液体，有强腐蚀性，有刺激性气味，易溶于水，生成稀硫酸。硫酸是一种最活泼的二元无机强酸，能和许多金属发生反应。高浓度的硫酸有强烈吸水性，可用作脱水剂，碳化木材、纸张、棉麻织物及生物支肉等含碳水化合物的物质。与水混合时，亦会放出大量热能。其具有强烈的腐蚀性和氧化性，故需谨慎使用。硫酸是一种重要的工业原料，可用于制造肥料、药物、炸药、颜料、洗涤剂、蓄电池等，也广泛应用于净化石油、金属冶炼以及染料等工业中。常用作化学试剂，在有机合成中可用作脱水剂和磺化剂。

2) 氢氧化钠

氢氧化钠(化学式：NaOH)，俗称烧碱、火碱、苛性钠，为一种具有强腐蚀性的强碱，一般为片状或颗粒形态，易溶于水(溶于水时放热)并形成碱性溶液，另有潮解性，易吸取空气中的水蒸气(潮解)和二氧化碳(变质)。式量 40.01 氢氧化钠在水处理中可作为碱性清洗剂，溶于乙醇和甘油，不溶于丙醇、乙醚。在高温下对碳钠也有腐蚀作用。与氯、溴、碘等卤素发生歧化反应，与酸类起中和作用而生成盐和水。

5.4 危险化学品的安全管理

5.4.1 危险化学品的存储

危险化学品因具有不同程度的易燃、爆炸、毒害、腐蚀、放射性等危害性质，在存储保管上，不同于其他一般物质，需要特别防护。

1. 危险化学品的基本存储原则

(1) 存储危险化学品必须遵照国家法律、法规和其他有关规定。

(2) 危险化学品必须存储在经公安部门批准设置的专门危险品仓库中。

(3) 危险化学品露天堆放，应符合防火、防爆安全要求。

(4) 存储危险化学品的仓库必须配备具有专业知识的技术人员，库房及场所应设专人管理。

(5) 存储的危险化学品应有明显的标志，标志应符合《安全标志》的规定。

(6) 应根据危险化学品性能分区、分类、分库存储。

(7) 存储危险化学品的建筑物区域内严禁吸烟和使用烟火。

(8) 剧毒化学品仓库管理人员必须做到"四无一保"和严格遵守"五双"制度。"四无一保"即无被盗、无事故、无丢失、无违章、保安全；"五双"制度即双人收发、双人使用、双人运输、双人双锁、双本账。

2. 常见危险化学品的存储

1) 危险化学品的存储方式

危险化学品的存储方式主要有三种：一是隔离储存，是指在同一房间或同一区域内，不同的物料之间分开一定距离，非禁忌物料间用通道保持空间的储存方式(注：禁忌物料系指化学性质相抵触或灭火方法不同的化学物料)；二是隔开存储，是指在同一建筑或同一区域内，用隔板或墙，将其与禁忌物料分开的存储方式；三是分开存储，是指在不同的建筑物或远离所有建筑的外部区域内的存储方式。

　　2) 不同特性危险化学品的具体存储要求

　　根据危险化学品的性能分区、分类、分库存储，化学性质相抵触或灭火方法不同的各类危险化学品，不得混合存储。

　　(1) 压缩、液化气体。

　　① 压缩、液化气体之间：可燃气体与氧化性(助燃)气体应隔离存放。

　　② 压缩、液化气体与自燃、遇湿易燃等物品之间：剧毒、可燃氧化性(助燃)气体均不得与甲类自燃物品同库存储和配装；与乙类自燃物品、遇水易燃物品(灭火方法不同)应隔离存放和配装；可燃液体、固体与剧毒、氧化性气体不得同库存储和配装。

　　③ 压缩、液化气体与腐蚀性物品之间：剧毒气体、可燃气体不得与硝酸、硫酸等强酸配装和同库存储，与氧化(助燃)气体、不燃气体应隔离存储和配装。

　　④ 氧气瓶及氧气空瓶不得与油脂及含油物质、易燃物同库存储和配装。

　　(2) 易燃液体。

　　易燃液体不仅本身易燃，且都具有一定的毒性，原则上应单独存放。因各种条件的限制，不得不与其他各类的危险化学品同库存储时，应按如下要求存储：

　　(1)与腐蚀性物品过氧化氢及硝酸等强酸不可同库存储，即便存放量极少，也应隔离存放，并保持 2 m 以上的间距。

　　(2)含水的易燃液体和需要加水存放或运输的易燃液体，不得与遇水放出易燃物气体的物质同库存储。

　　3) 遇水放出易燃气体的物质

　　(1) 遇水放出易燃气体的物质与氧化剂不可同库存放。遇水放出易燃气体的物质是还原剂，遇氧化剂会剧烈反应，发生着火和爆炸。

　　(2) 遇水放出易燃气体物质与腐蚀性物品之间，因为过氧化氢、硝酸等强酸都具有较强的碱性，与遇水燃烧物品接触会立即着火或爆炸，且过氧化氢中含有的水会引起遇湿易燃物品的着火爆炸，因而不得同库存放。与盐酸、甲酸、醋酸和含水腐蚀品(如液碱)等，亦应隔离存放。

　　(3) 遇水放出易燃气体物质之间，活泼金属及氢化物可同库存放；电石受潮后产生大量乙炔气，包装易发生爆破，应单独存放。

　　4) 氧化剂和有机过氧化物

　　(1) 氧化剂与压缩气体和液化气体。甲类氧化剂与易燃或剧毒气体不可同库存储，因为甲类氧化剂的氧化能力强，与剧毒气体或易燃气体接触容易引起燃烧或钢瓶爆炸。特别是剧毒易燃气体钢瓶，其爆炸后放出毒气，施救困难，会造成大量人员中毒。

　　乙类氧化剂与压缩和液化气体可隔离存储，即保持 2 m 以上的间距，但与惰性气体可同库储存。

　　(2) 氧化剂与毒害品。无机氧化剂与毒害品应隔离存储。有机氧化剂与毒害品可同库隔离存储，但与有可燃性的毒害品不可同库存储。毒害品大多是有机物，与无机氧化剂接触能引起燃烧。无机剧毒品中有些易被氧化，氧化后具有爆炸性，或者会变成剧毒物质。

氰化钠、氰化钾及其他氰化物，与氯酸盐或亚硝酸盐混合后能发生爆炸。

(3) 氧化剂与腐蚀性物品。漂白粉不得与无机氧化剂同库储存。硝酸盐与硝酸、发烟硝酸可同库储存，但不得与硫酸、发烟硫酸、氯磺酸同库储存。其他无机氧化剂与硝酸、硫酸、发烟硫酸、氯磺酸等均不得同库储存。

5) 毒害品

(1) 无机毒害品与无机氧化剂之间、固体有机毒害品与硝酸的有机衍生物之间应隔离存放。

(2) 无机毒害品与氧化性(助燃)气体应隔离存放，与不燃气体可同库存放；有机毒害品与不燃气体应隔离存放。

(3) 液体有机毒害品与易燃液体可隔离后存放。

(4) 有机毒害品的固体与液体之间，以及与无机毒害品之间均应隔离后存放；有机毒害品的液体与液体之间、固体与固体之间，无机的剧毒品与有毒品之间均可同库储存。

(5) 其他各类毒害品均不可同库存放。

6) 腐蚀性物品

腐蚀性物品与其他各类物品之间、腐蚀性物品中的有机与无机腐蚀品之间、酸性与碱性物品之间、可燃液体与可燃固体之间，一般都应单独仓间存放，不可混储。

(1) 腐蚀性物品之间。无机碱性腐蚀品与有机碱性腐蚀品之间，其他无机腐蚀品与其他有机腐蚀品之间可隔离后存放。

(2) 腐蚀性物品与可燃液体之间。有机酸性腐蚀品与乙类可燃液体之间可隔离后存储，有机碱性腐蚀品与可燃液体之间可同库储存，但堆垛须间隔 2 m 以上。

危险化学品的分类存储是一个十分复杂的问题，物品能否同库存放或隔离存放，或分仓存放，与物品的性质、量的多少、存储条件和包装的好坏、存放时间的长短等有关。因此，在分类存放时，应综合考虑以上因素。

5.4.2　实验室危险化学品的规范管理

为了加强实验室危险化学品安全管理，预防和减少危险化学品事故，保障师生、校园、社会安全稳定，需要对实验室危险化学品在申购、验收人员、管理领用等环节进行规范管理。

1. 申购和采购

由实验室危险化学品管理人员准确填写危险化学品的购买申请表，经相关负责人批准后统一采购。

严格控制实验室危险化学品的采购，应按实际需用量定期定量购买危化药品、试剂，尽可能避免或减少因危险化学品剩余或久置失效产生危险废物及安全事故。

2. 验收入库

危险化学品由实验室专人验收，验收合格，方可入库、入账。

3. 管理领用

(1) 对危险化学品实行双人(管理人员和实验室负责人)双锁保管，领用应严格控制出库数量，按需领用，减少危害性，领用时要登记备案。

(2) 对危险化学品的领用应严格执行登记制度，领用人必须在使用台账、保管台账上填写名称、规格、数量、实验用途、使用地点等规定内容并签字。

(3) 使用结束后，各实验室应将危险化学品清点登记后送回危险化学品储存室；再次使用时各实验室须根据实验需要重新履行领用手续。

(4) 定期检查危险化学品入库、出库、使用及库存数量等情况。

(5) 危险化学品必须储存在专用储存室内，专用储存室应当符合国家标准对安全、消防的要求，设置明显标志。储存室的储存设备和安全设施应当定期检查。储存方式、方法与储存数量必须遵守国家规定。实验室危险化学品储存柜示例如图 5-2 所示。

图 5-2　实验室危险化学品储存柜示例

(6) 实验室需采取必要的安全措施，防止剧毒化学品被盗、丢失或者误用；发现剧毒化学品被盗、丢失或者误用时，必须立即向有关部门报告。

5.5　危险化学品的灭火措施

5.5.1　常见危险化学品灭火的基本对策

扑救压缩或液化气体火灾的基本对策：既可用水扑救火势，也可用干粉、二氧化碳灭火。

扑救易燃液体火灾的基本对策：一般可用雾状水扑灭。用泡沫、干粉、二氧化碳灭火一般更有效。

扑救爆炸物品火灾的基本对策：水流应采用吊射，切忌用沙土盖压。

扑救遇湿易燃物品火灾的基本对策：绝对禁止用水、泡沫、酸碱灭火器等湿性灭火剂扑救。遇湿易燃物品应用干粉、二氧化碳扑救，只有金属钾、钠、铝、镁等个别物品用二氧化碳无效。固体遇湿易燃物品应用水泥、干砂、干粉等覆盖。

扑救氧化剂和有机过氧化物火灾的基本对策：应用泡沫、干粉、二氧化碳，泥土、沙袋等。甚至用干冰，液氮等进行低温处理。

扑救毒害品、腐蚀品火灾的基本对策：应尽量使用低压水流或雾状水，避免腐蚀品、毒害品溅出。遇酸类或碱类腐蚀品最好调制相应的中和剂稀释中和。浓硫酸量很大，应先用二氧化碳、干粉等灭火，然后再把着火物品与浓硫酸分开。

扑救易燃固体、自燃物品火灾的基本对策：向燃烧区域上空及周围喷射雾状水，并用水浇灭燃烧区域及其周围的一切火源；或选用干砂和不用压力喷射的干粉扑救；也可应用泥土、沙袋等筑堤拦截。

扑救放射性物品火灾的基本对策：可快速出水灭火或用泡沫、二氧化碳、干粉扑救。

5.5.2　气态危险化学品的灭火措施

压缩或液化气体总是被储存在不同的容器内，或通过管道输送。遇压缩或液化气体火灾一般应采取以下基本措施：

(1) 扑救气体火灾切忌盲目扑灭火势，必须立即用长的点火棒将火点燃，使其恢复稳定燃烧。否则，大量可燃气体泄漏可与空气形成爆炸性混合物，遇着火源将会发生爆炸。

(2) 实验室钢瓶管道出口处如发生燃烧，应尽快关闭钢瓶阀门。同时应扑灭外围被火源引燃的可燃物火势，切断火势蔓延途径，控制燃烧范围。

5.5.3　液态危险化学品的灭火措施

遇易燃液体火灾，一般应采取以下基本措施：

(1) 首先应切断火势蔓延的途径，冷却和疏散受火势威胁的压力容器及密闭容器和可燃物，控制燃烧范围。

(2) 及时了解和掌握着火液体的品名、比重、水溶性以及有无毒害、腐蚀、沸溢、喷溅等危险性，以便采取相应的灭火和防护措施。

比水轻又不溶于水的液体(如汽油、苯等)，可用普通蛋白泡沫、轻水泡沫扑灭，沙土、卤代烷扑救；比水重又不溶于水的液体(如二硫化碳)起火时可用水扑救，水能覆盖在液面上从而将火扑灭，用泡沫也有效。

5.5.4　固态危险化学品的灭火措施

易燃固体、自燃物品一般都可用水和泡沫灭火器扑救，相对其他种类的化学危险品而言是比较容易扑救的，只需控制住燃烧的范围，逐步扑灭即可。但也有少数易燃固体、自燃物品的扑救方法比较特殊，如2,4-二硝基苯甲醚、二硝基萘、萘、黄磷等。

2,4-二硝基苯甲醚、萘、二硝基萘等是能升华的易燃固体，受热发出易燃蒸气。火灾时可用雾状水、泡沫扑救并切断火势蔓延途径，但不能以明火扑灭视为完成灭火工作。扑救这类物品火灾时，一定不能被假象所迷惑，明火扑灭后应继续向燃烧区域的上空及周围喷射雾状水，并用水浇灭燃烧区域及其周围的一切火源。

黄磷是自燃点很低，在空气中能很快氧化并自燃的固体。遇黄磷火灾时，首先应切断火势蔓延途径，控制燃烧范围，对着火的黄磷应用低压水或雾状水扑救。对磷块和冷却后固化的黄磷，应用钳子钳入贮水容器中。

少数的易燃固体和自燃物品不能用水和泡沫扑救，如三硫化二磷、铝粉、烷基铝、保险粉等。一般可用干砂或不用压力喷射的干粉扑救。

第 6 章　实验室废弃物的安全处置

实验室废弃物的安全处置对于保护环境、保障健康、避免事故和提高实验室形象都具有重要意义。实验室应采取科学、规范、有效的措施，根据废弃物的分类和处理办法确保实验室废弃物的安全处置。

6.1　实验室废弃物的分类

高校实验室废弃物指高校实验室在实验过程中产生的危险废弃物，包括一般性垃圾废弃物、固体废弃物、化学性废弃物和生物性废弃物。不同的废弃物有不同的范围和不同的安全处置要求。

6.1.1　一般性垃圾废弃物

一般性垃圾废弃物包括可回收垃圾、有害垃圾和其他垃圾。

1. 可回收垃圾

可回收垃圾主要包括废纸、塑料、玻璃、金属和布料五大类，这类废弃物，顾名思义、可以通过回收处理。

(1) 废纸：主要包括报纸、期刊、图书、各种包装纸、办公用纸、广告纸、纸盒等，但是要注意纸巾和厕所纸由于水溶性太强不可回收。

(2) 塑料：主要包括各种塑料袋、塑料包装物、一次性塑料餐盒和餐具、杯子、矿泉水瓶等。

(3) 玻璃：主要包括各种玻璃瓶、碎玻璃片、镜子、灯泡、暖瓶等。

(4) 金属物：主要包括易拉罐、罐头盒等。

(5) 布料：主要包括废弃衣服、桌布、洗脸巾、书包、鞋等。

2. 有害垃圾

有害垃圾包括废电池、废日光灯管、废水银温度计等(见图 6-1)，这些垃圾需要特殊安全处理。

(a) 废电池　　　　　　　　(b) 废日光灯管　　　　　　(c) 废水银温度计

图 6-1　一般有害垃圾

3. 其他垃圾

除上述几类垃圾之外，还有砖瓦陶瓷、渣土等难以回收的废弃物，这类废弃物多采取卫生填埋的办法进行处理，可有效减少对地下水、地表水、土壤及空气的污染。

6.1.2　固体性废弃物

固体性废弃物可简称为固体废物。

1. 固体废物概念的常见类型

固体废物是指在生产、生活和其他活动中产生的丧失原有利用价值或者虽未丧失利用价值但被抛弃或者放弃的固态、半固态和置于容器中的气态的物品、物质以及法律、行政法规规定纳入固体废物管理的物品、物质，具体详见《中华人民共和国固体废物污染环境防治法(2020 修订)》中华人民共和国主席令〔1995〕第 58 号，实验室常见的固体废物有以下四类。

(1) 可燃感染性废物：由实验室在实验、研究过程中所产生的可燃性废弃物，例如：废检体、废标本、器官或组织等，废透析用具、废血液或血液制品等。

(2) 不可燃感染性废物：由实验室在实验、研究过程中所产生的不可燃性废弃物，例如针头、刀片及玻璃材料的注射器、培养皿、试管、试玻片等。

(3) 有机污泥：由学校实验室或实习工厂所产生的有机性污泥，例如油污、发酵废污等。

(4) 无机污泥：由学校实验室或实习工厂所产生的无机性污泥，例如混凝土实验室或材料实验室的沉砂池污泥、雨水下水道管渠或钻孔污泥等。

2. 固体废物的处置方式

固体废物本身具有非流动性，迁移扩散能力不强，对环境的直接危害并不明显，但是其可以通过水、空气和生物等流动媒介扩散迁移有毒有害物质。所以，固体废物的处理处置方式是指将固体废物转变成适于运输、利用、储存或最终处置的过程，从而避免固体废物中有毒有害物质进入生态系统，危害人类健康。

国家对危险固体废物的处理制定了相关的标准，对毒性大的固体废物要做特别处理，对毒性小的固体废物要经过无害化、无毒化处理后方可作为一般垃圾进行常规处理。而对高校而言，自身没有处理危险固体废物的资质或能力，就应该委托第三方负责危险固体废物的处理，在处理过程中，高校的相关领导应实时进行跟踪、验证处理效果常见的固体废物处置法有以下几种。

1) 填埋法

填埋法是固体废物处理中最简单、最便捷的方法，通常情况下，具有处理资质的机构会针对固体废物的属性及毒性，合理采用这种方法填埋法相对投入少，处置方法简单安全，不受固体废物种类的影响，可以同时处理大量的固体废物。进行填埋后，原有的场地亦可以作为其他用途。不过这种方法也具有一定的缺点，填埋场地远离居民区，同时还要经常性地维修，而深埋在地下的固体废物经过长时间的分解，有可能会产生易燃、易爆的毒性气体，造成二次污染。

2) 焚烧法

焚烧法适用于一些有机性的固体废物，它的优点在于可以迅速减少固体废物的容积，同时可以破坏其内部组织结构或者直接杀灭病原菌，达到除害、解毒的效果。可是固体废物在燃烧时容易产生酸性气体以及一些有机的炉渣成分，如果直接排放到空气或土地中，势必会造成二次污染。另外，使用这种方法处理固体废物，管理费用与后期维护费用高，经济性稍差。

3) 固化法

固化法就是将沥青、水泥等凝结剂与危险固体废物加以混合进行固化密封处理，使固体废物中的有毒、有害物质不浸出，从而达到无害化处理的目的。不过，使用沥青固化法时，往往会因为沥青温度过高，而发生额外的危险。

6.1.3 化学性废弃物

化学实验过程中，经常会产生很多的废液、废气、废渣，废弃物多数对身体有害，废液在处理过程中，往往伴随着有毒气体以及发热、爆炸等危险，因此，处理前必须充分了解废液的性质，然后对其进行分类处置。

1. 实验室液体废弃物分类

实验室化学废弃物主要分为剧毒、有机和无机三大类。其中有机废液又分含卤素有机废液和不含卤素有机废液，卤素是指分子中含有卤素(氟、氯、溴、碘等)原子的化合物。无机废液主要是指含有氰化物、汞、重金属、氟氰六价铬以及其他无机离子等的废液。如图 5-2 所示。

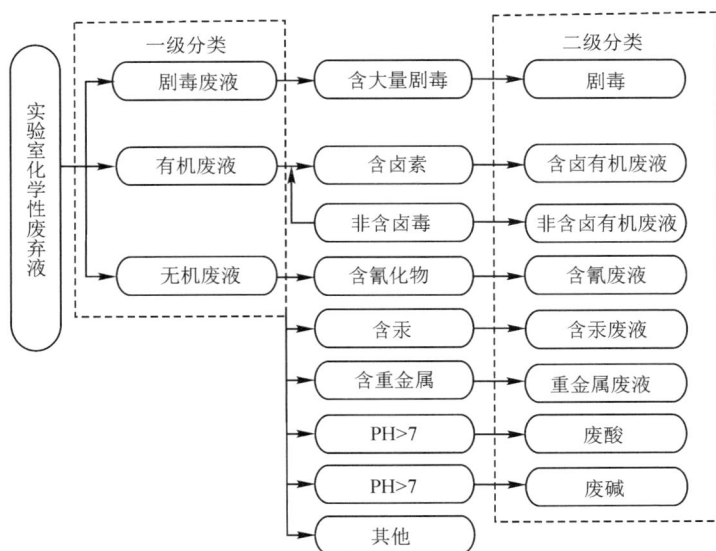

图 6-2　实验室化学性废弃液分类

1) 有机废液

(1) 油脂类：例如松节油、油漆、重油、绝缘油(脂)(不含多氯联苯)、润滑油、切削油、冷却油及动植物油(脂)等。油脂类有机废液的危害主要有易燃、环境富化营养污染、油污染。

(2) 含卤素有机溶剂：含卤素类脂肪族化合物，如氯仿、二氯甲烷、氯代甲烷、四氯化碳、甲基碘等，或含卤素类芳香族化合物，如氯苯、苯甲氯等，其危害主要有易燃、直接毒害(对肝、肾、肺产生中毒性损伤)。其成分相当稳定，在环境中不易被降解，通过食物链聚集在动物体内，造成累积性残留，危害人体健康和生态环境。卤代烃释放出的氯原子对臭氧分解起到了催化剂的作用，对大气臭氧层产生破坏。

(3) 不含卤素有机溶剂：不含卤素脂肪族化合物或不含卤素芳香族化合物，如各种醇、醚、烷烃、带苯环的芳香族化合物等，其危害是易燃、直接毒害。其中苯中毒容易导致白血病。

(4) 甲醛有机溶剂类：生物解剖、标本保存等研究过程中使用的含甲醛类有机类化合物。

2) 无机废液

无机废液是由不含有碳元素的化合物组成的废液。这类废液中通常含有无机盐、矿物质、重金属、重金属络合物、酸碱、卤素离子及其他无机离子。常见的无机废液有以下种类：

(1) 银及其化合物：在摄影行业，彩色片上的银几乎全部进入定影液。在各种冲洗加工过程中，大部分的银都溶解在定影液(漂定液)中，其浓度高达 $1\sim12$ g/L。

(2) 含六价铬废液：洗液、电化学工业中的铬酸。色素中的着色剂(亦即铬酸铅)及冷却水循环系统中，如吸热泵、工业用冷冻库及冰箱热交换器中的防腐蚀剂(重铬酸钠)。

(3) 含汞废液：与汞有关的无机有机实验差生的废液。

(4) 含氟废液：含有氟酸或氟化合物的废液。

(5) 含氰废液：该废液含有游离氰或氰化物等。

(6) 酸性废液：含有硫酸、硝酸、盐酸、过氯酸(pH≤2)。

(7) 碱性废液：含有氢氧化钠等碱(pH>12)等酸。

2. 液体废弃物的收集、储存与运送

1) 收集实验室液体废弃物的注意事项

(1) 实验室废液应根据废液中的主要有毒有害成分的品种与理化性质进行分类收集，装入专用的废液桶或废物袋中(一般废液不超过容器容积的 70%～80%)。

(2) 在收集容器上贴上废弃物登记标签，标签上应明确标示出有毒有害成分的全称或化学式(不可写简称或缩写)以及大致含量、收集日期、收集人及电话。同时将该废弃物收集信息登记在专用的"化学废弃物记录单"中，以备查用。

2) 储存实验室液体废弃物的注意事项

实验液体废弃物需储存起来，等待进一步的清运和处理，在这一环节中常常因为处置不当，会造成潜在的危害。如漏液，有害的化学品经由直接接触或吸入污染的空气，而危害人体健康。或因混合不兼容的废弃物而导致剧烈反应，引起火灾与爆炸，因此实验室液体废弃物在储存过程中需要注意以下几点：

(1) 化学性质相抵触或灭火方法相抵触的废弃物不得混装，要分开包装、分开存储。如硫化物、氟化物与酸，有机物与强氧化剂等均不可相互混合。图 6-3 是实验室化学废液相容表，表 6-1 为废弃物不兼容表，在收集、存储废液时，可参照操作。

(2) 收集的废弃物应放置在专门的区域，与实验操作区隔离，并保证阴凉、干燥、通风。

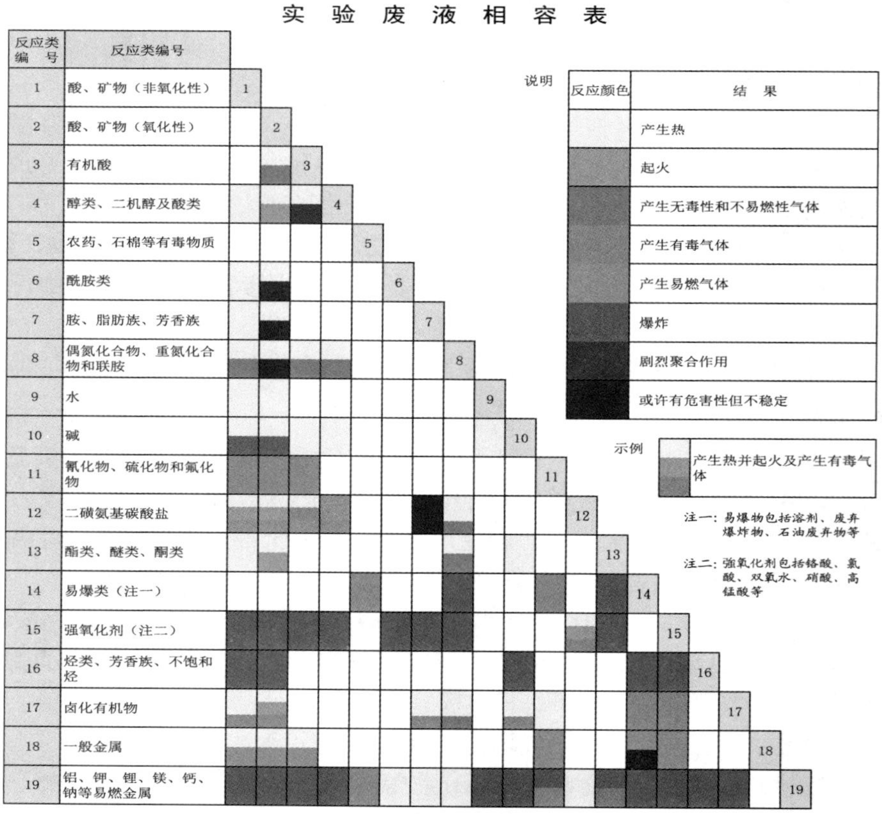

图 6-3　实验室化学废液相容表

表 6-1　废弃物不兼容性表

甲	乙	混合时产生的危险
氰化物	酸类、非氧化	产生氰化氢气体，吸入少量可能致命
次氯酸盐	酸类、非氧化	产生氯气，吸入可能致命
铜及多种重金属	酸类、氧化，如硝酸	产生二氧化氮、亚硝酸盐，刺激眼目及呼吸道
强酸	强碱	可能引起爆炸性的反应及产生热能
氨盐	强碱	产生氨气，吸入会刺激眼目及呼吸道
氧化剂	还原剂	可能引起强烈及爆炸性的反应及产生热能

3）运送实验室液体废弃物的注意事项

(1) 废液应分类装于储存桶，切记容易产热、发生爆炸的试剂绝对不可以混合装填。

(2) 储存容器上应贴上标签并注明内容物的成分、特性及单位。

(3) 废液桶封口一定要紧密。

(4) 填写送储清单。

3. 气体废弃物

凡是有气体产生的实验都必须在通风橱中进行，对产生有害气体的实验必须采取处理措施。

6.1.4　生物性废弃物

1. 生物性废弃物的分类

高校生物实验室是生物性废弃物产生的主要场所，一般有以下几类。

1）感染性废物

携带病原微生物具有引发感染性疾病传播危险的医疗废物。包括有被病人血液、体液、排泄物污染的物品，如棉球、棉签、引流棉条、纱布及其他各种敷料；医疗机构收治的隔离传染病病人或者疑似传染病病人产生的生活垃圾；病原体的培养基、标本和菌种、毒种保存液；各种废弃的医学标本，废弃的血液、血清；以及使用后的一次性使用医疗用品及一次性医疗器械。

2）病理性废物

诊疗过程中产生的人体废弃物和医学实验动物尸体等。包括：手术及其他诊疗过程中产生的废弃的人体组织、器官等；医学实验动物的组织、尸体；病理切片后废弃的人体组织、病理切片等。

3）损伤性废物

能够刺伤或者割伤人体的废弃的医用锐。包括：医用针头、缝合针；各类医用锐器，如：解剖刀、手术刀、备皮刀、手术锯等；以及载玻片、玻璃试管、玻璃安瓿等。

4）药物性废物

过期、淘汰、变质或者被污染的废弃的药品。包括：废弃的药品，抗生素、非处方类药品；废弃的细胞毒性药物、遗传毒性药物和致癌性药物，如：环孢霉素、环磷酰胺。可疑致癌性药物，如：丝裂霉素、苯巴比妥等；以及废弃的疫苗、血液制品等。

5) 化学性废物

生物实验室产生的有关化学性废物。

2. 生物性废弃物的储存和处理

废弃物储存和处理必须遵循国家相关法律法规。感染性废物、病理性废物、损伤性废物、药物性废物及化学性废物不能混合收集。少量的药物性废物可以混入感染性废物，但应当在标签上注明。

根据生物废物的类别，将生物废物分置于符合《医疗废物专用包装物、容器的标准和警示标识的规定》(环发〔2003〕188 号)的包装物或者容器内；并且在盛装生物废物前，应当对废物包装物或者容器进行认真检查，确保无破损、渗漏和其他缺陷，下面就不同的生物性废弃物的存储和处理介绍如下。

1) 感染性废弃物的储存和处理

感染性废弃物先以高温高压灭菌法处理，分类标示并注明单位及姓名后，采用一次性塑料袋或纸箱(用于干性废物)密封收集保存。放置于收集位置储存，不可混杂生活垃圾。并委托合格的废弃物清除处理者定期清运、处理。

2) 生理性废弃物的储存和处理

生理性废弃物主要以焚烧处理，并使用可燃性环保袋包装。一般需要立即处理，如果无法立即处理需要常温下储存，以 1 日为限。如低于五摄氏度以下冷藏，以 3 日为限。如低于零下十八度以下冷冻储存，以 30 日为限，应标示生理性废弃物标志、储存时间、温度及重量。

3) 损伤性废弃物的储存和处理

损伤性废弃物可以视同为一般垃圾废弃物进行处理，试管类损伤性废弃物装入利器盒，纸类、手套类其他废弃物装入环保袋送至生活垃圾场。玻璃类药品空瓶清洗干净作资源回收或请厂商收回。

4) 药物性废弃物的储存和处理

药物性废弃物少量可以按照感染性废弃物处理，大量由合格废弃物清除部门定期清运处理。

5) 化学性废弃物的储存和处理

化学性废弃物回收可以比照液体性化学废弃物进行存储和处理。

6.2 实验室废弃物的处理办法

6.2.1 生物类实验室废弃物的处理办法

在实验室内，废弃物最终的处理方式与其污染被清除的情况是紧密相关的。对于日常用品而言，很少有污染材料需要真正清除出实验室或销毁。大多数的玻璃器皿、仪器以及实验服都可以重复使用。废弃物处理的首要原则是所有感染性材料必须在实验室内清除污染、高压灭菌或焚烧。

生物类实验室废弃物包括以下几种：

(1) 锐器。

皮下注射针头用过后不应再重复使用，包括不能从注射器上取下、回套针头护套、截断等，应将其完整地置于盛放锐器的一次性容器中。单独使用或带针头使用的一次性注射器应放在盛放锐器的一次性容器内焚烧，如需要可先高压灭菌。

盛放锐器的一次性容器必须是不易刺破的，而且不能将容器装得过满。当达到容量的四分之三时，应将其放入"感染性废弃物"的容器中进行焚烧，如果实验室规程需要，可以先进行高压灭菌处理。盛放锐器的一次性容器绝对不能丢弃于垃圾场。

(2) 高压灭菌后重复使用的污染(有潜在感染性)材料。

任何高压灭菌后重复使用的污染(有潜在感染性)材料不应事先清洗，任何必要的清洗、修复必须在高压灭菌或消毒后进行。

(3) 废弃的污染(有潜在感染性)材料。

除了锐器外的其他污染(有潜在感染性)材料在丢弃前应放置在防渗漏的容器(如有颜色标记的可高压灭菌塑料袋)中高压灭菌。高压灭菌后，物品可以放在运输容器中运送至焚烧炉。如果可能，即使在清除污染后，卫生保健单位的废弃物也不应丢弃于垃圾场。如果实验室中配有焚烧炉，则可以免去高压灭菌。污染材料应放在指定的容器(如有颜色标记的袋子)内直接运送到焚烧炉中。可重复使用的运输容器应是防渗漏的，有密闭的盖子。这些容器在送回实验室再次使用前，应进行消毒清洁。

应在每个工作台上放置盛放废弃物的容器、盘子或广口瓶，最好是不易破碎的容器(如塑料制品)。当使用消毒剂时，应使废弃物充分接触消毒剂(即不能有气泡阻隔)，并根据所使用消毒剂的不同保持适当接触时间。盛放废弃物的容器在重新使用前应高压灭菌并清洗。

6.2.2　化学类实验室废弃物的处理办法

1. 一般废弃物的处置与管理

(1) 实验室的废弃化学试剂和实验产生的有毒有害废液、废物，严禁向下水口倾倒。

(2) 不可将废弃的化学试剂及沾染危险废物的实验器具放在楼道等公共场合。

(3) 不得将危险废物(含沾染危险废物的实验用具)混入生活垃圾和其他非危险废物中贮存。

(4) 不含有毒有害成分的酸、碱、无机废液(如盐酸、氢氧化钠等)可经适当中和、充分稀释后排放。

(5) 提倡对废液进行安全无害的浓缩处理，提倡提纯回收有机溶剂再利用。

(6) 接触危险废物的实验室器皿(包括损毁玻璃器皿、空试剂瓶)、包装物等，必须完全消除危害后，才能改为他用，或集中回收处理。

(7) 不能处理的废弃物交给本单位相关管理人员，委托有资质的废弃物处理机构处置。

(8) 禁止将废弃化学药品提供或委托给无许可证的单位从事收集、贮存、处置等活动。

2. 管制类废弃物的处置与管理

(1) 废弃剧毒化学品应填写"废弃剧毒试剂登记表",交到本单位相关管理人员及设备管理处,由专人负责与主管部门联系处理;

(2) 放射性废弃物是管制物品,不可擅自处理。放射性废物处理的目的是降低废物的放射性水平和危害,减小废物处理的体积。在实际放射性工作中,合理设计实验流程,合理使用放射性设备、试剂和材料,尽量做到回收再利用,尽量减少放射性废物的产生量。优化设计废物处理,防止处理过程中的二次污染;放射性废物要按类别和等级分别处理,从而便于储存和进一步深度处理。

① 放射性液体废物的处理。

稀释排放。对符合我国《放射防护规定》(GBJ8—74)中规定浓度的废水,可以采用稀释排放的方法直接排放,否则应经专门净化处理。

浓缩贮存。对半衰期较短的放射性废液可直接在专门容器中封装贮存,经一段时间,待其放射强度降低后,可稀释排放。对半衰期长或放射强度高的废液,可使用浓缩后贮存的方法。通过沉淀法、离子交换法和蒸发法浓缩手段,将放射物质浓集到较小的体积,再用专门容器贮存或经固化处理后深埋或贮存于地下,使其自然衰变。

回收利用。在放射性废液中常含有许多有用物质,因此应尽可能回收利用。这样做既不浪费资源,又可减少污染物的排放。可以通过循环使用废水,回收废液中某些放射性物质,并在工业、医疗、科研等领域进行回收利用。

② 放射性固体废物的处理。

对可燃性固体废物可通过高温焚烧大幅度减容,同时使放射性物质聚集在灰烬中。焚烧后的灰可在密封的金属容器中封存,也可进行固化处理。采用焚烧方式处理,需要有良好的废气净化系统,因而费用高昂。

对无回收价值的金属制品,还可在感应炉中熔化,使放射性被固封在金属块内。

经压缩、焚烧减容后的放射性固体废物可封装在专门的容器中,或固化在沥青、水泥、玻璃中,然后将其埋藏在地下或贮存于设于地下的混凝土结构的安全贮存库中。

③ 放射性气体废物的处理。

对于低放射性废气,特别是含有半衰期短的放射物质的低放射性废气,一般可以通过高烟筒直接稀释排放。

对于含有粉尘或含有半衰期长的放射性物质的废气,则需经过一定的处理,如用高效过滤的方法除去粉尘,碱液吸收去除放射性碘,用活性炭吸附碘、氪、氙等。经处理后的气体,仍需通过高烟筒稀释排放。

实验室产生的化学废弃物,多数是有毒有害物质。有些是剧毒或致癌物质,对其处理不当,这些物质将污染环境,甚至可能造成严重后果。实验室排出的废弃物,主要分为无机类和有机类两类废弃物。虽然实验室排出的废液与工业废液相比在数量上很少,但由于其种类多,组成经常变化,因此最好不集中处理,由各实验室根据废弃物性质分别进行处理。

3. 常见化学废弃物的处理

1) 有机废液的处理方法

有机类废液中,废弃的有机溶剂占有较大的比例,这些有机溶剂一般毒性较大,若直接排放对环境的污染较大。但其中大部分都可以回收使用。实验中把用过的废溶剂倒入指定回收瓶中，集中回收的有机溶剂通常先在分液漏斗中洗涤，经过滤、脱水(如加入无水氯化钙)后重新蒸馏或分馏处理加以精制、纯化，所得的有机溶剂纯度高，可供实验重复使用；对于其他的有机类实验废液，应根据废液的来源、成分、性质等不同，尽可能优先采取萃取、蒸馏、结晶等方法，分离、回收其中有用的成分；对难于分离、回收的有机废水，可采取焚烧法处理；对难以燃烧的物质，可把它与可燃性物质混合燃烧。

(1) 含酚废液的处理。

低浓度的含酚废液可加入次氯酸钠或漂白粉，使酚氧化成邻苯二酚、邻苯二醌等，然后将此废液作为一般有机废液处理；高浓度的含酚废液可用乙酸丁酯萃取，再用少量氢氧化钠溶液反萃取。经调节 pH 值后，进行重蒸馏回收，即可使用。

(2) 含苯废液的处理。

含苯废液可回收利用，也可采用焚烧法处理。对于少量的含苯废液，可将其置于铁器内，放到室外空旷地方点燃；但操作者必须站在上风向，持长棒点燃，并监视至完全燃尽为止。

2) 无机废液的处理方法

(1) 含氰废液的处理。

氰化物及其衍生物都是剧毒类物质，CN^- 具有极好的配位能力，是实验室中常用的配合剂。对于含氰废水可采取配位法消除其毒性。在废水中加入消石灰，调节 pH 值至 8～10，加入过量的浓度约为 10%的硫酸亚铁或硫酸铁溶液，搅拌、放置，生成的 $Fe(CN)_6^{4-}$ 或 $Fe(CN)_6^{3-}$ 配离子非常稳定，其稳定常数分别为 3.16×10^{34}、3.98×10^{43}，已基本失去毒性，处理后的废水可直接排放而不会污染环境，或加入 $FeCl_3$ 使之生成普鲁士蓝沉淀予以回收，这是一种简单易行的处理方法。

(2) 含砷废液的处理。

含砷废液中加入消石灰，调节 pH 值在 9 左右，使砷生成砷酸钙或亚砷酸钙，然后再加入 $FeCl_3$，生成 $Fe(OH)_3$ 起共沉淀作用，可除去悬浮在溶液中的砷；也可将含砷废水 pH 值调至 10 以上，加入硫化钠，与砷反应生成难溶、低毒的硫化物沉淀。

(3) 含汞废弃物的处理。

实验室中含汞废弃物包括单质汞和含汞废水。单质汞一般是由于操作不慎将压力计、温度计打碎或极谱分析中将汞撒落在实验台、水池、地面上等，汞的蒸气压较大，生成的汞蒸气具有较大的毒性，此时，要注意实验室的通风，并注意及时用滴管、毛刷等尽可能地将其收集起来，并置于盛有水的烧杯中。

含汞的废液可先调节 pH 值到 8～9，然后加入过量的硫化钠，使其生成硫化汞沉淀，加入硫酸亚铁作为共沉淀剂，清液排放，残渣可用混凝剂固化处理后，再回收汞或送固废处理单位统一处置。对于有机汞的废水，其毒性较无机汞更大，可采取加入浓硝酸及 6%的 $KMnO_4$ 水溶液，加热回流 2 小时，待 $KMnO_4$ 溶液的颜色消失时，把温度降到 60℃以下，然后加入适量的 $KMnO_4$ 溶液，再加热溶液。使有机汞完全消化为 Hg^{2+} 离子，然后再按上述方法处理。

(4) 含铅、镉废液的处理。

含铅、镉废液也是实验室中常见的有毒废液，在水中多以 Pb^{2+}、Cd^{2+} 的形式存在，一般也是采取生成难溶氢氧化物的方法消除其毒性。对含铅、镉废液,用石灰调节 pH 值到 8～10,使铅、镉离子生成氢氧化铅或氢氧化镉沉淀。加入硫酸亚铁作为共沉淀剂,使沉淀完全。沉淀物可与其他无机物混合进行烧结处理,清液可排放。

(5) 含铬废液的处理。

含铬废液是实验室中常见的一种废水,实验室中大量使用的铬酸洗液及实验中产生的含铬废液为其主要来源,其中以含六价铬废液毒性最大。在实验室中可采取将 Cr^{6+} 转化为 $Cr(OH)_3$ 的方法消除其毒性。具体方法为:在酸性条件下,向含铬废水中加入还原剂,如硫酸亚铁、亚硫酸氢钠、二氧化硫、水合肼或者废铁屑,先将 Cr^{6+} 还原为 Cr^{3+},然后加入碱,调节废水 pH 值,使 Cr^{3+} 生成的 $Cr(OH)_3$ 沉淀,清液可直接排放,沉淀经脱水干燥后或综合利用,使其与煤渣和煤粉一起焙烧,处理后的铬渣可填埋。

(6) 酸碱废液及综合废水的处理。

化学实验室常用酸碱废液的处理方法是将实验后产生的废酸集中回收存放,或用来处理废碱或稀释后清洗公厕,做到以废治废,或将废酸液先用耐酸塑料网纱或玻璃纤维过滤,滤液加碱中和,调 pH 至 6～8 后就可排出,少量滤渣可埋于地下。

3) 废气的处理方法

对毒害性大的废气可采用冷凝、吸收、吸附、燃烧、反应、过滤器过滤等净化措施处理。

需要注意的是,处理需接触化学品的人员必须按规定穿戴防化服、防化靴、防化手套、防毒面具等防护用品。一般实验室都有危险化学品安全周知卡,供教师和学会学习和了解。图 6-4 所示为危险化学品安全周知卡。

图 6-4　危险化学品安全周知卡

6.2.3　机械加工类实验室废弃物的处理办法

机械加工是一种用加工机械对工件的外形尺寸或性能进行改变的过程，主要分为冷加工和热加工两种方式。冷加工是指在常温下加工，不引起工件的化学或物相变化，常见的有切削加工和压力加工等方式；热加工指在高于或低于常温状态下的加工，会引起工件的化学或物相变化，常见有热处理、锻造、铸造和焊接等方式。机械加工一般以冷加工为主，会产生固体废弃物。

机械加工类实验室废弃物是指在实验室中产生的丧失原有利用价值或者虽未丧失利用价值但被抛弃或者放弃的固态、半固态和置于容器中的气态的物品、物质以及法律、行政法规规定纳入固体废物管理的物品、物质。

1. 固体废物产生环节及属性判定

机械行业产生的固体废物主要为废乳化液、废切削液、废切削油、废矿物油、油泥、含油金属屑、漆渣、废水处理污泥、废活性炭、废弃的含油抹布、劳保用品、废包装桶、废边角料、残次品、废包装材料等，具体如表 6-2 所示。

表 6-2　机械加工行业产生的常见固体废物及属性判定

序号	产生环节	废物名称	属性	废物代码	外观形状	产生规律	产废系数
1	机械加工	废乳化液/废切削液/废切削油	危险废物	900-005-09	液态	间歇产生	/
2				900-006-09	液态	间歇产生	/
3				900-007-09	液态	间歇产生	/
4		废矿物油		900-249-08	液态	间歇产生	/
5		油泥		900-200-08	固液混合	连续产生	/
6		含油金属屑		900-200-08	固液混合	连续产生	10%～40%
7				900-006-09	固液混合	连续产生	含油率<3%
8		脱油金属屑	一般工业固体废物	/	固态	间歇产生	/
9		废边角料	一般工业固体废物	/	固态	间歇产生	/
10		残次品	一般工业固体废物	/	固态	间歇产生	/
11	涂装	漆渣	危废废物	900-252-12	固态	间歇产生	/
12	含油废水处理	含油污垢		900-210-08	固态	间歇产生	/
13	废弃处理	废活性炭		900-039-49	固态	间歇产生	/

续表

序号	产生环节	废物名称	属性	废物代码	外观形状	产生规律	产废系数
14	设备装配、检修与维护	废弃的含油抹布、劳保用品	危废废物	900-041-49	固态	间歇产生	/
15	包装材料	废油漆桶		900-041-49	固态	间歇产生	/
16		废油桶		900-249-08	固态	间歇产生	/
17		废包装材料	一般工业固体废物	/	固态	间歇产生	/

2. 含油/脱油金属屑环境管理技术要求

含油金属屑由于沾染了矿物油、油/水、烃/水混合物或乳化液,可能的危险特性来源于矿物油、油/水、烃/水混合物或乳化液(危险废物代码分别为900-200-08、900-006-09,其危险特性主要为毒性)。根据《危险废物鉴别标准通则》"其危险具有毒性、感染性中一种或两种危险特性的危险废物与其他物质混合,导致危险特性扩散到其他物质中,混合后的固体废物属于危险废物",需要判定危险特性是否已经扩散。从危险特性判断,根据《危险废物鉴别标准毒性物质含量鉴别(GB5085.6—2007)》4.2 以及附录 B 内容,矿物油、油/水、烃/水混合物或乳化液的危险特性主要是含石油溶剂,当含量超过 3%即可判定为危险废物,含量在 3%以内则按一般工业固体废物处置。

按照产废环节判断,切削工序产生的金属屑一般表现为片状、刨花状态,比表面积相对较小,通过简单机械脱油技术可以将绝大部分矿物油、油/水、烃/水混合物或乳化液脱除;研磨、珩磨产生的金属屑一般表现为粉末、泥状,比表面积较大,含油率较高,不能通过简单机械脱油技术将绝大部分矿物油脱除。因此,根据产废单位源头减量化原则,产废单位对切削工序产生的含油金属屑进行充分脱油后,确保石油烃含量<3%,可按一般工业固体废物进行储存、转运及委托利用处置。研磨、珩磨产生的含油金属屑、油泥由于无法通过本指南中的工艺进行充分脱油,仍应按照危险废物进行管理,对应的危险废物代码分别为900-200-08(使用矿物油的)、900-006-09(使用油/水、烃/水混合物或乳化液的)。自行脱油处理的产废单位须定期对脱油后金属屑进行抽检,为了生态环境安全,石油溶剂含量的质量控制标准应当≤2%。

3. 固体废物的处理步骤

1) 固体废物的产生

使用切削液/乳化液进行金属切削的机械加工设备,应采取措施,防止挥发性有机气体无组织排放,应配备过滤收集箱、切削液回用系统、皮带传输自动清屑系统、金属屑收集桶/箱,有能力的最好配备机械手,进一步提高机械加工的自动化程度。

2) 固体废物的收集

采用塑料桶/箱、金属桶/箱或不锈钢推车等刚性容器收集含油金属屑,带有滤网的收集容器,油、屑分离效果更佳;不得使用编织袋或其他易产生渗漏、污染环境的容器收集含油金属屑。

3) 固体废物的末端脱油处理

对于经初步分离的含油金属屑,需进行充分脱油处理,脱油技术为静置(时间≥4 h) + 离心分离(转速≥1000r/min，分离时间≥3 min，负载≤50%)，分离油/水、烃/水混合物或乳化液后，确保金属屑石油烃含量<3%以下，方可认定为一般工业固体废物(在确保石油烃的含量低于 3%以下的情况下，其他相应的分离技术也适用)，并通过相关固体废物监管信息系统进行储存、转移、利用、处置等登记管理。

没有条件进行脱油处理或经脱油处理后石油烃含量≥3%，需按照危险废物进行管理，委托有资质的单位进行收集、利用处置。

4) 固体废物的储存

经脱油处理的金属屑，仍含有一定量的油/水、烃/水混合物或乳化液，具有一定的危害性，因此储存场所应按《一般工业固体废物储存和填埋污染控制标准》(GB18599—2020)要求建设，做好防风、防雨、防渗漏等措施，并设置油/水、烃/水混合物或乳化液的收集系统，同时需做好雨污分流工作。

未经脱油处理的金属屑应储存于危险废物堆场，场所应按《危险废物储存污染控制标准》(GB18597—2023)要求建设，并纳入相关固体废物监管信息系统。

5) 固体废物的收运

(1) 一般工业固废。产废单位已经脱油处理的金属屑(石油烃含量<3%)，可以按照一般工业固体废物进行收集转运。属地生态环境部门根据当地实际情况，因地制宜统筹布局，或依托一般工业固体废物统一收运体系推动建立规范的脱油后金属屑收运中心。

(2) 危险废物。未经脱油处理的含油金属屑应当按照危险废物管理，原则上由取得危险废物经营许可或取得相应意见的单位进行收集。

鉴于部分高校实验室无能力建设配套脱油设施，鼓励属地生态环境部门因地制宜布局含油金属屑收运中心，或依托小微产废单位危险废物统一收运平台提质扩面。收运中心储存仓库应按危险废物仓库标准建设，最大收集储存量原则上不超过储存能力的 80%，最长储存期限不超过 3 个月，配套建设脱油、打包压块设备。

6) 固体废物的回收利用

考虑到当地产业链配套的完整性，行业协会及生态环境等主管部门鼓励有能力的个人和企事业单位建立配套含油金属屑回收利用企业。

6.3　减少实验室废弃物的途径

减少实验室废弃物的途径主要有：对废弃物进行前处理和从源头减少弃物。

6.3.1　对废弃物进行前处理

1. 前处理的目的

大大减少在储存、运送及处理时的危害性。降低其危害性而成为一般废弃物，可以依据一般废弃物的处理规范来处理。

2. 前处理的安全原则

不是所有的废液都可以在实验室进行前处理，也不是任何人都知道处理的方法。处理废液需要适合的设备，正确的方法，更需要基本的化学知识。安全是首要的要求。

要充分了解废液的来源及详细成分，仔细阅读各成分的安全资料，尤其注意是否有挥发性的成分及易爆的性质。与学校主管单位或化工科系的专业人员充分咨询，选择最安全、对环境污染最小的处理方法。并从非常小量(例如 0.5 克)开始试验。在耐腐蚀、防火的通风橱中，仔细观察是否有气体、热及剧烈的变化产生。试验时人员穿着耐腐蚀及耐热的手套，佩戴护目镜或面罩。必要时，准备防酸、防氨及防有机气体的口罩。必要时大型的处理设备(如搅拌槽)要装设冷却及排气设备。

3. 前处理的方法

对于进行酸碱中和后的低危害性盐类的预处理，是通过调整溶液 pH 值大小，依其溶解度大小产生沉淀后过滤，以减低无机化合物浓度或经由稀释后排放。此类化合物，较常见约有：

(1) 阳离子为 Al^{3+}、Mg^{2+} 等一般碱土金属离子溶液处理。利用提高 pH 值，形成阳离子氢氧化物沉淀。

(2) 阴离子为 Br^-、Cl^-、CO_3^{2-}、HSO_4^-、SO_4^{2-} 等。由于 pH 值直接影响此类化合物溶解度，因而对于 pH 值的调整控制，为本处理法的重点。

对于重金属废水的预先处理，主要利用化学药剂与溶解性的离子形成不溶解的沉淀物而分离，而常用的沉淀物主要有氢氧化物、碳酸盐、氯化物及硫化物等。一般重金属的氢氧化物或硫化物溶解度低，调节 pH 或加入石灰或氢氧化钠、硫化钠于重金属废液达到化学沉淀的目的。

对于酸碱废液的处理，须利用各种化学药剂使酸、碱性的废水起中和反应，使 pH 值控制在适宜范围(pH = 5.0～9.0)后排放。中和酸性废液常用 NaOH 及生石灰等。

对于含铬废液的处理，铬废液中，一般以 Cr^{6+} 及 Cr^{3+} 存在，其中 Cr^{6+} 溶解度高且毒性较大，处理时先将 Cr^{6+} 还原成 Cr^{3+}，然后再提高 pH 值，使得产生 $Cr(OH)_3$ 沉淀去除匀。

对于氰化物废液的处理，通常氰化物具强毒性，在处理及实验操作时必须特别注意。处理氰化物废液常应用碱性氯化处理，其处理流程可分为两个阶段，首先将氰化物 CN^- 以次氯酸钠氧化成毒性较低的氰酸盐 CNO^-，此阶段的 pH 维持在 9～10，以缩短反应时间。其次将氰酸盐再氧化成 CO_2 及 N_2。

对于含氧化剂废液的处理方式为还原处理。最常用的还原剂 $NaHSO_3$，处理方式为将含氧化剂的实验室废液稀释至浓度 5%以下，并利用硫酸调整 pH 值至 3 以下，然后再加入浓度 50%以上的 $NaHSO_3$ 溶液于室温下搅拌反应，以达到较佳的还原处理效果。

6.3.2 从源头减少废弃物

废弃物不论如何处置都无法完全消失，最好的策略还是从一开始就不要产生废液或尽可能降低其产生量。

1. 改变实验室使用的毒性化学物质

实验室所排放的废弃物量，虽比其他污染源为少，但排放毒性物质对环境的危害，是不容忽视的。因此可以通过以下方式改变实验室使用的毒性化学物质。

(1) 以生物可分解性有机溶液代替二甲苯或甲苯为主的溶液。

(2) 清洁液以可分解清洁剂或其他硫酸除污剂替代重铬酸钾—硫酸除污溶液或其他铬酸除污剂。

2. 实验方法的修正

使用精密分析仪器替代传统的分析方法，并尽量使用微量分析技术。

3. 药剂交换再利用

某实验室不需要的药剂或废液对于其他实验室并非完全无用，在有效的资讯交换及确实分类原则下，交换再利用是可行的处理方法。

4. 不可购置过量的药剂

实验室使用者对使用药剂的购置，必须对药剂量严加控制，以免造成药品的浪费，以及增加实验室产生的废污量。

5. 登记制度

制度性登记药品种类及存量，以减少重复购置药品的机会。

6. 适量贮备溶液的配制

贮备溶液一般都按标准方法配成一升或更多，但实际上使用仅仅数毫升，其余的贮备溶液容易造成实验室废液来源，故可依实际用量配制。

6.4　危险废弃物仓储管理

危险废弃物仓储管理涉及严格和完善的管理制度、出入库管理、分区分类储存，妥善保管和妥善处置等方面。

6.4.1　储存场所的基本要求

危险废弃物仓库的选址一般要求空旷、常年下风、远离居民区和供水源头。仓库建筑和设施要求符合安全、消防国家标准。库场要求分类分区存放，做到专场、专室，并需对危险废弃物从业人员培训持证上岗储存场所指令标志如图 6-5 所示。危险废弃物储存场所的基本要求如下：

(1) 储存危险废弃物的建筑物不得有地下室或其他地下建筑，其耐火等级、层数、占地面积、安全疏散和防火距离，均应符合国家有关规定。

(2) 设置储存地点及设计建筑结构，除了应符合国家有关规定外还应考虑对周围环境和居民的影响。

(3) 储存场所的电气安装。危险废弃物储存建筑物、场所内消防用电设施,应充分满足消防用电的需要,并符合国家标准《建筑防火通用规范》(GB 55037-2022)中的有关规定。

(4) 储存场所的通风及温度调节。储存危险废弃物的建筑必须安装通风设备,并注意设备的防护措施。储存危险废弃物的建筑排风系统,应设有导、除静电的接地装置。通风管道应采用非燃烧材料制作。储存危险废弃物的建筑采暖的热媒温度不应过高。如热水温度不应超过 60℃。不得使用蒸汽采暖和机械采暖。所使用的管道和设备,必须采用非燃烧材料。

图 6-5　储存场所指令标志

6.4.2　储存安排及储存量限制

危险废弃物储存安排取决于危险废弃物分类、分项、容器类型、储存方式和消防要求。遇火、遇湿、遇潮能引起爆炸或发生化学反应,产生有毒气体的危险废弃物不得在露天或在潮湿、积水的建筑物中储存。受日光照射能发生化学反应引起燃烧、爆炸、分解、化合或能产生有毒气体的危险废弃物应储存在耐火等级一级的建筑物中,其包装应采取避光措施。爆炸物品不得和其他类物品同储,必须单独隔离限量储存,仓库不得建在城镇,还应与周围、交通干道、输电线路保持一定安全距离。

压缩气体和液化气体必须与爆炸物品、氧化剂、易燃物品、自燃物品、腐蚀性物品隔离储存。易燃气体不得与助燃气体、剧毒气体同储,氧气不得与油脂混合储存。盛装液化气体的容器属压力容器的,必须有压力表、安全阀、紧急切断装置,并定期检查,不得超装。易燃液体、遇湿燃烧物品、易燃固体不得与氧化剂混合储存,具有还原性的氧化剂应单独存放。有毒物品应储存在阴凉、通风、干燥的场所,不得露天存放,不得接近酸性物质。腐蚀性物品,包装必须严密,不允许泄露,严禁与其他物品共存。阴凉、通风、干燥的场所场景如图 6-6 所示。

图 6-6　阴凉、通风、干燥的场所场景

6.4.3　废弃物储存规范

实验室应设置危险废物暂存区，并按《环境保护图形标志—固体废物储存(处置)场》(GB15562.2—1995)相关规定设置危险废物警示标志。危险废物原则上应存放于暂存区内。使用危险废物暂存区的单位，应落实共享暂存区管理责任人，并做好投放登记记录。存放两种及以上不兼容危险废物时，应分类分区存放，设置一定距离的间隔。废弃物储存规范如图 6-7 所示。

图 6-7　废弃物储存规范

暂存区应按《危险废物储存污染控制标准》(GB 18597—2023)相关要求建设防遗撒、防渗漏设施；可结合实际，采用防漏容器等污染防治措施，防止危险废物溢出、遗撒或泄漏。暂存区应保持良好的通风条件，并远离火源，避免高温、日晒和雨淋。在确保不影响安全性与稳定性的前提下，固态危险废物可多层码放，并做好防扬散、防遗撒、防渗漏等防止污染环境的措施。管理人员应对暂存区包装容器和防漏容器密闭、破损、泄漏及标签粘贴、投放登记表填写、存放期限等情况定期检查并做好检查记录。暂存区应根据投放登记表制作实验室危险废物管理台账，如图 6-8 所示。

危 废 物 库 管 理 台 账

保护环境 人人有责

单位名称 _____

时间 _____

负责人 _____

台账记录表

序号	时间	危废名称	出入库	数量 kg	现存数量 kg	记录人	备注

图 6-8　危废物管理台账

高校实验室储存危险废物，应建造专用的危险废物储存设施。危险废物储存设施应当符合《危险废物储存污染控制标准》(GB18597—2023)要求，依法进行环境影响评价，准确填报污染源"一企一档"管理系统。

储存设施应满足防扬散、防流失、防渗漏要求。储存设施地面须作硬化处理，场所应有雨棚、围堰或围墙。危险废物储存场所收集渗滤液及储存场所清理出的泄漏物一律按危险废物管理。设置废水导排管道或渠道，将冲洗废水纳入学校废水处理设施处理。储存设施(储存间)应加锁管理，防止无关人员接触、进出储存设施(储存间)。危险废物储存设施如图 6-9 所示。

图 6-9　危险废物储存设施

储存剧毒废弃化学品的，应按照公安机关要求落实治安防范措施。危险废物储存时间不得超过一年。确需延长期限的，必须报经所在地县级以上环境保护主管部门批准。有相应危险废物经营单位的，延长储存期限不得超过半年。危险废物综合经营单位储存其收集的危险废物确需延长储存期限的，必须报经原批准经营许可证的环境保护行政主管部门批准。

6.4.4　危险废弃物仓储的管理制度

实验室应规范危险废弃物仓储的储存、收集、转移和处置利用，有效控制和减少废油、废液的污染，消除非法转移、处置废油带来的安全隐患。

(1) 实验室应严格执行工艺规程和操作规程，在提质降耗上下功夫，提高原材料的利用率，减少污油、废液量。

(2) 抓好实验实训管理，消除由于跑、冒、滴、漏造成的物料浪费，及时回收危险废弃物，并做好处理工作，防止二次污染。

(3) 实验室设备检修、维修过程中产生的污、废油，由维修实验室检修、维修人员进行收集，统一存放于 170 kg 的油桶内，油桶需存放在独立的危废液库中，等待处理。

(4) 危废液库要有专业的消防设施(灭火器及消防沙箱)，危废液库必须达到四防(防渗漏，防雨淋，防流失，防火)要求，并且要有明确的标识。

(5) 危废液库的污油、废液需由专业机构专门回收，所有污油、废液出入库需做好登记记录(日期、废油种类名称、桶数、上交人、接收人)。

(6) 实验与实训中心定期联系专业机构进行废油处置，按照签订的服务协议要求处理污油、废液。

(7) 任何实验室和个人严禁把污油、废液倒入绿化区、空地、地沟，严禁私自将废油随意乱放，以防造成严重环境污染事故。

(8) 在处理污油、废液过程中车间严禁将杂物、水或垃圾倒入废油桶，以免影响污油、废液的处理工作。

(9) 污油、废液应根据其化学特性选择对应的容器，通过密闭容器存放，不可混合储存，并需贴上明显的标签，标明废物种类、储存时间。

第 7 章　实验室事故应急处置与急救

高校实验室是培养学生动手实践能力的重要平台，是进行关键性研究和创新的重要场所，但不同学科、不同类型的实验室因为不同的设备和实验用品及管理方面存在的问题，会有发生安全事故的风险。事故防范与应急处理是确保高校实验室安全的关键环节，对于保障实验室工作人员的生命安全和身体健康具有至关重要的作用。

7.1　实验室事故应急预案

为进一步提高防范和应对实验室突发安全事故的能力，控制、减轻和消除事故的危害，实验室应该依据相关法律法规和学校相关要求，结合实验室特点，制定实验室事故应急预案。

7.1.1　应急预案的定义

应急预案是指为应对突发事件或灾害事故，在事前进行的规划和准备工作，是一种组织、指导和协调应急响应的计划，以便在突发事件发生时能够迅速、有效地组织处置，最大程度地减少人员伤亡、财产损失和环境污染，保障师生员工的生命与财产安全，维护正常的教学科研秩序。

应急预案是在辨识和评估潜在的重大危险、事故类型、发生的可能性、发生过程、事故后果及影响严重程度的基础上，对应急机构与职责、人员、技术、装备、设施(备)、物资、救援行动及其指挥与协调等方面预先做出的具体安排。它明确了在突发事故发生之前、发生过程中以及刚刚结束之后，谁负责做什么，何时做以及相应的策略和资源准备等。每个实验室中都要张贴事故应急预案，在进入实验室时要首先阅读应急预案，了解事故发生后的应急程序，包括如何报警、控制灾害、疏散、急救等。

7.1.2　应急预案的内容

应急预案包括制定应急组织机构、明确应急职责和任务、确定应急资源和装备、制定应急处置流程和措施、制定应急信息发布机制等一系列措施。实验室的应急预案包括：针对火灾、爆炸、触电、化学中毒、辐射泄漏和化学品或生物泄漏等事故的指挥体系、应急程序和物资准备；制定各实验室的应急演练计划，定期组织应急演练，提高实验室人员的应急能力和反应速度；确认实验室应急事件的类型和等级、范围和影响，确定应急小组成员和职责分工，例如指挥员、安全员、救援人员等。

7.1.3　应急处理工作的原则

应急处理工作的原则包括：统一领导、分级负责、科学高效；安全第一、预防为主、常备不懈；快速反应、专业处置、专群结合；以人为本、依法办事、立足自救。在具体制定过程中应根据《中华人民共和国突发事件应对法》(中华人民共和国主席令第六十九号)《国家突发公共事件总体应急预案》等法律、法规及学校的各种规章制度，并结合学校实际情况来制定实验室安全事故处理应急预案。

在实验室事故应急处置在操作中执行"五先五后"，即"先救人，后救物""先救治，后处理""先重点，后一般""先施救，后报告"和"先制止，后教育"。

7.2　实验室事故应急处理

实验室事故应急处理主要是指针对实验室可能发生的火灾及爆炸事故、触电事故、机械伤害事故、烫伤烧伤事故、危险化学品事故等所采取的应急处理与方法。

7.2.1　火灾及爆炸事故的应急处理

通过对实验室事故的分析可以发现，火灾是最常见、最普遍的实验室事故，而且也是伤害最严重的事故。火灾的发生时常会伴有爆炸的危险，这就意味着救火时的爆炸将会导致二次事故的发生，给实验室工作人员的生命财产和环境带来极大的威胁，正确的应急处理能够有效地减少人员伤亡和财产损失。

1. 火灾应急处理

火灾是一种常见的灾害，其应急处理流程主要包括立即报警、疏散人员、控制火势扩散、救护受困人员和伤员等步骤。

1) 立即报警

在发现火灾时，要立即拨打火警电话或者拨打当地的紧急救援电话，通知相关部门和人员前往现场。报警时要讲清起火单位、详细地点、着火物质、有无人员被困火场以及报警人姓名、联系电话，并派专人到交叉路口或指定位置引领消防队迅速赶到火灾现场。

当发生火灾事故时，我们应按火灾事故的可控性、严重程度和影响范围，按三级火灾事故响应程序进行相应处置。

(1) Ⅰ级火灾事故响应程序。发生有人员伤亡、火势燃烧猛烈，学校已无法控制或有可能引发次生、衍生重大火灾事故时，在迅速向"119"报警求援的同时，应该立即向学校安全领导小组汇报。

(2) Ⅱ级火灾事故响应程序。发生一般性火灾，学校消防安全负责人应立即向学校安全领导小组报告，并立即组织人员到现场进行扑救。在扑救中应密切关注、及时掌握事态发展和扑救的情况，如在短时间内(15 分钟内)不能扑灭，应立即向"119"报警求援。

(3) Ⅲ级响应程序。实验室日常工作中发生局部、小范围着火的情况时，发现者应立即向周围的人员发出着火的警报。本范围负责人立即组织在岗人员将火扑灭。处置结束后，立即将发生火情的原因、损失情况向学校安全领导小组汇报。

2) 疏散人员

在报警的同时，要尽快进行疏散人员的工作。发生火灾事故的单位是应急救援的第一响应者，应急疏散的工作原则必须坚持以人为本、安全第一，组织程序和措施应按下列要求进行。

(1) 发生火灾时，结合火场实际，正确决策，针对不同的现场条件，可采取先救人后灭火或灭火救人同步进行。

(2) 发生火灾时火势有可能危及现场人员的安全，事发单位的消防安全负责人或岗位消防安全负责人应立即指定疏散工作的人员(不得少于 2 人一组)迅速组织可能受火势威胁的人员沿消防安全通道疏散到安全地带。

(3) 人员被困在浓烟和火焰的建筑物内一时无法向外疏散时，应立即用喇叭向被困人员喊话，稳定人员情绪，告知防止烟、火窜入和防护措施，并告诫被困人员在万不得已的情况下不要贸然逃生以防止发生意外损伤。如有墙壁消防火栓和其他灭火器材时，消防器材的使用应无条件地服从于疏散需要。

(4) 在火场条件允许的情况下，疏散工作人员应对疏散区域仔细搜寻，防止有人员遗留。

3) 控制火势扩散

在疏散人员后，要尽可能采取措施控制火势扩散。如果火势较小，可以使用灭火器、水源等进行灭火。火灾初起阶段，燃烧面积小，火势弱，如能采取正确扑救方法，就会在灾难形成之前迅速将火扑灭，进而减少火灾损失，杜绝火灾伤亡。据统计，以往发生的火灾中有 70%以上是由在场人员在火灾的初起阶段扑灭的。如果火势较大，可以采用灭火机械设备进行扑救。灭火时要注意自身安全，避免产生二次灾害。扑救火灾的注意事项如下：

(1) 根据火源的性质选择合适的灭火器，如干粉灭火器、二氧化碳灭火器等。

(2) 在灭火之前，确保已经规划和确认了安全的逃生通道，保持通道畅通，不要阻塞安全出口。

(3) 用灭火器扑灭火焰时，保持适当的距离和角度。通常推荐站在火焰侧后方约 2～3 m 处，以 45°角对准火源根部喷射。

(4) 电气设备发生火灾或引燃附近可燃物时，必须首先想办法切断电源，尽快关闭总开关，断绝电源，并及时用灭火器材(二氧化碳灭火器、干粉灭火器)进行扑救。

(5) 持续观察，即使成功扑灭了火焰，也需要持续观察，确保没有复燃。如果火势无法控制，必须立即撤离并报警。

4) 救护受困人员和伤员

积极抢救受火灾威胁的人员，是灭火工作的首要任务。当有人受到火势威胁时，应根据救人任务的大小和现有的灭火力量，首先组织参战人员抢救受困人员，同时部署一定力量扑救火灾。在力量不足的情况下，应将主要力量投入救人工作。

2. 爆炸事故应急处理

高校实验室爆炸事故是指由于实验操作、设备故障、危险品泄漏等原因导致的爆炸事故。这种事故一旦发生，极容易造成人员伤亡和财产损失，在发生爆炸事故时，需要采取有效的应急处理措施，防止事故的进一步扩大和加重。爆炸事故是一种比较危险的灾害，其应急处理流程主要包括远离现场、避难措施、报警和通知以及人员救护等步骤。

1) 远离现场

立即通知实验室内的人员迅速撤离，避免被爆炸冲击波或者碎片弹伤，确保师生的安全。应急撤离的时候，应该遵循疏散标志指示或逃生预案，尽量避免人员挤压和混乱。

2) 避难措施

在远离现场后，要采取避难措施，如躲在坚固建筑物内或者躲在遮蔽物后面等。在选取避难地点时，要注意选择安全、稳固的建筑物或者地形。

3) 报警和通知

在远离现场和采取避难措施后，要立即报警并通知相关部门和人员，以便展开救援工作。在报警和通知时，要提供准确的事故地点、情况和受伤人数等信息。

在处理事故的过程中，应该及时向上级部门和领导汇报事故情况，并按照应急预案进行处理，接受领导和专家组的指导和协助。

4) 人员救护

如果有人员受伤，应立即呼叫医疗救护队伍进行救治。救护人员应具备相关的急救知识和技能，确保受伤人员得到及时救治。非专业救护人员一定要在确保自身安全的前提下进行救援，避免进一步的伤害。

如果实验室内有危险品泄漏，应立即采取措施进行封堵和清理，并通知消防部门到场处置。这种情况下，应该避免使用明火，防止引发二次事故。

总之，高校实验室爆炸事故的应急处理需要高校管理部门和实验室人员共同协作，采取科学、严谨的方法进行处理，不断提高应急处理能力和水平，以确保实验室安全和人员健康。

3. 应急处理的注意事项

火灾及爆炸事故的应急处理是非常重要的，在应急处理中，要注意冷静、迅速行动、注重自身安全和善于协调。只有这样，才能够更好地应对突发灾害，最大程度地保护师生员工的生命、财产和环境。

1) 要冷静

在面对火灾及爆炸事故时，要保持冷静，不要惊慌失措。冷静地应对能够让人们更加明智地处理问题。

2) 要迅速行动

发生火灾及爆炸事故后，要迅速行动，采取有效的措施。时间是非常宝贵的，迅速行动能够挽救更多的生命。

3) 要注重自身安全

在进行火灾及爆炸事故应急处理时，要注重自身安全。只有保护好自己的安全，才能更好地保护他人的安全。

4) 要善于协调

在进行火灾及爆炸事故应急处理时，要善于协调和合作，团结一致，才能够更好地应对事故。

7.2.2　触电事故的应急处理

"迅速、就地、正确、坚持"是触电急救的八字方针。发现有人触电，切不可惊慌失措，束手无策，首先要尽快使触电者脱离电源，然后根据触电者的具体症状进行对症施救。如果触电者出现假死情况，对触电者的救护一定要正确、坚持、不放弃。触电事故一般从判断触电情况、选择脱离电源合适方法、现场急救等方面着手进行应急处理。

1. 判断触电情况

首先判断是高压触电还是低压触电。如果是高压触电，室内人员应距离触电点 4 m 以外，室外人员应距离触电点 8 m 以外，切勿贸然营救，否则会造成二次触电。如果是低压触电，在未弄清形势或采取有效措施的情况下，切勿擅自接触触电人员。实验室常见的触电类型多为低压触电。

2. 选择脱离电源的合适方法

发生触电事故时，在保证救护者自身安全的同时，必须首先设法使触电者迅速脱离电源，电流对人体的作用时间愈长，对生命的威胁愈大，不同类型的触电情况脱离方法如下：

(1) 对于高压触电事故，应及时联系供电公司工作人员关闭设备，或者戴上绝缘手套，穿上绝缘靴，用相应电压等级的绝缘工具按顺序切断电源。

(2) 对于低压触电事故，脱离电源的方法是立即切断电源。如果电源开关距离太远，可用有绝缘柄的电工钳或持木柄干燥的斧头切断电线。

(3) 当电线搭落在触电者身上或压在其身下时，可用干燥的衣服、手套、绳索、皮带、木板、木棒等绝缘物作为工具，拉开触电者或挑开电线，使触电者脱离电源。

(4) 如果触电者由于痉挛手指紧握导线，或导线缠绕在身上，救护人先用干燥的木板塞进触电者身下使其与地绝缘来隔断入地电流，然后再采取其他办法把电源切断。

(5) 如果触电者触及断落在地上的带电高压导线，且尚未确证线路无电之前，救护人员不得进入断落地点 8～10 m 的范围内，以防止跨步电压触电。进入该范围的救护人员应穿上绝缘靴或临时双脚并拢跳跃地接近触电者。触电者脱离带电导线后，应迅速将其带至 8～10 m 以外立即开始触电急救。只有在确证线路已经无电，才可在触电者离开触电导线后就地急救。

(6) 如果触电者的衣服是干燥的，可以用一只手抓住他的衣服，拉离电源。救护人不得接触触电者的皮肤，也不能抓他的鞋子。

在使触电者脱离电源时应注意的事项如下：

(1) 未采取绝缘措施前，救护人员不得直接触及触电者的皮肤和潮湿的衣服。

(2) 严禁救护人直接用手推、拉和触摸触电者，救护人员不得采用金属或其他绝缘性能差的物体(如潮湿木棒、布带等)作为救护工具。

(3) 在拉拽触电者脱离电源的过程中，救护人宜用单手操作，这样对救护人比较安全。

(4) 当触电者位于高位时，应采取措施预防触电者在脱离电源后，坠地摔伤或摔死(电击二次伤害)。

(5) 夜间发生触电事故时，应考虑切断电源后的临时照明问题，以利救护。

3. 现场急救

当触电者脱离电源后，要第一时间拨打 120，并根据触电者的具体情况，迅速采取对应的急救方法。

(1) 触电者神志清醒、有意识、心脏跳动，但呼吸急促、面色苍白，或曾一度电休克但未失去知觉。此时不能采取心肺复苏法抢救，应将触电者抬到通风良好的地方躺下，休息一两个小时后，等他慢慢恢复正常。天凉时要注意为触电者保暖，并随时观察其呼吸和脉搏变化。条件允许的情况下，应及时把触电者送往医院检查。

(2) 触电者神志不清、无意识、有心跳，但呼吸停止或极微弱时，应立即用仰头抬颏法，使气道开放并对其进行人工呼吸。此时不能对触电者进行心脏按压。如果此时不及时采取人工呼吸法抢救，触电者将会因缺氧过久而心跳停止。

(3) 触电者神志丧失、无意识、心跳停止，但有极微弱的呼吸时，应立即采取心肺复苏法抢救。

(4) 触电者心跳、呼吸停止时，应立即采取心肺复苏法抢救，不得贻误抢救时机或中断抢救。

(5) 触电者心跳、呼吸停止，并伴有其他外伤时，应先迅速进行心肺复苏急救，再处理外伤。

在医护人员未接替救治前，不得放弃现场抢救，更不能只根据触电者没有呼吸或脉搏，擅自判定触电者死亡而放弃抢救。

7.2.3　机械伤害事故的应急处理

机械伤害是一种常见的伤害，对人们的生命安全和身体健康带来很大威胁。机械伤害的应急处理十分重要，只有及时采取措施，才能有效减少伤害对人体的影响。在应急处理机械伤害时，需要注意保持伤口清洁和干燥，避免摩擦和压力，以促进伤口的愈合。

当实验室工作人员发生机械伤害事故时，应迅速确定事故发生的准确位置、可能波及的范围，观察伤者的受伤情况、部位、伤害性质，并进行相应应急处理。

1. 轻伤的应急处理

轻伤是指伤者出现了皮肤擦伤、浅表划伤或轻微挫伤。对于轻伤的处理，可参考以下步骤：

(1) 如果轻伤导致出血，应立即进行止血处理。可以使用压迫止血的方法，用干净的纱布或毛巾压在伤口上，直到出血停止。

(2) 清洁伤口是非常重要的。可以使用清水和肥皂清洗伤口，也可以使用酒精消毒。在清洁伤口时，应避免使用过热的水，以免烫伤。

(3) 制作简单的敷料，固定伤口，并用绷带或胶布缠绕在伤口周围，以保护伤口。

(4) 观察伤者的病情，如果出现疼痛或肿胀等情况，可以使用冷敷的方法缓解症状，可以用冰块或冷水袋冷敷伤口，每次持续 15～20 min。

2. 骨折急救

(1) 固定断骨的材料可就地取材，如棍、树枝、木板、拐杖、硬纸板等都可作为固定材料，长短要以能固定住骨折处上下两个关节或不使断骨错动为准。

(2) 脊柱骨折或颈部骨折时，除非是特殊情况如室内失火，否则应让伤者留在原地，等待携有医疗器材的医护人员来搬动。

(3) 抬运伤者，从地上抬起时，要多人同时缓缓用力平托；运送时，必须用木板或硬材料，不能用布担架或绳床。木板上可垫棉被，但不能用枕头，颈椎骨折伤者的头须放正，两旁用沙袋将头夹住，不能让头随便晃动。

3. 肢体切断

断肢(指)后，有可能即刻造成伤者因流血或疼痛而发生休克，所以应设法首先止血，防止伤员休克。其急救要点为：

(1) 让伤者躺下，用一块纱布或清洁布块，放在断肢伤口上，再用绷带固定位置。如果找不到绷带，也可用围巾包扎。

(2) 如是手臂切断，用绷带把断臂挂在胸前，固定位置；若是一条腿断了，则与另一条腿扎在一起。

(3) 料理好伤者后，设法找回断肢。倘若离断的伤肢(指)仍在机器中，千万不能将肢体强行拉出，或将机器倒开(转)，以免增加损伤的机会。正确的方法应是拆开机器后取出。

(4) 取下断落的肢(指)体后，立即用无菌纱布或干净布片包扎，然后放入塑料袋或橡皮袋中，结扎袋口。若一时未准备好袋子或消毒纱布，可暂置于 4℃的冰箱内(不应放在冰冻室为，以免冻伤)。运送时应将装有断伤肢体的袋子放入合适的容器中，如广口保温桶等，周围用冰块或冰棍冷冻(注意防止冰块与其直接接触，以免冻伤)，迅速同伤员一起送医院以备断肢(指)再植。

(5) 离断后的伤肢(指)，如有少许皮肤或其他肌腱相连，不能将其离断，应放在夹板或阔竹片上，然后包扎，立即送到医院作紧急处理。

(6) 严禁在离断伤肢(指)的断端涂抹各种药物及药水(包括消毒剂)。

4. 实验室机械伤害事处理程序

在实验室机械伤害事故发生时，应立即进行急救处理，以减轻伤者的痛苦和危险。应急处理包括以下几个方面：

(1) 停机：在实验室机械伤害事故发生时，应立即停止机器运转，切断电源或气源。

(2) 止血：如果伤者出现大量出血，应立即采取措施止血，如用绷带、压迫等方法固定伤口，减少出血(具体参见 7.3.2)。

(3) 拨打急救电话：在紧急情况下，应立即拨打急救电话，通知相关部门和医护人员前来处理。

(4) 护送伤者：在等待医护人员到达的过程中，应将伤者移动到安全地点，妥善安置伤者，避免二次受伤。

(5) 急救处理：在医护人员到达后，应及时进行急救处理，包括进行伤口清洗和消毒、缝合伤口、打破伤风疫苗等。

7.2.4　烫伤烧伤事故的应急处置

发生烫伤烧伤往往是由于未正确佩戴劳动防护用品；易导致灼烫的高温设备、部件未做防护或防护不足；易导致灼烫的区域无安全警示标识等。具体应急处置如下：

(1) 实验人员发生烫伤烧伤安全事故时，需立即开展应急处置和急救，并视情况严重程度决定是否立即报告实验室安全负责人。报告时应简要说明发生灼烫伤的原因、灼烫伤程度，有无重大危险，以便于做好处置方案的实施。接到现场报告后，实验室安全负责人应视事故严重程度立即做出指示或赶赴现场，按照实验室灼烫伤应急处置方案，组织应急处置，控制事态发展。

(2) 对于烧伤面积较少或四肢部位的轻度烫伤或烧伤，应立即用大量冷水浸泡或冲洗，可起到减少伤害、减轻疼痛的作用，浸泡或冲洗时间一般为半小时。也可用 3%～5%的 $KMnO_4$ 溶液擦拭损伤处至皮肤变为棕色，再涂凡士林或烫伤膏，直接涂烫伤药膏也可。充分泡湿后小心除去衣物，避免弄破水疱；必要时可用剪刀裁剪，保留黏住衣服部分，之后可继续浸泡于 15～20℃水中 10～15 min。

(3) 如受伤部位出现水疱，则需要注意保护水疱避免破溃，以防感染，用消毒纱布轻轻包扎受伤处后立即送医院治疗。到医院后在无菌条件下可采取抽吸的方法以保持水疱皮肤的完整，使其紧贴创面，待愈合后去除，这样做有利于再生创面的修复。

(4) 大面积烧伤的患者只能给其喝淡盐水而不能大量喝淡水，否则会加剧水肿，出现低钠血症等并发症。

(5) 因爆炸燃烧事故受伤的实验人员，创面污染严重，无须强行清除创面上的衣物碎片和污物，简单包扎后立即送往医院治疗。

7.2.5　危险化学品事故的应急处理

危险化学品事故的应急处置是保障人员生命安全、减少环境损害和财产损失的关键环节。危险化学品事故应急处置应遵循相关法律法规和技术标准，确保处置过程安全有效。以下是几种危险化学品事故应急处理方法。

1. 中毒的现场抢救

为减少化学毒物引起的中毒事故，实验人员应了解毒物性质、侵入途径、中毒症状和急救方法。一旦发生急性中毒事故，应争分夺秒地采取正确的救护措施，力求在毒物被身体吸收之前实现急救，使毒物对人体的损伤减至最小。

发生急性中毒事故，在时间和医疗条件允许的情况下，应立即将中毒者送往附近医院进行救治，护送者应向院方说明中毒的原因。如不能立即送达医院，需要进行现场抢救。及时、正确地实施现场抢救，对于挽救中毒者的生命、减轻中毒症状具有重要意义，同时也为医院救治争取了时间。表 7-1 所示为某些常见化学试剂中毒的应急处理方法。

表 7-1　某些常见化学试剂中毒的应急处理方法

化学试剂	应急处理方法
强酸	误食后，应立即服氧化镁悬浮液，或氢氧化铝凝胶、牛奶及水等，迅速将毒物稀释。然后至少再食 10 多个打溶的蛋作缓和剂。不得使用碳酸钠或碳酸氢钠
强碱	误食后，应立即服用 500 ml 稀的食用醋(1 份食用醋+4 份水)或鲜橘子汁
汞	误食后，应立即洗胃，也可先饮食打溶的蛋清，用水及脱脂奶粉作沉淀剂。立刻饮服二巯基丙醇溶液及于 200 ml 水中溶解 30 g 硫酸钠制成的溶液作泻剂
氰化物	吸入氰化物后，应立即将患者转移到室外空气新鲜的地方，使其横卧；然后将沾有氰化物的衣服脱去，立即进行人工呼吸。误食后，用手指或匙子柄摩擦患者喉头或舌根进行催吐。每隔 2 分钟给中毒者吸入亚硝酸异戊酯 15～30 s，重复 5～6 次；再给中毒者饮用硫代硫酸盐溶液进行解毒
氯气	立即将患者转移到室外空气新鲜的地方。若眼睛受到刺激，可用 2%的苏打水冲洗；咽喉疼痛时可吸入 2%苏打水的蒸汽
硫化氢	立即将患者转移到室外空气新鲜的地方。若眼睛受刺激，可用 2%的苏打水冲洗，湿敷饱和的硼酸液和橄榄油
酚类	误食后，应立即给患者饮自来水、牛奶或吞食活性炭；然后应反复洗胃或进行催吐；再口服 60 ml 蓖麻油和硫酸钠溶液(将 30 g 硫酸钠溶于 200 ml 水中)。千万不可服用矿物油或用乙醇洗胃
甲醛	误食后，应立即服用大量牛奶，再用洗胃或催吐等方法进行处理，待吞食的甲醛排出体外，再服用泻药。如果可能，也可服用 1%的碳酸铵水溶液

2. 化学品灼伤的急救

腐蚀性危险化学品接触皮肤，会灼伤人体组织，刺激眼睛、黏膜，吸入后会中毒。实验室人员在操作腐蚀性危险化学品时，除了要做好个人防护，还要了解灼烧的应急处理方法，在事故发生时，可以及时采取有效救助措施，将危害降到最低。

一般化学类实验室都配置有紧急喷淋装置，如喷淋器(如图 7-1 所示)和洗眼器(如图 7-2 所示)。当事故发生时，应立即移离现场，如果是皮肤及衣物被腐蚀者，应立即脱去被污染衣物，用大量流动自来水或清水冲洗创面，冲洗时间一般不少于 15 min。如溅入眼内，也应在现场立即用大量清水或生理盐水彻底冲洗。受灼烧的皮肤和眼睛用清水冲洗后，可用一定药物处理，再送医院就医。化学试剂灼伤的应急处理方法如表 7-2 所示。

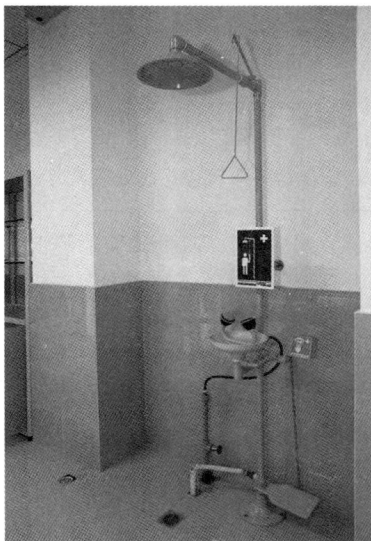

图 7-1　喷淋器

图 7-2　洗眼器

表 7-2　化学试剂灼伤的应急处理方法

应急处理方法	化 学 试 剂
酸类	酸灼伤后，应立即用大量水冲洗或用甘油擦洗伤处，然后包扎，须根据具体情况进行处理： (1) 硫酸、盐酸、硝酸、氢碘酸、氢溴酸、氯磺酸触及皮肤，如量不大，应立即用大量流动清水冲洗 30 min，再用饱和 $NaHCO_3$ 溶液或肥皂液洗涤；如沾有大量硫酸，先用抹布抹去浓硫酸，然后用水彻底清洗 15 min，再用饱和 $NaHCO_3$ 溶液或稀氨水冲洗，严重时送医治疗； (2) 当皮肤被草酸灼伤时，不宜使用饱和碳酸氢钠溶液进行中和，这是因为碳酸氢钠碱性较强，会产生刺激，应当使用镁盐或钙盐进行中和； (3) 氢氰酸灼伤皮肤时，先用高锰酸钾溶液冲洗，再用硫化铵溶液冲洗
碱类	碱灼伤后，立即用大量的水洗涤，再用醋酸溶液冲洗伤处或在灼伤处撒硼酸粉，不同碱灼伤处理方法有一定差异： (1) 氢氧化钠或者氢氧化钾灼伤皮肤等，先用大量水冲洗 15 min 以上，再用 1%硼酸溶液或 2%乙酸溶液浸洗，最后用清水洗，必要时洗完以后加以包扎； (2) 当皮肤被生石灰灼伤时，则应先用油脂类的物质除去生石灰，再用水进行冲洗
含磷化合物	三氧化磷、三溴化磷、五氯化磷、五溴化磷等触及皮肤时，应立即用清水清洗 15 min 以上，再送医院治疗
溴	当皮肤被液溴灼伤时，应立即用 2%硫代硫酸钠溶液冲洗至伤处呈白色，再用大量水冲洗干净，包上纱布就诊；或先用酒精冲洗，再涂上甘油；或直接用水冲洗后，用 25%氨水、松节油、95%酒精(1∶1∶10)的混合液涂敷

续表

应急处理方法	化 学 试 剂
酚类化合物	当皮肤被酚类化合物灼伤时，应先用酒精洗涤，再涂上甘油。例如苯酚沾染皮肤时，先用大量水冲洗，然后用70%乙醇和1 mol/L 氯化镁(4∶1)的混合液擦洗
碱性金属	碱金属灼伤立即用镊子移走可见的碱性金属，然后用酒精擦洗，再用清水冲洗，最后涂上烫伤膏。碱金属氰化物灼伤皮肤处理方法与氢氰酸灼伤类似，先用高锰酸钾溶液冲洗，再用硫化铵溶液冲洗
磷	磷灼伤一是要在水的冲淋下仔细清除磷粒，二是要用1%硫酸铜溶液冲洗，三是要用大量生理盐水或清水冲洗，四是用2%的 $NaHCO_3$ 溶液湿敷，切忌暴露或用油脂敷料包扎
氢氟酸	氢氟酸或氟化物灼伤时，先用水清洗，再用5%的 $NaHCO_3$ 溶液冲洗，最后用甘油和氧化镁(配比为2∶1)糊剂涂敷(或者用冰冷的硫酸镁溶液冲洗，也可涂可的松油膏)

需要注意的是，被上述化学品灼伤后，创面如果起水泡，均不宜把水泡挑破，如有水泡出血，可涂红药水或者紫药水。若试剂进入眼中，切不可用手揉眼，应先用抹布擦去溅在眼外的试剂，再用大量水(可用洗眼器)冲洗。若是碱性试剂，需再用饱和硼酸溶液或1%醋酸溶液冲洗；若是酸性试剂，需先用碳酸氢钠稀溶液冲洗，再滴入少许蓖麻油。若一时找不到上述溶液而情况危急时，可用大量蒸馏水或自来水冲洗，再送医院治疗。眼睛受到溴蒸气刺激不能睁开时，可对着盛酒精的瓶口停留片刻。

3. 危险化学品遗洒、泄漏的应急处理

发生危险化学品遗洒、泄漏时，如果处理不当，危险化学品不但会对周边环境造成长期的污染，引起人体中毒甚至死亡，而且易燃易爆的危险化学品可能会引起火灾和爆炸，造成周围大面积毁坏性的破坏。因此，对遗洒或泄漏的危险化学品应该及时进行安全处理，防止二次事故的发生。

(1) 事故比较严重时，应立即设置隔离线并通知附近人员撤离，同时报告学校相关部门，由专业人员处理。

(2) 进入泄漏现场者必须做好个人防护，穿好防护服，佩戴防护面具。应从上风或山坡处接近现场，严禁盲目进入。

(3) 如果泄漏物是易燃、易爆的危险化学品，则泄漏区域附近应严禁火种，切断电源，以防发生火灾爆炸的危险。

(4) 出现泄漏情况后，操作人员应立即停止实验操作，在能够保障自身安全的前提下及时关闭前端阀门，采用适合的材料和技术手段堵住泄漏处。

(5) 对于泄漏物，应根据具体情况采取不同的应急措施。一般分为围堤堵截法、稀释中和法、覆盖法、吸收法、冲洗法和收集法。如可用沙土围堵大面积泄漏的危险化学品。用水稀释或用其他物质中和具有强腐蚀性的危险化学品；小量苯泄漏，尽可能将泄漏液收集在密闭容器内，用砂土、活性炭或其他惰性材料吸收残液。

7.3　急救基础知识

7.3.1　心肺复苏的步骤及注意点

所谓的"心肺复苏术(Cardio pulmonary Resuscitation，CPR)"，就是依靠急救者自身重量通过手臂传导的力量，给予心脏能量以起到"人工泵血"的作用(compression，胸外按压)，同时开放气道(airway，开放气道)后借助急救者吹气的力量，使气体被动吹入肺泡以达到维持肺泡通气和氧合作用(breath，人工呼吸)。在这个人工维持心跳、呼吸的过程中，不仅延缓了由缺氧对人体带来的损伤，而且也在"唤起"呼吸、心跳的自行恢复。

当发现有人突然倒地、呼之不应，如何在 10 s 内判断出是出事了呢？答案非常简单——调动触觉和感官来进行判断。

一"呼"：即轻拍患者脸部与肩部，大声呼叫："喂！你能听到我说话吗？"若无反应，可判断为意识丧失。

二"摸"：即摸患者的颈部动脉是否有搏动？用手指摸患者甲状软骨(喉结)旁边的颈动脉，通常搏动会很强烈。

三"看"：即看患者胸口有无起伏。

四"听"：即听有无呼吸和咳嗽。如果都没有，可判断为呼吸、心跳停止。

心脏复苏术的主要目的是保证提供最低限度的脑供血，正规操作的 CPR 手法，可以提供正常血供的 25%～30%，心肺复苏分为 C、A、B 三个步骤，即 C 胸外按压→A 开放气道→B 人工呼吸三步。

1. C 循环(circulation)——胸外按压

(1) 让患者仰卧在硬板或地上。

(2) 抢救者右手掌根置于患者胸骨中下 1/3 处或剑突上二横指上方处，左手手掌根重叠于右手背上，两手指交叉扣紧，手掌根部放在伤者心窝上方、胸骨下。

(3) 抢救者双臂绷直，压力来自双肩向下的力，向脊柱方向冲击性地用力施压胸骨下段，使胸骨下段与其相连的肋骨下陷至少 5 cm，然后放松，但手指不脱离患者胸壁，应均匀(按压与放松时间相等)、不断地按压，频率为至少 100 次/min 心肺复苏胸外按压示意图如图 7-3 所示。

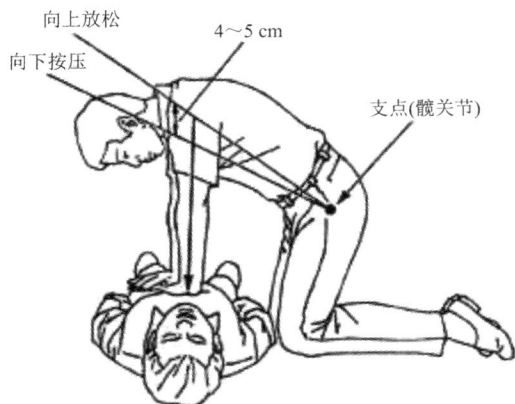

图 7-3　心肺复苏胸外按压示意图

(4) 胸外按压与人工呼吸的比例为 30∶2，连续 5 个周期垂直用力。

2. A(airway)——开放气道

将患者平卧在平地或硬板上，患者双上肢放置身体两侧，抢救者用左手置于患者前额向下压，同时右手中指、食指尖对齐，置于患者下颏的骨性部分，并向上抬起，使头部充分后仰，下颏尖至耳垂的连线与平地垂直，完成气道开放。如果口腔有异物，如假牙、分泌物、血块、呕吐物等，应先予以清除。

3. B 呼吸(breathing)——人工呼吸

抢救者口对口人工呼吸，即抢救者撑开患者的口，右手的拇指与食指紧捏患者的鼻孔，防止呼吸的气逸出，抢救者用自己的双唇包绕患者的口外，形成不透气的密封状态，然后以中等力量，用 1～5 s 的速度呼入气体，观察患者的胸腔是否被吹起。

4. 尽早使用 AED 除颤

AED 又称全自动体外除颤仪，图 7-4 所示是一种便携、易操作、稍加培训即可熟练使用的医疗设备，主要抓住心源性猝死患者心搏骤停后的"黄金四分钟"，最大限度地挽救生命，为更专业的医疗救援赢得时间。

图 7-4　AED

目前 AED 操作比较智能，我们根据语音提示，进行三步操作即可。

第一步：打开盖子(自动接通电源)，AED 内部构造如图 7-5 所示，并根据语音提示操作。

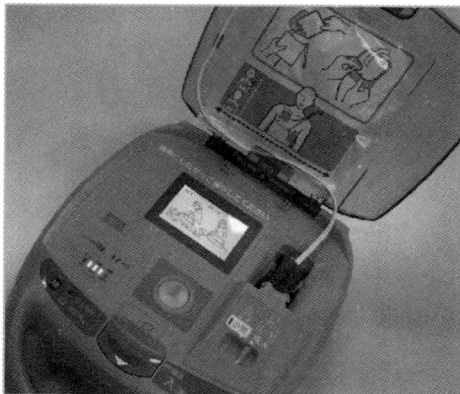

图 7-5　AED 内部图

第二步：按图示将电极片贴在患者身上，电极片粘贴示意图如图 7-6 所示。AED 开始自动分析心律。请按照提示进行操作。

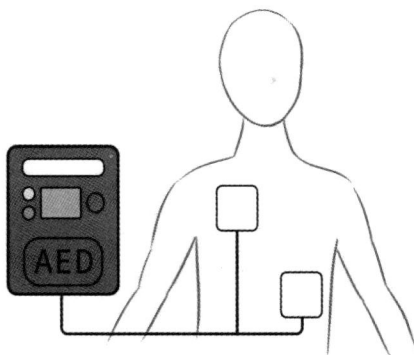

图 7-6　电极片粘贴示意图

注意：
(1) 需在电极片有效期内使用。
(2) 贴电极片前须确保患者胸部干燥且无遮挡。
(3) 8 岁以下儿童患者，请切换到儿童模式。
(4) 如患者体内安装心脏起搏器，电极片需避开相应位置。

第三步：如果需要电击，电击按钮会闪烁，此时按下按钮，对患者进行电击。如不需要，应根据提示再次进行 2 min 的 CPR，再由 AED 分析心律。

除颤时如果触碰患者，电流不能完全电击到患者身上。因此，在除颤过程中，应与患者保持距离，并避免无关人员靠近。

7.3.2　止血处理

如果大量失血，可使伤员在 3～5 min 内死亡。因此对流血者的急救关键是切勿延误时间。对伤处直接施压止血，常用的六种有效的止血方法分别介绍如下：

1. 一般止血法

针对小的创口出血。需用生理盐水冲洗消毒患部，然后覆盖多层消毒纱布用绷带扎紧包扎。注意：如果患部有较多毛发，在处理时应剪、剃去毛发。一般止血法的具体步骤如下：
(1) 用按压止血法，将清洁的布块或者毛巾等垫在伤口上，直接按压 10～20 min。
(2) 血止住后，用绷带轻轻包住，不要包得太紧。
(3) 不要用脱脂棉或草纸垫在伤口处，可以在伤口上涂药物。
(4) 如果伤口不被脏东西污染，首先使用液体进行冲洗，但不要使用肥皂。
(5) 出血伤口周围的血块、血浆不要擦掉，伤口内如果有玻璃片等异物也不要拔出，应立即到医院就医。

2. 指压止血法

此方法一般适用于较大动脉出血的情况，是一种短暂止血应急措施，出血后用拇指压住出血的血管上方(近心端),将动脉压迫到骨面上。使血管被压闭住,中断血液。指压止血法只适用于头面颈部及四肢的动脉出血急救,注意压迫时间不能过长。

(1) 头顶部出血:用食指或拇指压迫伤口,在伤侧耳前,对准下颌耳屏上前方 1.5 cm 处,用拇指压迫颞浅动脉,颞浅动脉压迫止血示意图如图 7-7 所示、颌外动脉压迫止血示意图如图 7-8 所示。

(2) 前臂出血:用一根手指压迫上臂内侧肱二头肌沟处的搏动点,肱动脉的指压止血法示意图如图 7-9 所示。

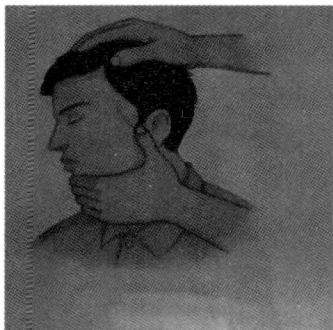

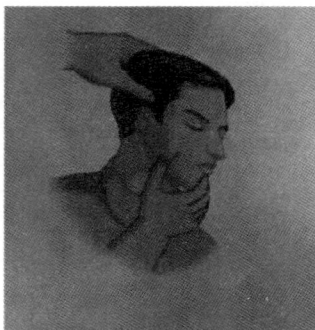

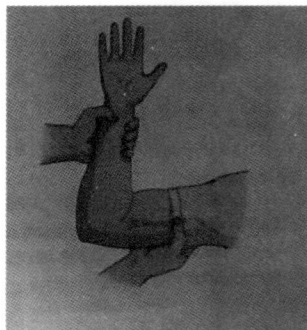

图 7-7 颞浅动脉压迫止血示意图　图 7-8 颌外动脉压迫止血示意图　图 7-9 肱动脉的指压止血示意图

(3) 肩腋部出血:用食指压迫同侧锁骨中点后方的锁骨下动脉搏动处,把其压向深处的第一肋骨;

(4) 手掌出血:将患肢抬高,用两手拇指分别压迫手腕部的尺、桡动脉,桡动脉、尺动脉的指压止血示意图如图 7-10 所示。

(5) 大腿出血:自救时用双手拇指重叠向后用力压股动脉。在腹股沟中点稍下方的搏动处,股动脉指压止血示意图如图 7-11 所示。

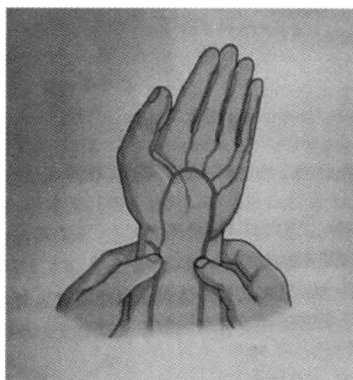

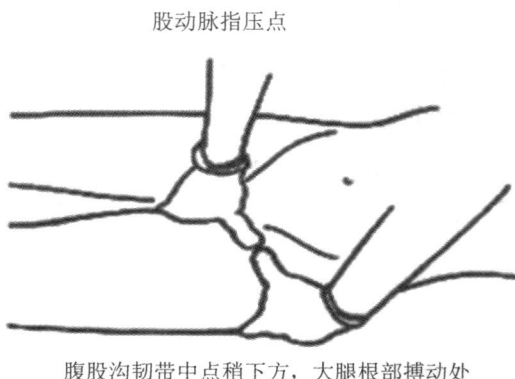

股动脉指压点

腹股沟韧带中点稍下方,大腿根部搏动处

图 7-10 桡动脉、尺动脉的指压止血示意图　　　图 7-11 股动脉指压止血示意图

(6) 足部出血:用两手拇指和食指同时分别压迫足背动脉和内踝与跟腱之间的胫后动脉。

3. 加压包扎止血法

加压包扎止血法适用于四肢、头顶、躯干等体表血管外伤时的出血处,当前臂或小腿出血时，可在肘窝、膝窝内放以纱布垫、棉花团或毛巾、衣服等物品，屈曲关节，用三角巾作"8"字形固定。但骨折或关节脱位者不能使用。加压包扎止血法示意图如图 7-12 所示。

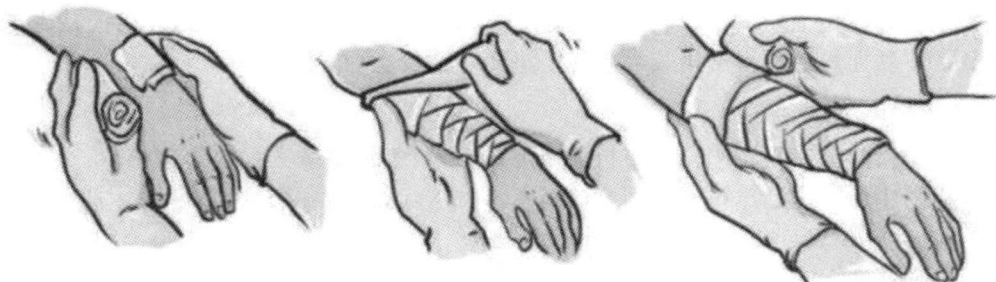

图 7-12　加压包扎止血法示意图

4. 橡皮止血带止血

橡皮止血带法适用于四肢伤大出血，且其他的办法无法控制的情况。止血带的选择以充气止血带最好，常用的止血带是三尺左右长的橡皮管。在紧急情况下可用橡皮管、布条、绷带代替，但应在止血带下增加衬垫，千万不能用细的布条、绳索、电线等直接捆绑。止血带宜绑在患肢的根部，如上臂根部、大腿根部等部位，因为前臂由尺、桡骨、小腿由胫、腓骨组成，血管、神经走行在中间。

橡皮止血带的具体使用方法是掌心向上，止血带一端由虎口拿住，一手拉紧，绕肢体2 圈，中、食两指将止血带的末端夹住，顺着肢体用力拉下，压住"余头"，以免滑脱，橡皮止血带止血法示意图如图 7-13 所示。

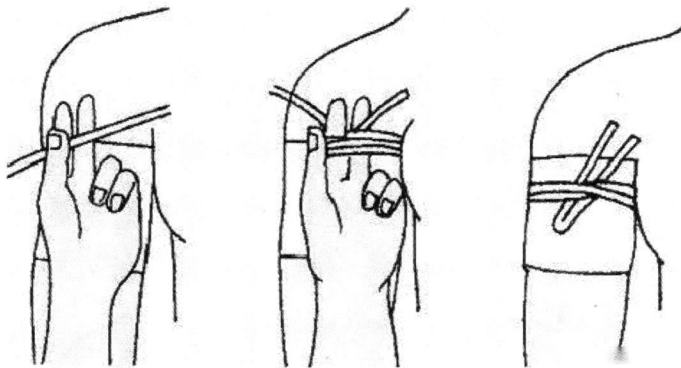

图 7-13　橡皮止血带止血法示意图

使用止血带要十分小心，应注意以下事项：

(1) 不必绑得太紧，以能止血为好；

(2) 每隔 1 小时要放松 3～5 min，扎止血带时间小于 1 小时，要准确记录好止血带捆绑的具体时间。

(3) 决定要松开止血带时，一定要有医务人员在场，根据患者的具体情况决定处理方式。

(4) 使用部位：上臂出血应扎在上臂 1/3；前臂或手外伤应扎在上臂下 1/3，上臂中下 1/3

处有神经，紧贴骨面，不易扎止血带，以免损伤；下肢大出血应扎在股骨中下 1/3 交界处。

(5) 止血带上肢一般为 250～300 mmHg，下肢为 400～500 mmHg，不可过大，以到达阻断远端动脉搏动消失，阻断动脉出血为度。此外，抬高肢体和冷敷的办法也可以帮助止血。当手臂划伤出血了，可以将胳膊抬起来，流经伤处的血液由于重力作用而减少；也可以冷敷，皮肤血管遇冷会产生收缩效应，进一步减少出血。

5. 绞紧止血法

绞紧止血法一般是将把三角巾折成带形，打一个活结，取一根小棒穿在带子外侧绞紧，将绞紧后的小棒插在活结小圈内固定，绞紧止血法示意图如图 7-14 所示。

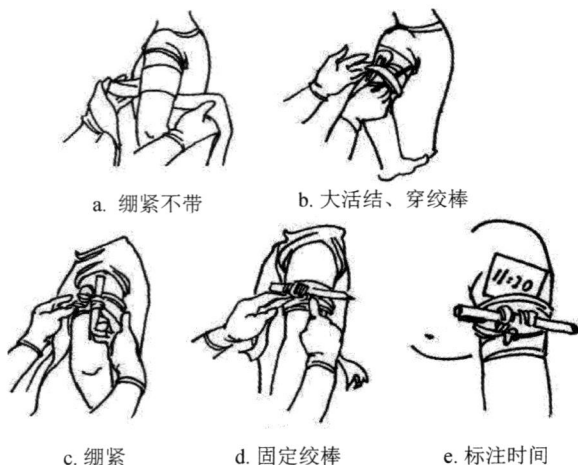

a. 绷紧不带　　　b. 大活结、穿绞棒

c. 绷紧　　　d. 固定绞棒　　　e. 标注时间

图 7-14　绞紧止血法示意图

6. 填塞止血法

此法一般适用于软组织内的血管损伤出血的情况，主要是颈部、臀部或其他部位较大而深的伤口。在出血后将消毒的纱布、棉垫、急救包填塞、压迫在创口内，外用绷带、三角巾包扎，松紧度以达到止血为宜。常规 3～5 天缓慢取出填塞纱布，过早取可能会发生出血，过晚可能会发生感染。

7.3.3　外伤急救包扎

包扎是外伤现场应急处理的重要措施之一，及时正确地包扎，可以达到压迫止血、减少感染、保护伤口、减少疼痛，以及固定敷料和夹板等目的；相反，错误的包扎可导致出血增加、加重感染、造成新的损害、遗留后遗症等不良后果。包扎的方法及步骤如下。

1. 清洁、消毒伤口

(1) 清洁伤口前，尽量向伤者讲清目的，这样既能取得伤者的合作及知情同意，又可以避免伤者因害怕或疼痛发生晕厥等意外事故。

(2) 如周围皮肤太脏并杂有泥土等，应先用清水洗净，然后再用 75% 酒精消毒创面周围的皮肤。涂擦酒精时要由内往外，即由伤口边缘开始，逐渐向周围扩大消毒区，这样越靠近伤口处越清洁。如用碘酒消毒伤口周围皮肤，必须再用酒精擦去，这种"脱碘"方法，是为了避免碘酒灼伤皮肤。应注意，这些消毒剂刺激性较强，不可直接涂抹在伤口上。

(3) 伤口要用棉球蘸生理盐水轻轻擦洗。自制生理盐水，即 1000 ml 冷开水加食盐 9 g 即成。

(4) 清洁伤口时，如有大而易取的异物，可酌情取出；深而小又不易取出的异物切勿勉强取出，以免把细菌带入伤口或增加出血。如果有刺入体腔或血管附近的异物，切不可轻率地拨出，以免损伤血管或内脏，引起危险。

(5) 伤口清洁后，可进行包扎。如果是黏膜处小的伤口，可撒上消炎粉，但是大面积创面不要涂撒药物。

(6) 大的伤口需要包扎。包扎前，最好垫衬敷料(一般也是由纱布块做成)，用于止血和吸收伤口分泌物。也可直接用包扎材料包扎。

2. 包扎材料的选择及方法

包扎伤口根据不同部位选择不同材质和不同方法，包扎材料最常用的是绷带和三角巾，紧急情况下可用干净的布料、手绢代替。

1) 三角巾

一块边长 1 m 的正方形棉布，对角剪开就成了两条三角巾。三角巾分顶角、底角、斜边和底边，在顶角上加带子，便于包扎时使用。三角巾应用灵活，包扎面积大，各个部位都可使用。由三角巾变化而来的"燕尾巾"也很常用，将三角巾的顶角向底边偏左或偏右对折，即成燕尾巾。三角巾有以下几种包扎法：

(1) 头部帽式包扎法。

头部帽式包扎法是将三角巾底边折出 2 指宽的边，正中点平放在前额眉上，顶角向后拉盖住头顶，然后两底边延两耳上方向后拉至枕部下方，左右交叉压住顶角，再将两底边经耳上绕到前额打结，最后将顶角向上掖入交叉处的包扎法，头部帽式包扎法示意图如图 7-15 所示。

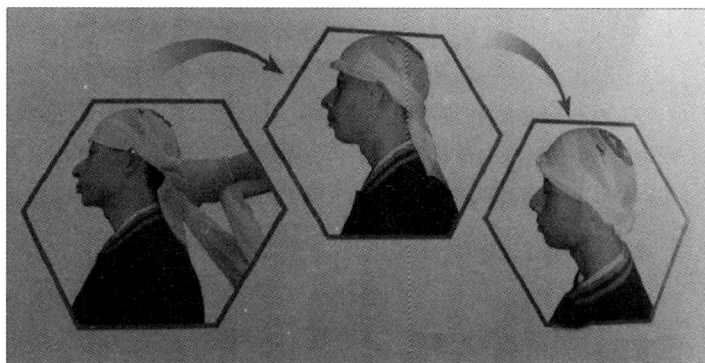

图 7-15 头部帽式包扎法示意图

(2) 胸部包扎法。

胸部包扎法是将三角巾底边横放于伤侧胸，顶角上拉经伤侧肩至背后，把左右两底角拉到背后，在顶角正下方打结，再和顶角相结的包扎法，胸部包扎法有单胸和双胸包扎法两种，如图 7-16 所示。

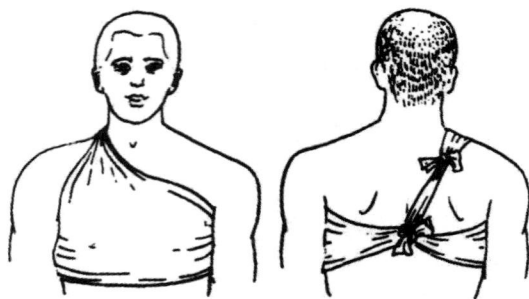

(a) 单胸包扎法示意图

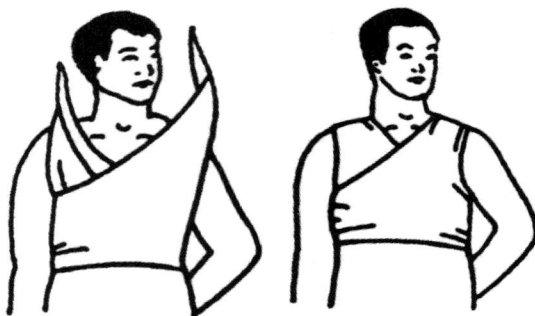

(b) 双胸包扎法示意图

图 7-16　胸部包扎法示意图

(3) 腹部包扎法。

腹部包扎法是将三角巾顶角朝下，底边横放腹部。两底角在腰后打结，然后将顶角由两腿间拉至腰后与底角打结的包扎法。

(4) 单肩燕尾式包扎法。

单肩燕尾式包扎法是将三角巾折成夹角约 80 度的燕尾巾。夹角朝上，向后的一角压住向前的一角，放于伤侧肩部，燕尾底边包绕上肩在腋前打结，然后两燕尾角分别经胸和背部拉到对侧腋下打结的包扎法，单肩燕尾式包扎法示意图如图 7-17 所示。

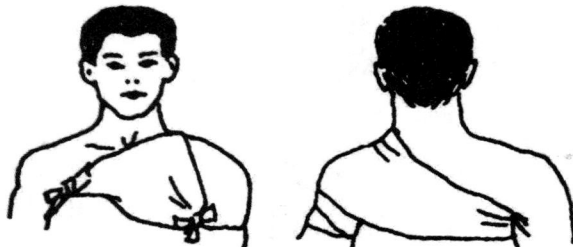

图 7-17　单肩燕尾式包扎法示意图

(5) 双肩燕尾式包扎法。

双肩燕尾式包扎法是将三角巾折叠成两燕尾角等大的燕尾巾。夹角朝上对准颈后正中。左右两燕尾由前往后包绕肩部到胸下，与燕尾底边打结的包扎法双肩燕尾式包扎法如图 7-18 所示。

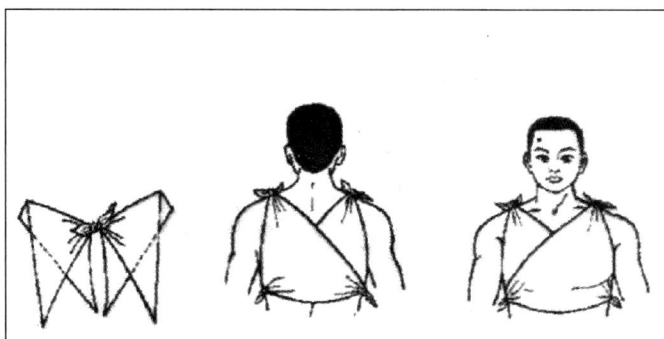

图 7-18　双肩燕尾式包扎法示意图

(6) 上肢悬吊包扎法。

上肢悬吊包扎法是将三角巾铺于伤员胸前，顶角对准肘关节稍外侧，屈曲前臂并压住三角巾，两底角绕过颈部在颈后打结，肘部顶角反折用别针扣住的包扎法，上肢悬吊包扎法示意图如图 7-19 所示。

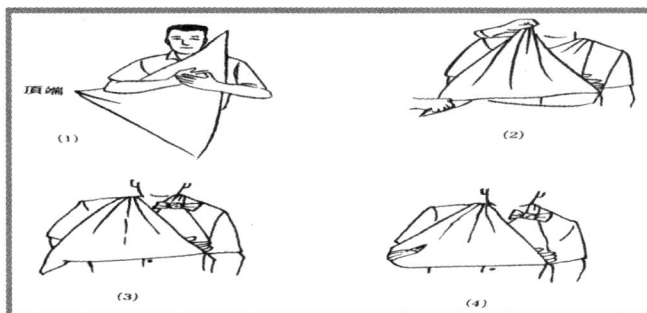

图 7-19　上肢悬吊包扎法示意图

(7) 膝(肘)部包扎法。

膝(肘)部包扎法是将三角巾折叠成适当宽度的带式，将带的中段斜放于膝(肘)伤部，包绕肢体一周打结的包扎法，肘部包扎法示意图如图 7-20 所示。

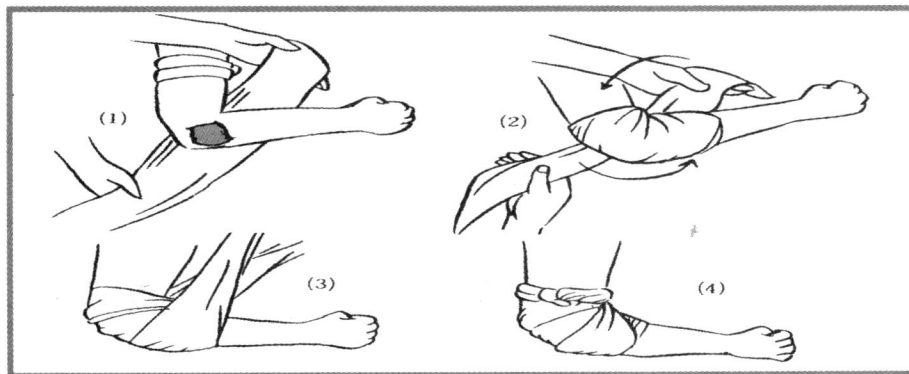

图 7-20　肘部包扎法示意图

(8) 手部包扎法。

手部包扎法是将三角巾底边横放在腕部下面，手掌向下放在三角巾中央，再将顶角反折盖住手背，然后将两底角交叉压住顶角，在腕部绕一周打结，再将顶角折回打结内的包扎法，手部包扎法示意图如图 7-21 所示。

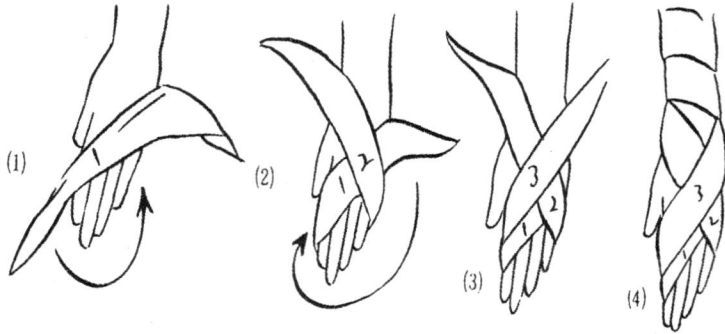

图 7-21　手部包扎法示意图

(9) 足部包扎法。

足部包扎法是将三角巾底边横放于踝部后侧，脚底向下放在三角巾中央，再将顶角反折盖在脚背上，然后将两底角交叉压住顶角，在踝部绕一周打结，再将顶角折回打结内。

2) 绷带

市场上可以买到各种宽度和长度的用纱布卷成的绷带卷，一般长 5 m，家庭也可以用干净的纱布蒸煮 15 min 后自制备用。绷带可以适应人体的多数部位，根据不同的部位，绷带有不同的包扎法。绷带的各种包扎法示意图如图 7-22 所示。

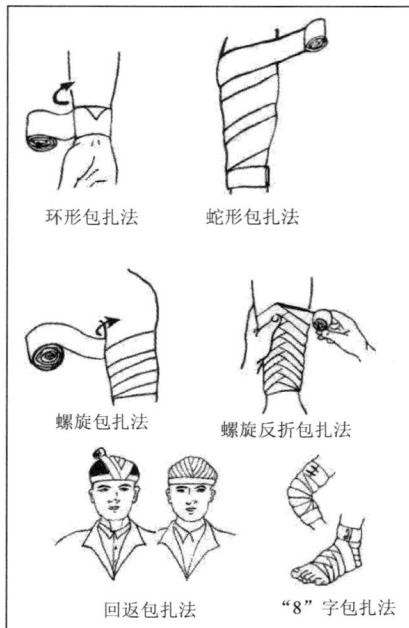

图 7-22　绷带的各种包扎法示意图

(1) 绷带环形包扎法。适用于肢体粗细相等部位，如颈部、胸腹部、四肢、手指、脚趾。小伤口的包扎一般都用此法，具体包扎步骤如下：

① 将绷带作环形缠绕，第一圈略斜一点，第二圈与第一圈重叠，将第一圈斜出的一角压于环形圈内，这样固定更牢靠。

② 第三圈开始每一圈都将上一圈压住约 3/4，按同一方向缠绕起到将敷料全部包裹住。

③ 将绷布剪断，用胶带或别针固定，或剪开带尾成两头打结，或者将绷带反方向再拉出一段，形成一边单层，一边双层，然后打结。

(2) 螺旋包扎法。适用于四肢和躯干等处，从肢体较细部位开始，把绷带向渐粗部位缠绕，每一圈压在上一圈的 1/2 处，然后将绷带尾端固定。

(3) 螺旋反折包扎法。用于四肢的包扎，将绷带由肢体细端开始缠绕，每绕一圈把绷带反折一下，盖住上一圈的 1/3～2/3，然后固定。

(4) "8" 后字形包扎法。多用在肩部、膝部、脚踝(髂、髁)等部位。

先绕两圈固定，然后一圈向上缠绕，再一圈向下，每圈在正面和前一圈相交叉，并压盖前一圈的 1/2，然后固定绷带尾端。

用 "8" 后字形包扎手和脚时，手指、脚趾无创伤时应暴露在外，以观察血液循环情况如水肿、发紫等。

(5) 回返包扎法。用于头和断肢端的包扎，将绷带多次来回反折。第一圈从中央开始，接着每圈一左一右，直至将伤口全部包住，然后将反折的各端固定。此法需要一位助手在反折时按压一下绷带的反折端，包扎松紧要适度。

(6) 蛇形包扎法。多用在夹板的固定上，与回返包扎法相同的是，蛇形法也是先将绷带头压住，然后按每圈与上一圈间隔为一个绷带宽度来缠绕，到末端后再反折缠回来缠第二层，将上一层的空隙盖住后再固定好。

第8章 实验室信息化及信息安全

实验室信息化管理，可以提高实验室的管理效率和相关设备的检测质量，但同时也增加了信息安全的风险。实验室信息化和信息安全是相互促进、相互依存的逻辑关系。在开展实验室信息化建设的同时，必须重视信息安全问题，采取有效的信息安全措施，确保实验室信息化管理系统的安全性和可靠性。

8.1 实验室信息化

实验室信息化并不是一个全新的概念，早在 20 世纪 80 年代实验室信息化的理念就已经出现。此后，大量的研究人员、机构和一些设备的生产、开发厂商，在实验室的信息化方面做了大量工作，伴随着信息技术的快速发展，产生了许多可运用至实验室管理的新技术、新应用，由此也催生了实验室信息化。

8.1.1 实验室信息化的概念

实验室信息化是指一个过程，就是实验人员在实验室建设和管理中推动信息技术应用和以信息技术推动实验室相关信息资源的传播整合和再创造的过程。实验室信息化是在实验室领域，广泛应用现代信息技术，有效开发利用信息资源，建设先进的信息基础设施，不断提高实验室的综合实力和竞争力，加速实验室现代化进程，使信息技术在实验室建设和管理中的比重逐步上升的过程。

8.1.2 实验室信息化建设的意义

实验室管理工作中所面临的诸多具体问题，很多都可以通过信息化管理找到解决方案，只有实行信息化管理才能够促进并带动实验室管理工作走向科学化、规范化、制度化。

1. 提高实验室管理效率

传统的实验室管理模式存在使用手工和纸质办公、管理太过复杂、工作效率低下、信息交流不通畅、资源配置不合理等弊端，严重制约了实验室的发展。而信息化管理模式相对简洁，有机联结了实验室管理的各个要素，优化了管理流程，明确了人员职责，精简了传统的纸质化办公，可大幅度提高效率。

2. 增强实验室的数据处理能力

高质量的科研成果离不开数据的支撑，而实验室的数据量庞大、格式多样、质量参差不齐，这就对实验室管理和数据处理提出了更高的要求。通过信息化手段，可以实现数据的电子化、标准化，实现数据的更好管理和利用。信息化系统的数据分类功能又可以助力科研人员更好地分析、处理研究数据，提高科研效率和严谨性。

3. 增强实验室的科研创新能力

信息化建设还能提供新的技术和手段供实验室研究使用，尤其是大数据、人工智能等领域的发展，提供了更多的创新手段以及理念上的拓展。通过数据探索、模型建立、机器学习等技术，能够帮助研究人员对数据进行深入挖掘，产生更深层次的理解和解释，获得更多的创新成果。

4. 强化大数据在实验室信息化建设中的应用

实验室信息化建设是指在实验室中引入和应用信息技术，以提高实验室管理效率、加强数据采集与分析能力，并优化实验流程和科研工作。而大数据则是指规模庞大且多样化的数据集合，通过对这些数据进行挖掘和分析，可以获得有价值的洞察和决策支持。实验室信息化建设与大数据具有紧密的关系，可以互相促进和支持。利用人工智能、物联网等现代技术手段，通过对实验室大数据的采集，可以对实验室活动进行智能检测、分析与诊断。充分利用这些基础信息，可以建立评价标准和分析模型，优化业务流程，支撑实验室精细化管理和科学决策。通过分析实验室安全大数据能发现新规律新趋势，可以指导实验室安全工作的改革创新。

5. 增强实验室以服务用户为核心的能力

在服务用户中融入管理是当下实验室信息化建设的要求，实验室信息化有助于实验室管理由"管控"向"服务"转变，由"以管理者为核心"向"以所有参与者为轴"转变，实验室信息化在功能设计上加强了用户体验，关注所有参与者间的双向或多向交叉活动。实验室信息化建设以服务用户为核心理念，并将其运用于用户需求、提供个性化服务、确保数据安全和隐私保护等方面，更好地提升了用户体验，并促进了实验室相关工作的合作与交流，不断提高了实验室的效率和质量，推动实验室向着更高水平发展。

8.1.3　实验室信息化建设的原则与特点

实验室信息化建设是一项业务技术强、建设周期跨度大的系统性工程，是随着实验室管理理论和实践逐步建立起来的，其关键在于信息化平台的设计与建设。在设计与建设实验室信息化平台的进程中，应遵循相关原则并能够充分体现相关特点。

1. 实验室信息化建设的原则

(1) 统筹规划、分步实施。

要强化顶层设计，结合国家相关政策要求，制定匹配国家战略、符合实验室管理实际的详细规划。规划方案是对实验室信息化发展的中长期计划，从投入建设时间与建设可行性分析方面来说，试图"一步到位"直接建立一个全面、统一的信息化平台是难以实现的。因此规划方案既要统筹全局，注重整体性和前瞻性，又要重点突出，考虑近期工作重点与急切需求，按照实验室工作实际分阶段进行建设部署。

(2) 深化改革、技术创新。

要做好实验室的信息化建设工作，必须要大胆创新。创新不仅是应用的创新，更是管理的创新、服务的创新和评价的创新。开展实验室信息化建设必须深度再造传统管理模式和业务流程，新建管理模式和观念必须符合移动互联网时代信息技术演进要求，注重实验室业务流程和信息化技术相协调，把信息化组织架构渗透到所有的实验室使用者中，充分收集使用者的反馈需求，建立准确的需求定位、充分发挥信息系统支撑实验室业务发展的新观念和新模式。

(3) 技术架构可持续发展。

不同时期的实验室管理要求是不同的，因而很多业务流程、协作流程和管理内容是不断变化的，技术设计方案应避免由于一处业务需求变动引起多处修改。基于面向服务为主题，在门户网站基础上，将实验室信息化平台分解成一系列服务，每项服务专注于单一功能，管理自己的数据，并由定义良好的接口进行通信，实现应用对接、数据共享，并能实现灵活的扩展性和替换性，以按需增加、替换服务，达到实验室信息化平台的可持续发展。

(4) 支持大用户量、高并发访问。

实验室信息化相关系统的设计应从系统结构、技术措施、系统管理等方面着手，确保系统运行的可靠性和稳定性。系统必须支持大用户量、高并发的访问，支持虚拟化服务器管理模式，具备大规模的数据交换能力。

2. 实验室信息化建设的特点

(1) 自动化与数字化。

实验室信息化建设可以充分利用物联网、移动互联网、人工智能等信息技术，通过部署实验室气体检测传感器、烟感报警器和视频监控、电子门牌、人脸识别等设备，对实验室重点区域实施侵入报警、外来人员登记跟踪监控、实时通知报警等，实现实验室由"硬管理"向"软管理"的转变。

(2) 转变管理模式。

实验室信息化系统可以通过数据分析和决策支持功能，为实验室管理者和研究人员提供决策依据和智能化支持。系统可以基于历史数据和模型进行预测分析，帮助实验室做出合理的资源调配、科研方向选择和项目管理决策。

(3) 不受时间空间限制。

实验室信息化建设可以利用互联网突破时间和空间的限制，在任意时间、任意地点进行实验室工作预约和管理，实现数据的实时性。

(4) 安全与保密性。

实验室信息化建设必须重视数据的安全和保密性。实验室中产生的数据往往包含机密和敏感信息，如研究成果、知识产权等。因此，建立健全的数据安全管理机制是必不可少的。

(5) 持续改进与创新。

实验室信息化建设是一个持续改进和创新的过程。随着科技的不断进步和实验室需求的变化，信息化系统需要及时跟进和升级，以满足实验室工作的新要求。实验室信息化建设还应鼓励创新思维和技术引进，例如引入人工智能、物联网和大数据分析等前沿技术，以提升实验室的科研水平和竞争力。

8.1.4　实验室信息化建设中存在的问题

实验室信息化建设是一项庞大的工程，在建设过程中难免会出现一些问题，如何避免这些问题就成了实验室信息化建设的关键。

1. 实验室软、硬件设施条件需要进一步完善

部分高校实验室的设备和软件更新速度较慢，无法及时跟上科技发展的步伐。这导致实验室使用的设备功能有限、性能较低，部分大型的仪器设备、云服务器等实验室在当初建设时比较分散，各类数据端口并不统一，甚至硬件设施陈旧，性能落后，没有形成一条畅通的信息渠道；如此一来，在实验室信息化建设过程中，现有实验设备无法有效地接入信息化系统。在软件方面，对数据库、网络系统等，缺乏统一化的管理标准。

2. 系统集成不完善、数据管理不规范

(1) 高校实验室的信息系统和仪器设备之间缺乏有效的集成，导致数据传输和共享困难。科研人员在不同系统之间切换和操作烦琐，影响了工作效率和数据处理的准确性。

(2) 实验室数据管理方面缺乏统一的标准和规范，导致数据存储混乱、重复和难以共享。缺乏有效的数据备份和安全措施，可能导致数据丢失或泄露。

3. 实验工作人员信息化水平不高

部分科研人员、教师和实验室工作人员可能在信息化技术方面的知识和能力相对不足，缺乏应对新技术和系统操作的能力。同时，对信息化建设的认识和理解程度也存在差异，导致在推动和参与信息化建设过程中的积极性和合作程度有所不同。信息化建设需要对相关人员提供必要的培训和支持措施，以提升实验室工作人员的技术水平和应用能力。如果缺乏相关培训，可能导致科研人员和实验室工作人员无法有效地适应新技术和系统，从而限制了信息化建设的进展。

4. 缺乏专业技术支持，存在安全隐患

一些高校实验室在信息化建设方面缺乏专业的技术支持团队，无法及时解决技术故障和问题。这可能导致设备维护周期较长，影响实验室的正常运行。

由于信息化建设涉及数据存储、网络通信等方面，存在着一定的信息安全风险。若在实验室信息化建设中缺乏完善的网络安全措施和权限管理，可能导致数据泄露或被恶意攻击，对实验室的研究成果和敏感信息造成损失。

8.1.5　实验室信息化建设的实施

实验室信息化建设的实施是一个复杂的过程，需要综合考虑实验室的需求、技术要求、人员培训等因素。合理的规划和有效的执行是成功实施实验室信息化建设的关键。

1. 实验室信息化建设的内容

实验室信息化建设的内容主要有实验室网络建设、数据管理与存储、实验设备智能化、实验室信息系统、在线实验教学平台、安全与监控系统、质量体系管理、文档记录管理、数据统计分析、消息提醒管理等。

2. 引入先进实验室信息化管理系统

引入与构建实验室信息化相关系统，如实验室信息管理系统、实验室安全培训与考试系统、化学品与材料采购系统、实验室危化品管理系统、实验室安全检查系统、实验室管理与预警系统、实验室事务管理系统、实验室安全人员智能管理系统等。

3. 实现实验室管理数据一体化

通过将实验室已有的各类管理系统进行数据化整合，统一制定各类基础信息代码，提供标准化接口，让各类业务系统之间进行统一协调工作和数据传输。

对系统数据安全性、稳定性进行构建和评测。在实验室软件安全、数据安全管理中要采取必要措施。如在内部网络环境下，设置相应的防火墙进行保护，对跨系统、跨部门之间的数据交换，可采取 IP 自核端口、点对点数据加密传输技术，以确保实验数据安全。

4. 数据记录和处理系统信息化

在实际的实验过程中，利用信息技术和专业的数据记录软件，对实验过程中产生的数据进行记录和存储，以此保证每次实验数据的可追溯性和实验数据的及时性。

5. 搭建实验室培训考核系统、信誉积分系统和视频监控系统

(1) 构建培训考核系统。对于实验室组织的各类培训，可由管理人员在系统上发布培训公告，实验室人员报名参加。不同岗位的人员每年应完成不同类别的培训，通过考核后可获得相应学时。

(2) 搭建信誉积分系统。主要是针对项目延期、设备违规操作、数据处理错误、实验室环境卫生等行为进行定期统计评比，以强化实验室管理。

(3) 构建实验室视频监控系统。视频监控与管理平台无缝连接，可授权实时查看实验室动态，加强实验室安全。

6. 搭建实验室信息化系统的步骤

(1) 需求分析。首先需要进行实验室信息化需求的分析，了解实验室的运作流程、数据管理需求、设备管理需求等，要与实验室工作人员和管理层进行沟通，收集他们的意见和建议。

(2) 系统选型。根据需求分析的结果，选择适合实验室的信息化系统，如实验室信息管理系统(LIMS)、电子实验记录系统(ELN)、设备管理系统等，评估系统的功能、易用性、

可靠性等因素，并与供应商进行沟通和对比。

(3) 制定实施计划。为确保实施过程的顺利进行，要制定详细的实施计划，包括时间安排、资源调配、培训安排等。

(4) 系统定制和配置。根据实验室的需求，对选择的系统进行定制和配置，以满足实验室信息化的具体要求。

(5) 数据迁移和整合。为确保数据的完整性和准确性，要将已有的实验数据、设备信息等迁移到新的信息化系统中，并进行数据整合和清理工作。

(6) 系统部署和测试。根据实施计划，将信息化系统部署到实验室的计算机或云平台上，并进行功能测试、性能测试和安全性评估。

(7) 培训和推广。为实验室工作人员提供系统培训，使其熟悉系统的使用方法和操作流程；同时，推广信息化系统的优势和价值，增加使用的接受度和积极性。

(8) 后续支持和维护。建立信息化系统的后续支持和维护机制，包括故障排除、系统更新和升级、数据备份等，确保系统的稳定运行和持续发展。

8.2　实验室信息安全

信息安全的概念在 20 世纪经历了一个漫长的历史阶段，90 年代以来得到了深化。进入 21 世纪，随着信息技术的不断发展，信息安全问题也日显突出。如何确保信息系统的安全已成为全社会关注的问题。国际上对于信息安全的研究起步较早，投入力度大，已取得了许多成果，并得以推广应用。

8.2.1　信息安全与法律法规

1. 信息安全的概念

21 世纪是信息时代，信息的传递在人们日常生活中变得非常重要，如电子商务、电子邮件、银行证券等。在此情况下，信息安全问题也成了最重要的问题之一。信息安全是一个广泛而抽象的概念，不同的法规、标准和结构从不同的角度给出的定义也不同。

《中华人民共和国计算机信息系统安全保护条例》(国务院令第 147 号)中提到，计算机信息系统的安全保护，应当保障计算机及其相关的和配套的设备、设施(含网络)的安全，运行环境的安全，保障信息的安全，保障计算机功能的正常发挥，以维护计算机信息系统的安全运行。

《信息安全、网络安全和隐私保护-信息安全管理体系-要求》(ISO/IEC 27001:2022)中将信息安全定义为：保护信息的保密性、完整性、可用性及其他属性，如：真实性、可审查性、可控性、可靠性、不可否认性。

信息安全是指保护信息和信息系统免受未经授权的访问、使用、披露、破坏、修改、检查、记录或销毁，以确保信息的可用性、机密性和完整性。信息安全主要是通过管理制度和技术手段，阻止非法用户接触信息载体(纸质档案、个人电脑、服务器、数据库、备份文件与介质、网络等)、访问信息系统、获取敏感信息，以减少信息遭受破坏的可能性、快速检测非法行为、迅速测定入侵位置、审计跟踪，能有效记录破坏者的行为，以最大限度减少损失并促进系统恢复。

2. 信息安全属性

不管信息入侵者采用什么手段，他们都要通过攻击信息的以下几种安全属性来达到目的。

(1) 保密性。保密性是指信息不泄露给非授权的个人和实体，或供其使用的特性。

(2) 完整性。完整性是指信息的一致性，在存储或者运输过程中不被修改、不被破坏、不被插入、不延时、不乱序和不丢失的特性。

(3) 可用性。可用性是指保障基础信息网络与重要信息系统的正常运行，保障信息的正常传递，保障信息系统正常提供服务，保障被授权用户能够根据需要从系统中获得所需的信息资源服务的特性。

(4) 可控性。可控性是指对信息和信息系统实施安全监控管理，可对信息和信息系统的使用实施可靠的授权、审计、责任认定、传播源追踪和监管控制等特性。

(5) 不可否认性。不可否认性是指信息系统在交互运行中确保并确认信息的来源以及信息发布者的真实可信及不可否认的特性。

(6) 可恢复性。可恢复性是指信息系统在发生安全事件或灾难后，尽快将信息系统和数据恢复到正常运行状态，以减少服务中断和数据损失的影响的特性，包括备份和恢复机制、灾难恢复计划、紧急响应措施等。

凡是涉及信息保密性、完整性、可用性、可控性、不可否认性以及可恢复性等方面的理论与技术，都是信息安全所要研究的范畴，也是信息安全所要实现的目标。

信息安全不仅是一个不容忽视的国家安全战略问题，也是任何一个组织机构和个人都必须重视的问题。就个人而言，信息安全是保护个人隐私和财产的必然要求；对组织机构来说，信息安全关系到组织结构的正常运营和持续发展。

3. 信息安全相关法律法规

信息安全需要法律法规为其提供保障，通过信息安全法律法规依法打击网络犯罪，维护网络安全；依法规范个人信息的收集与利用，保护隐私权；规范网上信息发布、传播和传输行为，确保信息安全。

1) 信息安全相关法律

我国颁布的与信息安全相关的法律主要包括《中华人民共和国刑法》《全国人民代表大会常务委员会关于维护互联网安全的决定》《中华人民共和国电子签名法》《中华人民共和国国家安全法》《中华人民共和国网络安全法》《中华人民共和国密码法》等。

(1) 《中华人民共和国刑法》。

《中华人民共和国刑法》中，关于计算机犯罪的条款包括以下几项：

第二百八十五条　【非法侵入计算机信息系统罪】违反国家规定，侵入国家事务、国防建设、尖端科学技术领域的计算机信息系统的，处三年以下有期徒刑或者拘役。

【非法获取计算机信息系统数据、非法控制计算机信息系统罪】违反国家规定，侵入前款规定以外的计算机信息系统或者采用其他技术手段，获取该计算机信息系统中存储、处理或者传输的数据，或者对该计算机信息系统实施非法控制，情节严重的，处三年以下有期徒刑或者拘役，并处或者单处罚金；情节特别严重的，处三年以上七年以下有期徒刑，并处罚金。

【提供侵入、非法控制计算机信息系统程序、工具罪】提供专门用于侵入、非法控制计算机信息系统的程序、工具，或者明知他人实施侵入、非法控制计算机信息系统的违法犯罪行为而为其提供程序、工具，情节严重的，依照前款的规定处罚。

第二百八十六条　【破坏计算机信息系统罪】违反国家规定，对计算机信息系统功能进行删除、修改、增加、干扰，造成计算机信息系统不能正常运行，后果严重的，处五年以下有期徒刑或者拘役；后果特别严重的，处五年以上有期徒刑。违反国家规定，对计算机信息系统中存储、处理或者传输的数据和应用程序进行删除、修改、增加的操作，后果严重的，依照前款的规定处罚。故意制作、传播计算机病毒等破坏性程序，影响计算机系统正常运行，后果严重的，依照第一款的规定处罚。

第二百八十七条　【利用计算机实施其他犯罪的罪数规定】利用计算机实施金融诈骗、盗窃、贪污、挪用公款、窃取国家秘密或者其他犯罪的，依照本法有关规定定罪处罚。

第二百八十七条之二　【帮助信息网络犯罪活动罪】明知他人利用信息网络实施犯罪，为其犯罪提供互联网接入、服务器托管、网络存储、通讯传输等技术支持，或者提供广告推广、支付结算等帮助，情节严重的，处三年以下有期徒刑或者拘役，并处或者单处罚金。

(2)《全国人民代表大会常务委员会关于维护互联网安全的决定》。

该法规于 2000 年 12 月 28 日第九届全国人民代表大会常务委员会第十九次会议通过，是我国专门针对互联网应用过程中出现的运行安全和信息安全制定的法律，该单行法律的出台对于我国互联网的健康发展，维护国家安全和社会公共利益，保护个人、法人及其他组织的合法权益具有重要意义。

(3)《中华人民共和国电子签名法》。

《中华人民共和国电子签名法》由第十届全国人民代表大会常务委员会第十一次会议于 2004 年 8 月 28 日通过，自 2005 年 4 月 1 日起施行(当前版本为 2019 年 4 月 23 日第十三届全国人民代表大会常务委员会第十次会议修正)。该法是我国首部真正电子商务法意义上的立法，自此电子签名与传统手写签名和盖章具有同等的法律效力，是我国推进电子商务发展，扫除电子商务发展障碍的重要步骤。

(4)《中华人民共和国国家安全法》(中华人民共和国主席令第二十九号)。

《中华人民共和国国家安全法》于 2015 年 7 月 1 日第十二届全国人民代表大会常务委员会第十五次会议通过，并自公布之日起施行。该法第一次明确了"网络空间主权"这一概念，这可以理解为国家主权在网络空间的体现、延伸和反映。

第二十五条　国家建设网络与信息安全保障体系，提升网络与信息安全保护能力，加强网络和信息技术的创新研究和开发应用，实现网络和信息核心技术、关键基础设施和重要领域信息系统及数据的安全可控；加强网络管理，防范、制止和依法惩治网络攻击、网络入侵、网络窃密、散布违法有害信息等网络违法犯罪行为，维护国家网络空间主权、安全和发展利益。

(5) 《中华人民共和国网络安全法》(中华人民共和国主席令第五十三号)。

《中华人民共和国网络安全法》由第十二届全国人民代表大会常务委员会第二十四次会议于 2016 年 11 月 7 日通过,自 2017 年 6 月 1 日起施行。

《中华人民共和国网络安全法》是我国第一部全面规范网络空间安全管理方面问题的基础性法律,是我国网络空间法治建设的重要里程碑,是依法治网、化解网络风险的法律重器,是让互联网在法治轨道上健康运行的重要保障,并为将来可能的制度创新做了原则性规定,为网络安全工作提供了切实的法律保障。

(6) 《中华人民共和国密码法》(中华人民共和国主席令三十五号)。

《中华人民共和国密码法》由第十三届全国人民代表大会常务委员会第十四次会议于 2019 年 10 月 26 日通过,自 2020 年 1 月 1 日起施行。

密码是国家重要战略资源,是保障网络与信息安全的核心技术和基础支撑。密码工作是党和国家的一项特殊重要工作,直接关系国家政治安全、经济安全、国防安全和信息安全。

《中华人民共和国密码法》中将密码分为核心密码、普通密码和商用密码。核心密码、普通密码用于保护国家秘密信息,核心密码保护的最高等级为绝密级,普通密码保护的最高等级为机密级。核心密码、普通密码属于国家秘密。密码管理部门依照本法和有关法律、行政法规、国家有关规定对核心密码、普通密码实行严格统一管理。商用密码用户保护不属于国家密码的信息。公法人和其他组织可以依法使用商用密码保护网络信息安全。

2) 信息安全相关法规

我国信息安全的相关法规主要有以下几部:

(1) 《中华人民共和国计算机信息系统安全保护条例》(中华人民共和国国务院令第 147号),1994 年 2 月 18 日发布实施,2011 年 1 月 8 日修订,规定了公安部主管全国计算机信息系统安全保护工作的职责。

(2) 《中华人民共和国计算机信息网络国际联网管理暂行规定》,1996 年 2 月 1 日(中华人民共和国国务院令第 195 号)发布,根据 1997 年 5 月 20 日《国务院关于修改<中华人民共和国计算机信息网络国际联网管理暂行规定>的决定》修正,是为了加强对计算机信息网络国际联网的管理,保障国际计算机信息交流的健康发展制定的法规。

(3) 《商用密码管理条例》(中华人民共和国国务院令第 273 号)1999 年 10 月 7 日发布,新版《商用密码管理条例》已经 2023 年 4 月 14 日国务院第 4 次常务会议修订通过,中华人民共和国国务院令第 760 号予以公布,自 2023 年 7 月 1 日起施行,目的是加强商用密码管理,保护信息安全。

(4) 《中华人民共和国电信条例》(中华人民共和国国务院令第 291 号)2000 年 9 月 25日发布,对信息安全特别是电信安全提供了安全保护法,分别于 2014 年 7 月 29 日和 2016年 2 月 6 日进行了第一次和第二次修订。

(5) 《互联网信息服务管理办法》(中华人民共和国国务院令第 292 号)于 2000 年 9 月25 日公布实施,主要对利用互联网提供信息服务的单位或者个人的相关行为做出了明确的规范。

(6) 《最高人民法院关于审理涉及计算机网络著作权纠纷案件适用法律若干问题的解

释》2000 年 11 月 22 日通过，12 月 21 日起施行，于 2003 年 12 月 23 日修改并于 2004 年 1 月 7 日起施行。

(7)《最高人民法院关于审理涉及计算机网络域名民事纠纷案件适用法律若干问题的解释》2001 年 6 月 26 日发布。

(8)《全国人民代表大会常务委员会关于加强网络信息保护的决定》2012 年 12 月 28 日第十一届全国人民代表大会常务委员会第三十次会议通过。该决定首次将个人信息保护从各部门法和部委规章中的零散规定提升到单独的法律规范层面。

这些信息安全法律法规的颁布为我国加强网络时代信息安全的保护和打击信息安全违法犯罪活动奠定了法律的基础，极大地促进了我国信息化建设事业的健康发展。

8.2.2　实验室信息安全要点

实验室信息安全工作从来都不只是一个人的事情，而是全体实验室人员的共同责任。实验室人员要有预防为主的思想认识，要加强安全防范技术的学习运用和要意识到信息安全防护工作的重要性，要对实验室重要信息进行加密。

1. 增强信息安全意识、加强安全教育，从思想上筑牢安全防线

实验室安全教育对于实验室的管理和发展至关重要，是预防实验室发生安全事故的基础工作，其目的就是为了更好地培养实验室工作人员良好的实验习惯，能够从自身意识上加强对安全实验的认识。

2. 应用软件工程理论和技术

应用软件组件技术开发或采购实验室信息安全管理系统，可解决软件服务问题，是缩短软件编写时间，降低维护成本和实现程序动态升级的最新和强有力方案。

3. 系统架构模式

设计实验室信息安全管理系统时需要对系统开发架构进行深思熟虑，按照实际的情况，从逻辑上对系统结构进行的三层结构或者二层结构的划分。根据目前情况，Web 结构作为基础的系统开发使用的架构为三层，从逻辑上将三层结构设计为数据层、用户层与业务层。

4. 加强安全防范，从技术上筑牢安全防线

信息化时代实验室的安全管理可以依靠实验室设施的智能化来实现，可以通过智能监测对实验室内的情况进行全天 24 小时实时监控，只要出现危险事件系统就会自动报警。除了加强对实验室硬件技术的防范，还要针对软件设施进行防范。智能化设备虽然给实验室的运行带来了便利，同样也带来了新的挑战。实验室要架设专用的服务器和防火墙，要给实验室内的所有服务器都安装防毒软件，要将实验室的内网与外网分隔开，做好病毒的防感染和扩散技术，要定期对实验室内的计算机进行杀毒和检查，发现问题要及时解决，安装保密软件，对一些重要文件设置密码，确保实验室信息的安全。

8.2.3 实验室信息安全风险

高校的部分大型实验室属于保密场所，实验室所进行的研究和产生的数据是需要严格保密的。高校实验室信息安全风险通常有以下几种方式造成：

(1) 人为失误。人为操作失误、疏忽大意、不当处理敏感信息等可能导致实验室信息安全受到威胁。

(2) 网络攻击。实验室的网络可能受到来自网络黑客、恶意软件或病毒的攻击，网络攻击可能导致系统瘫痪、数据丢失、信息泄露或个人隐私受到侵犯。

(3) 物理入侵。未经授权的人员可能通过物理手段进入实验室，如越过门禁系统、窃取设备或者擅自连接到网络中。

(4) 数据泄露。实验室中存储的敏感数据可能会因为意外泄露、病毒攻击、恶意软件或内部失职等原因暴露给未授权的个人或组织。

(5) 设备丢失或损坏。实验室设备包括计算机、移动设备、存储介质等可能因为丢失、盗窃、意外损坏或灾害毁坏而导致信息安全风险。

8.2.4 实验室软件安全问题及相应的防护举措

1.实验室软件安全问题

(1) 操作系统。

目前很多实验室中计算机使用的是 WINDOWS7 操作系统，因操作简单，受大众欢迎，但是在实际使用中漏洞较多，因此需要不断更新和修补漏洞，否则不法人员就可能会针对其漏洞开展网络攻击，导致软件不能正常使用。

(2) Web 安全。

Web 是典型的浏览器/服务器架构，利用 HTTP/HTTPS 协议进行通信，其中 HTTP 具有无状态、明文、简单、流行等特点，所以基于 HTTP 的 Web 通信比较容易受到攻击。

(3) SQL 注入攻击。

SQL 注入攻击利用的是合法的 SQL 语法，使得这种攻击无法被防火墙检测出来，因而也具有难捕获的特性。从理论上说，对所有基于 SQL 标准的数据库都适用，例如：MS SQL Server、Oracle 等。

2. 实验室软件防护

(1) 建设相应的操作系统安全机制。隔离控制、访问控制、最小权限管理、日志与审计、标识与鉴别、可信路径、隐蔽信道和后门、访问监视器和安全内核、可信计算机等。

(2) 完善操作系统的安全配置。操作系统访问权限的恰当设置、操作系统补丁的及时更新、利用操作系统提供的功能进行有效防范外界攻击。

3. 提高 Web 安全

提高 Web 安全可以通过以下几种方式。

(1) 最小特权一方面给予主体"必不可少"的特权，保证所有的主体都能在所赋予的特权之下完成所需要完成的任务或操作；另一方面，它只给予主体"必不可少"的特权，这就限制了每个主体所能进行的操作。

(2) 纵深防御是指通过设置多层重叠的安全防护系统而构成多道防线，即通过增加系统的防御屏障或将各层之间的漏洞错开的方式进行安全防范。

(3) 代码和数据没有分离是诸多注入类攻击产生的原因。当正常的数据内容被注入恶意代码，在解析的过程中，如果注入的恶意代码能够被独立执行，那么就会发生攻击。

(4) 浏览器同源策略是由网景通信公司(Netscape Communications Corporation)提出的一个著名的安全策略。同源策略规定：不同域的客户端脚本在没有明确授权的情况下，不能读写对方的资源。同源是指域名、协议、端口相同。

4. SQL 注入攻击的检测与防御

SQL 注入攻击检测分入侵前的检测和入侵后的检测。入侵前的检测可以通过手工方式进行，也可以使用 SQL 注入工具软件，检测的目的是为预防 SQL 注入攻击；而对于 SQL 注入后的检测主要是针对日志，因为 SQL 注入攻击成功后，会在 IIS 日志和数据库中留下痕迹。

防范 SQL 注入攻击的方法概括起来有以下几个：

(1) 开发人员要对客户端提交的变量参数，在服务端处理之前进行数据的合法性检查；

(2) 开发人员要对用户口令进行 Hash 运算；

(3) 不要使用字符串连接建立 SQL 查询，而应使用 SQL 变量，因为变量不是可以执行的脚本；

(4) 修改或者去掉 Web 服务器上默认的一些危险命令，如 ftp、cmd、wscript 等，需要时再复制到相应的目录中；

(5) 目录最小权限设置，分别为静态网页目录和动态网页目录设置不同的权限，尽量不设置写目录权限；

(6) 在系统开发后期需要进行 SQL 注入攻击测试。

8.2.5　实验室网络安全问题及相应的防护举措

实验室往往存储着大量的研究数据、实验成果，甚至可能是重要的技术秘密。如果实验室的网络安全得不到保障，那么一方面会导致网络瘫痪，影响实验数据的传输和共享，进而影响实验的进度和结果；另一方面实验数据有可能被非法获取或篡改，给实验室及国家安全带来无法估量的损失。因此了解实验室网络安全问题，并进行有效防护对于实验室信息化建设至关重要。

1) 实验室网络安全问题

(1) 计算机硬盘损坏。实验室中计算机使用时间长，一段时间后出现老化问题，计算机运行速度降低，还会出现死机等问题，不正常的死机还会造成内部数据丢失，系统出现漏洞，从而产生安全问题。

(2) 计算机病毒、木马侵害。实验室的计算机在运行时，会有不法人员将木马植入网页中，使用者若不小心打开，则其中隐藏木马收到指令，将会锁定目标信息，进行资料复制和盗取。计算机病毒具有传染性强和破坏性大的特点，可以长时间隐藏在计算机中，若管理人员没有定期对计算机的杀毒软件进行升级与更新，将会导致计算机病毒入侵。做实验者往往会使用到 U 盘，如果计算机感染病毒，还会让 U 盘带入病毒，逐渐造成整个实验室□计算机都出现中毒情况，进而影响实验室信息安全。

(3) 过于简单的密码。账号密码对于信息化运行来说至关重要，可以说账号与密码是信息化安全的第一道防线。在所有的网络攻击中，大约有 90% 的攻击都是从弱密码开始的，一旦攻击者获得了账号和密码，那么系统中所有资料都可以被攻击者盗用，其他的防护措施几乎形同虚设。

2) 实验室网络安全解决措施

(1) 处理硬盘损坏问题。

对于现有技术来说，硬盘处理有两种解决方案。第一，科学使用硬盘保护卡，保护卡可以在使用硬盘的时候进行数据备份，若使用中出现问题会快速修复。第二，建立内部服务器，减少硬盘使用量，将本应该储存在硬盘中的数据，转移到服务器中，在服务器中读写，此方法是对硬盘的保护，可以延长硬盘的使用时间。

(2) 木马、病毒防范措施。

针对计算机中经常产生的木马和病毒，其处理手段有两种：第一，在实验室计算机中安装病毒监控消除软件，计算机运行时，随时监控是否有病毒植入，每天做好病毒库的更新。此外，需要对每一台计算机都安装正版杀毒软件，由专门的管理人员进行杀毒与维护工作。第二，建立木马防火墙，阻止不法人员植入木马的侵入，并利用防火墙规范操作，保护网络安全，为实验室提供安全环境，保证实验室中网络的正常使用。

3) 账号和密码的保护

账号和密码对于信息化运行来说至关重要，可以说账号与密码是信息化安全的第一道防线。系统中的账号和密码需要进行严格保护，并且在进行加密时也要尽量选择包含大小写字母、数字和特殊符号的融合密码。在网络研究中发现，纯数字密码的破解大约需要一小时，所以越是复杂的密码，被破解的概率就越低。

4) 构建网络安全管理模式

管理人员要加强对实验室网络安全工作的重视，针对存在的问题，制定处理方案，实现网络管理的制度化与科学化。第一，结合实际工作，构建科学的网络安全管理模式，优化与创新安全管理机制与制度；第二，加强对实验室管理人员的综合素质培训，以便提升其对网络安全的重视；第三，定期与不定期开展网络安全加教育与实训演习工作，做好网络安全的宣传工作。让实验人员提升警惕性；第四，结合思政教育，提升对实验人员的网络安全教育，以网络安全实践为案例进行分析，开展多种形式开展网络安全教育，建立正确的网络价值观。

5) 提升网络安全防控能力

进行设备的整体更新与升级，减少计算机漏洞，加强对外来病毒和木马等侵害的防御。

6) 合理利用防火墙

合理应用防火墙，能够有助于局域网和 Internet 之间的数据传播进行有效的控制，工作人员可以在进行互联网权限的设置时，禁止 FTP 或者 Web 界面的服务，也可以将互联网设置为需要权限的信息传递服务。具体的设置方式可以根据实验室的安全性做出相应的调整。防火墙能够有效保护端口中的所有计算机，并且不容易被攻破，具有良好的应用价值。

7) 将不需要的服务和端口关闭

服务器在进行安装和操作时，往往会自动启动一些不必要的应用服务，这样会在一定程度上导致系统的资源遭到占用，同时也会在一定程度上增加系统的安全隐患，而对于不必要的应用服务可以将其完全关闭，同时也可以将没有必要打开的 TCP 端口关闭，这样有助于降低互联网遭到外部网络攻击的概率。

第 9 章 高校实验室安全管理

实验室安全管理是保证实验室安全、防患于未然的重要环节。实验室安全管理的主要内容包括掌握安全管理的基础知识、了解并掌握高校实验室的特点及其安全管理措施，健全实验室安全管理体系、完善实验室安全管理规范、重视常态化实验室安全教育与安全文化建设、加强实验室安全检查整改等。

9.1 实验室安全管理的基础知识

9.1.1 实验室安全管理的定义

安全的含义是指人没有危险。人类的整体与生存环境资源的和谐相处，互相不伤害，不存在危险的隐患，是免除了使人感觉难受的损害风险的状态。安全是在人类生产过程中，将系统的运行状态对人类的生命、财产、环境可能产生的损害控制在人类不感觉难受的水平以下的状态。

安全管理是指对企业或组织的安全进行全面的规划、组织、领导、控制和监督的管理活动。它包括对人员、设备、资产、信息等多方面的保护，以确保企业或组织的正常运作和发展。安全管理的主要目标是防止和减少安全事故的发生，保障人员、设备、资产和信息的安全，维护企业或组织的形象和信誉，提高经济效益和社会效益。在安全管理中，需要制定完善的安全管理制度和标准，培训安全管理人员和员工的安全意识和应急处置能力，建立安全风险评估和应急预案等措施。

实验室安全管理是指对实验室环境、设备、人员和实验活动进行全面的规划、组织、领导、控制和监督的管理活动，以确保实验室的安全运作和保障实验人员的生命安全和健康。实验室安全管理需要制定完善的安全管理制度和标准，明确实验室管理人员和实验人员的职责和权利，加强对实验环境和设备的日常维护和保养，建立安全培训和教育体系，增强实验人员的安全意识和提高应急处置能力，加强实验室安全监测和隐患排查，及时发现和处理实验中存在的安全隐患和事故。同时，实验室安全管理也需要遵守相关的法律法规和标准，确保实验室的安全合规性和可持续发展。

9.1.2　实验室安全管理的原则

1. 人本原则

人本原理是指在管理中必须把人的因素放在首位，体现以人为本的指导思想。运用人本原理的原则有三项。

1) 动力原则

推动管理活动的基本力量是人，管理应该能够激发人的工作主动性、能动性和积极性，对于管理系统，有三种动力，即物质动力、精神动力和信息动力。

2) 能级原则

能级原则指在管理中，建立一套合理能级，根据单位和个人能量的大小安排其工作，才能发挥不同能级的能量，保证结构的稳定性和管理的有效性。

3) 激励原则

激励原则是指以科学的手段，激发人的内在潜力，使其充分发挥积极性、主动性和创造性。人的工作动力来源于内在动力、外部压力和工作吸引力。

2. 预防原则

安全生产管理应以预防为主，通过有效的管理和技术手段，减少和防止人的不安全行为和物的不安全状态，这就是预防原理。运用预防原理的原则有四项：

1) 偶然损失原则

事故后果以及后果的严重程度都是随机的。反复发生的同类事故，并不一定产生完全相同的后果。

2) 因果关系原则

事故的发生是许多因素互为因果连续发生的最终结果，只要事故的因素存在，发生事故是必然的，只是时间或迟或早而已。

3) 3E 原则

针对造成人、物的不安全因素的四方面原因——技术原因、教育原因、身体和态度原因以及管理原因。针对这四方面的原因，可以采取三种应对策略，即工程技术(Engineering)对策、教育(Education)对策、法治(Enforcement)对策，即所谓的 3E 原则。

4) 本质安全化原则

本质安全化原则是指从一开始和从本质上实现安全化，从根本上消除事故发生的可能性，从而达到预防事故发生的目的。

9.1.3　实验室安全管理的基本原则

实验室安全管理，尤其是危险化学品的安全管理是高等学校安全管理工作的一项重要任务，实施安全管理的基本原则就是在理顺管理体制、健全安全制度、强化安全教育的前提下，必须要有计划、有要求、有布置、有检查、有措施，扎扎实实地做好实验室安全管理各项工作，以确保高等学校实验室安全管理及危险化学品安全管理落实、落细。

在实验室安全管理的工作中，许多高校安全工作还仅限于规章制度层面上的管理，或者是救火式管理，往往是哪里出问题管哪里，事故发生后才进行被动的事故分析，找出事故的原因，吸取教训，制定改进措施，或者是在事故发生后进行实验室安全大检查，这种管理模式具有很大的盲目性。

9.2 高校实验室特点及安全管理措施

9.2.1 高校实验室特点

高校实验室是现代高校教学和科研的重要场所，学校培养创新人才的重要阵地，是众多学科进行创新研究的主战场，因此，高校实验工作不同于一般的工作，具有自身鲜明的特点。

1. 工作内容的风险性

高校实验室中，涉及的各类学科和科研活动，都与仪器设备和化学试剂的使用有着千丝万缕的联系，在使用与管理过程中，具有一定的风险，安全隐患比率大。目前，实验过程危险性和危险因素主要以人、物、环境和管理为主。其中，物的因素中，如放射性、高低温、毒性等是属于客观存在危险因素。信号缺陷、标志缺陷、作业场所环境不良、职业安全卫生责任制未落实等，均属于人的因素造成的危险因素。

2. 实验人员和学科的复杂性

目前，很多高校实验室的研究内容涉及多个学科和专业，有别于以往某一学科的固定方向科研开展，人员结构复杂，学科互相交叉，相互融合。

3. 教学和科研双重目标

高校实验室不仅是学生进行实验学习的场所，也是教师和研究人员进行科研的场所。实验室的教学目标是培养学生的实验技能和科学思维能力，而科研目标则是推动学科的发展和创新。

4. 开放性和合作性

高校实验室通常对外开放，接受来自其他高校、研究机构和企业的学术合作与交流。实验室的开放也为学生提供了更多的学习机会和实践机会，促进学科的发展。

5. 实验种类多样性

高校实验室的实验种类和设备数量繁多，安全管理的内容也具有独立的特点。例如：一些综合类的理工科高校，实验室安全管理会涉及危险化学品、病原微生物、实验动植物、特种设备、放射源与射线装置、实验废弃物等。此外每个实验室的研究方向和领域的不同，涉及的实验种类和安全管理方面也会有所不同，因此，高校实验室有别于生产单位的规模化生产，实验所产生的废弃物的种类多，量相对较少，安全管理的内容比较多，难度也相对比较高。

6. 注重创新和实践

高校实验室是学生进行实践和创新的重要平台，学生可以通过实验和创新活动，提高自己的实践能力和创新能力。

9.2.2　国外高校实验室安全管理情况

1. 美国大学实验室安全管理特点

在美国，校园安全归属于教育部门管辖，司法部门和国土安全部门分别从政策制定和应急管理两个方面予以提供辅助和引导。在日常管理中，实行校园安全年度报告制度，并与权威的技术服务机构合作，对校园安全实行全方位评估和改进。同时，有诸如国家校园安全中心、消防中心及校园安全服务署等非营利性组织或民间机构，汇集有学者、法律顾问、工程师、执法人员等为校园安全提供专业的咨询和监督服务，并按年份对外公布安全报告。美国主要是建立基于 EHS 系统(Environment，Health and Safety)的安全管理体系。

高校的 EHS 系统起源于 20 世纪 90 年代，在美国、新加坡、中国的香港等地得到较好的应用。黎莹等人在对美国化学类专业前 30 所大学进行统计研究后发现，完善的 EHS 管理部门和网站公开信息是保障这些学校的实验室能够安全高效运行的关键。EHS 系统有横向平行管理和纵向垂直管理两种模式，其组织架构大致如图 9-1 和图 9-2 所示。

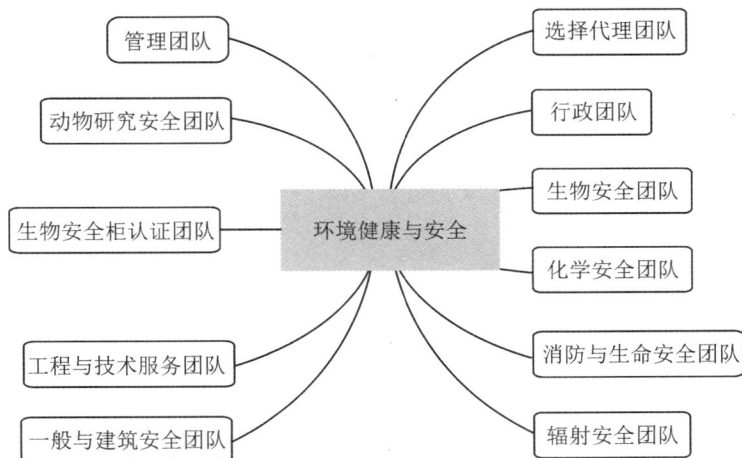

图 9-1　横向平行管理模式

环境健康与安全 ——— 环境健康与安全办公室

- 安全计划
- 环境管理计划
- 生物安全计划
- 卫生计划
- 辐射防护计划
- 施工支持服务计划
- 贝茨辐射防护计划
- 反应堆辐射防护计划
- 管理体系项目

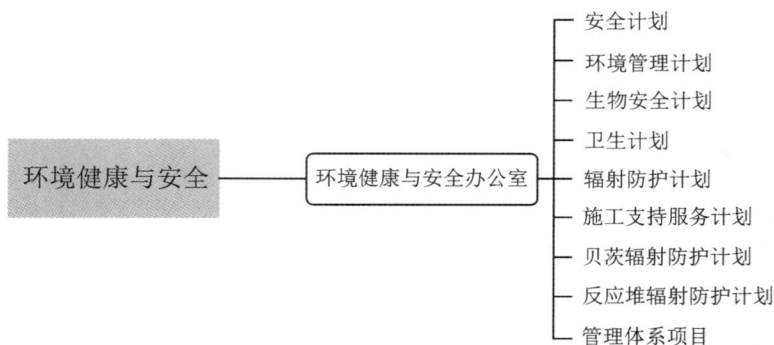

图 9-2　纵向垂直管理模式

2. 英国高校实验室安全管理特点

英国高校通过运用风险评估的机制，排查实验环节是否会对人身和财产安全构成威胁。若确实存在风险，评估者需要对隐患点进行评估，然后决定和提出排除风险隐患的方法。实验室安全的风险评估内容包括原料和产成品的性质和危害；评估其可能产生的危害及严重程度；可以采取的缓解措施以及减缓至何种程度；残余物的处置方法等。风险评估开展的步骤依据的是卫生安全管理部门制定的五步法如图 9-3 所示进行。

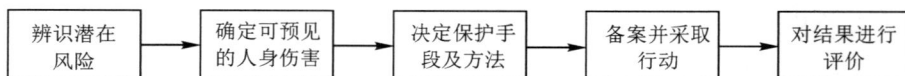

辨识潜在风险 → 确定可预见的人身伤害 → 决定保护手段及方法 → 备案并采取行动 → 对结果进行评价

图 9-3　风险评估五步法步骤

3. 日本高校实验室安全管理特点

日本大学将实验室划分为基于教师预约的基础实验室和面向高年级同学的专业实验室。学校对专业实验室的用户进行使用培训并获得操作许可后才能够进入。同时，针对不同年级的学生所面临的学科特点，有针对性地开展不同层次的安全教育课程。其中，大一新生的培训内容主要是消防安全与逃生；大二学生为实验室安全基本知识培训；大三为急救培训与消防演习；大四为化学综合知识培训与灭火演习；研究生阶段则为实验室安全与设备使用培训，旨在帮助学生进行实践研究和创新性实验。作为安全教育体系中不可缺少的实验室安全指导手册，除了必备的规章制度，还涵盖了紧急情况的处置办法，并且伴随实验室所开展实验的内容的增加，该手册每年都需经历一次修订，以满足最新的实验需求。

9.2.3　高校实验室安全管理措施

高校实验室安全管理的措施主要包括以下方面。

1. 建立健全安全管理体系

高校应该建立完善的实验室安全管理体系，包括制定安全管理制度、实行安全管理责任制、加强安全培训和教育等。实验室安全管理制度应该规范化、科学化并具有较强的操作性，具体制定包括实验室安全管理制度、实验室安全管理规范、实验室安全管理流程等，以确保实验室的安全性。

实验室安全管理责任制应该明确实验室主管领导、实验室主任、实验室管理员、实验室教师等，并明确各自负责不同的安全管理工作，形成全员参与的安全管理机制。

2. 加强实验室安全设施建设

高校应该加强实验室安全设施建设，包括安装防护设施、危险品存放柜、安全通风设备等，保证实验室环境的安全性。实验室防护设施包括眼部防护、呼吸系统防护、皮肤防护和全身防护等，针对不同的实验室特点，应该采用不同的防护设施。

危险品存放柜应该按照不同的危险性等级进行分类存放，确保实验室内危险品的安全存储和管理。安全通风设备应该具备正常通风、应急通风、排放废气等功能，以保证实验室的空气质量和安全性。

3. 严格实验室管理规范

高校应该制定和严格执行实验室管理规范，包括实验室进出管理、实验室安全检查和巡视、实验室设备维护保养等。实验室进出应该实行实名制管理、进出记录和安全检查；实验室安全检查和巡视应该定期进行，确保实验室设施、设备和环境的安全性；实验室设备维护保养应该按照规定进行，确保设备的正常运行和安全性。

4. 加强实验室安全培训和教育

高校应该加强实验室安全培训和教育，包括实验室安全知识的宣传、实验室安全操作技能的培训、实验室安全意识的提高等。特别是针对新进实验室人员，应该进行全面、系统的安全教育和培训，确保所有人员都有安全意识并掌握安全操作技能。

5. 加强实验室安全监管和应急处理

高校应该加强实验室安全监管和应急处理，包括建立实验室安全监测和报警系统、制定实验室安全应急预案并进行演练、及时处理实验室安全事故等。实验室安全监测和报警系统可以采用视频监控、气体检测、火灾报警等设备，及时发现实验室安全风险。

实验室应该建立完善的实验室安全应急预案，包括实验室安全事故的预防和处置、应急救援措施、人员疏散和伤员救治等，并定期演练和更新。同时，高校应该及时处理实验室安全事故，对事故进行调查和分析，采取有效措施避免类似事故再次发生。

综上所述，高校实验室安全管理的对策需要从多个方面入手，建立完善的安全管理体系，加强实验室安全设施建设，严格实验室管理规范，加强实验室安全培训和教育，加强实验室安全监管和应急处理等，才能有效提高实验室安全水平，保障师生的生命财产安全。

9.3　实验室管理体系及实验室安全管理体系

9.3.1　实验室管理体系

实验室管理体系是指把影响检测质量的所有要素综合在一起，为实现质量目标，由组织结构、职责、程序、过程和资源构成的且具有一定活动规律的一个有机整体。实验室管理体系是一套科学的、系统的实验室管理制度和规范，包括实验室组织机构、管理制度、工作流程、设备管理、人员管理、安全管理、质量管理等方面的内容。实验室管理体系的建立可以提高实验室的工作效率和管理水平，保证实验室工作的质量和安全，同时也是实验室获得认证或认可的必要条件。常见的实验室管理体系包括 ISO/IEC17025、ISO9001、GLP 等。

9.3.2　实验室安全管理体系

1. 实验室安全管理体系及构成

高等学校实验室安全工作需要坚持"安全第一，预防为主"的方针，贯彻"党政同责、一岗双责""管理业务必须管理安全""谁主管、谁负责""谁使用、谁负责"的原则，实行分管校长统一领导下的分级负责制，建立校、院(部、所、中心)、实验室三级管理体系。

2. 实验室安全管理体系分工及职责

1) 实验室安全工作领导小组

(1) 贯彻落实上级部门文件精神，定期召开实验室安全工作会议。

(2) 建立健全实验室安全责任体系，组织完善、制定、审核实验室安全管理方面的规章制度、应急预案。

(3) 督促各级责任书签订，落实实验室安全责任制。

(4) 督促二级单位做好实验室安全工作，监督其落实实验室安全隐患整改。

(5) 负责实验室安全事故(事件)调查与处理等。

2) 校级实验室安全管理部门的主要职责

(1) 在实验室安全工作领导小组的领导下，创造性地开展学校实验室安全工作；传达上级部门有关文件精神，并具体负责实验室安全工作规划和年度计划、规章制度及文件的起草以及贯彻落实。

(2) 建立健全学校各级实验室安全工作的管理体制、常规工作机制和管理队伍建设方案。组织编写实验室安全知识的宣传、培训教材，并具体负责全校教职工实验室安全知识和应急技能培训、演练等活动。做好实验室安全工作、检查和培训记录，收集信息，加强档案建设。

(3) 代表学校定期与各学院签订《实验室安全管理责任书》。

(4) 组织开展实验室安全检查工作；督促、配合各实验室进行安全隐患整改。

(5) 对实验室危险源从采购、运输、存储、使用、处置的全流程进行管理或监管；对学校危险化学品库房及危险废弃物回收中转站进行安全管理；按照国家及地方相关环保法律法规，对实验室危险废弃物进行处置。

(6) 配合相关部门进行实验室安全事故处置；组织实施实验室安全应急演练。

(7) 建立实验室安全隐患举报制度，公布实验室安全隐患举报邮箱、电话、信箱等。

3) 院级教学单位实验室安全管理主要职责

各院级单位行政主要负责人是本单位实验室安全工作的第一责任人，代表学院与学校签订《实验室安全管理责任书》；组建由主管各类实验室工作相关院领导具体负责的实验室安全管理队伍。

学院主管实验室工作的相关院领导与学院行政主要负责人签订《实验室安全管理责任书》；根据学院的具体情况安排专职或兼职实验室安全管理人员，协助主管实验室工作的相关院领导做好本单位实验室安全的日常管理工作，在日常工作中履行以下管理职责：

(1) 建立、健全本单位实验室安全责任体系和规章制度。

(2) 制定实验室安全事故应急预案，定期进行培训和实施演练。

(3) 督促各项目组、实验室做好实验室安全工作。

(4) 进行实验室安全的定期、不定期检查，落实安全隐患整改，对隐患整改实行闭环管理。

(5) 结合自身实际情况和学科专业特点组织本单位实验室安全教育培训，配合学校职能部门落实本单位实验室安全教育培训与考试，严格执行实验室安全准入制度。

(6) 与所属各实验室负责人签订安全责任书。

4) 实验室管理员主要职责

实验室管理员是本实验室安全的责任人，代表本实验室与学院主管实验室工作的相关院领导签订《实验室安全管理责任书》。在日常工作中履行以下管理职责：

(1) 分解实验室安全管理责任，做到责任落实到人，并督促执行。

(2) 根据实验室的特点制定本实验室相关规章制度(包括操作规程、仪器操作说明、应急预案、值班制度等)，并张贴在实验室显著位置。

(3) 落实实验室日常安全检查工作，及时整改安全隐患。

(4) 结合科研实验项目的安全与环保要求，做好实验室安全设施的建设和管理，并建立实验室内危险性物品台账(包括特种设备、危险化学品、剧毒品、易制毒品、危险性气瓶、病原微生物台账等)。

(5) 加强实验人员管理，对所有进入实验室工作学习的人员进行安全基本常识、仪器设备操作、实验流程及防护、意外事故处理等方面的安全教育培训，指导危险性实验的开展。

5) 进入实验室人员安全职责

所有在实验室工作、学习的人员，均对实验室及自身安全负有责任。要牢固树立"安全第一，以人为本"的观念，遵守实验室各项安全管理制度，严格按照实验安全操作规程或实验指导书开展实验。

危险性实验需佩戴相应的防护用品；要配合各级实验室安全管理人员做好安全防范工作，排查安全隐患，避免安全事故的发生。学生和新入职人员需参加学校及院(部、所、中心)组织的实验室安全教育培训并通过安全考试后方可进入实验室工作学习；进入实验室后必须掌握安全应急程序，知道应急电话号码，掌握基本救助知识，参加突发事件应急处理等演练活动，熟悉应急设施和用品的位置并会正确使用。

3. 建立安全培训及准入制度

(1) 建立分级培训制度：① 学校实验室管理处、保卫处、各院(部、所、中心)、各实验室根据新进入实验室学生的具体情况分别组织安全教育培训；② 各院级单位负责组织本单位实验室安全管理人员岗前安全教育培训；③ 各实验室负责组织本实验室所有工作人员和临时来访人员岗前安全人员教育培训。

(2) 建立实验室安全准入制度。各级各类人员需按要求进行相应的安全教育培训、考核方能进入实验室工作学习。

(3) 实验室管理部门组织安排实验室技术安全网上培训和考试，学院应安排专人负责安全准入制度的落实；实验室要严格准入制度，严格限制未参加或未通过考试的学生进入实验室开展实验。

4．建立安全检查制度

(1) 建立校、院(部、所、中心)、实验室三级安全检查制度，进行定期或不定期的安全检查和抽查。每次检查要有检查记录，对发现的问题和隐患进行梳理，分清责任并积极整改。

(2) 每学期组织一次全面的实验室安全检查，此外还将不定期地进行专项抽查。一般性检查工作由实验室管理部门会同相关部处、相关院(部、所、中心)实验室安全管理人员进行。

(3) 各院(部、所、中心)应定期组织本单位的实验室安全检查，并做好检查记录备查。

(4) 实验室负责人要落实实验室安全日查制度，做到每日对实验室安全和卫生状况进行巡视检查，及时处置安全隐患。

(5) 在检查中发现安全隐患，要及时通知实验室负责人或安全管理人员采取措施进行整改。如发现严重安全隐患或一时无法解决的安全隐患，须以书面形式向所在院(部、所、中心)、保卫处、资产处报告，并采取措施积极进行整改。对于安全隐患，任何单位和个人不得隐瞒不报或拖延上报。

5．建立事故处理与责任追究机制

(1) 发生意外事故，应立即启动应急预案，采取积极有效的应急措施，做好应急处置工作，防止事态扩大和蔓延。

(2) 发生了被盗、火灾、中毒、人身重大伤害、污染、精密贵重仪器和大型设备损坏等重大事故，实验室工作人员要保护好现场，并立即逐级报告院(部、所、中心)、保卫处、实验室管理部门等有关部门和学校主管领导，并积极配合调查和处理。

(3) 学校保卫处、资产处等有关部门对安全事故应及时查明原因，分清责任，做出处理意见。对造成严重后果和社会影响的，追究肇事者、主管人员和主管领导责任；根据情节轻重及责任人对错误的认识态度，给予批评教育、经济赔偿、行政处分；触犯法律的交由司法机关依法处理。

(4) 对违反规定的实验室或个人，学校管理部门有权追究相关人员责任，根据情节轻重给予通报批评、纪律处分，情节严重的移交司法机关依法处理，如学院责任不明确，将追究学院第一责任人责任，并令其限期整改。凡被责令整改的实验室，要采取相应的整改措施，经各有关部门检查合格后，方可恢复工作。

(5) 学生无视生命和财产安全，违反实验室安全相关规定，造成严重后果的，学校要按照学生违纪处分规定给予相应的纪律处分，属于严重违法行为的，交由司法部门依法处理。

(6) 对于在实验室安全管理方面有如下突出贡献的单位和个人，学校将给予表彰和奖励 认真履行职责，未出现重大安全事故的；发现重大事故隐患，积极采取措施补救、排除险情，避免伤亡事故发生或使国家财产免遭重大损失的；事故发生时，奋力抢救生命和国家财产的。

上述事故处理及责任追究机制仅做出基本阐述，具体机制，各高等学校应根据学校具体情况建立相关管理制度。

9.4　实验室安全管理规范

9.4.1　国家安全相关法律、法规、标准

1. 国家层面的相关法律法规

中央及地方各级政府历来重视安全工作，党的十九大报告提出"树立安全发展理念，弘扬生命至上、安全第一的思想"，把"安全第一"思想推到历史新高度。2016 年 12 月，国务院发布《中共中央　国务院关于推进安全生产领域改革发展的意见》(简称《意见》)，这是中华人民共和国成立以来第一个以党中央、国务院名义出台的安全生产工作的纲领性文件，明确提出"坚守发展绝不能以牺牲安全为代价这条不可逾越的红线"，规定了"党政同责、一岗双责、齐抓共管、失职追责"的安全生产责任体系，要求建立落实安全生产主体责任的机制，建立事故暴露问题整改督办制度，实行重大安全风险"一票否决"制度。《意见》提出，将研究修改《中华人民共和国刑法》有关条款，将生产经营过程中极易导致重大生产安全事故的违法行为纳入刑法调整范围。

2017 年 1 月，国务院办公厅发布《关于印发安全生产"十三五"规划的通知》，要求大力弘扬安全发展理念，科学统筹经济社会发展与安全生产，坚持改革创新、依法监管、源头防范、系统治理，着力完善体制机制，着力健全责任体系、加强法治建设、强化基础保障，"管行业必须管安全，管业务必须管安全，管生产经营必须管安全"，强化地方各级党委政府对安全生产工作的领导，严格目标考核与责任追究。大力提升整体安全生产水平。提出了 2020 年工作目标，全社会安全文明程度明显提升，事故总量显著减少，重特大事故频发势头得到有效遏制，职业病危害防治取得积极进展，安全生产总体水平与全面建成小康社会目标相适应。并提出了安全生产工作七个方面主要任务。

根据教育部高教司 2017 年发布的《高等学校教学实验室安全工作部分法律、行政法规、部门规章和国家强制性标准目录》，涉及实验室安全的国家政策、法律、法规和强制性标准有 150 余项。内容涵盖环境保护、消防安全、化学安全、生物安全、辐射安全、特种设备、安全生产、事故应急、职业防护等领域，这些法律法规、强制标准为安全工作保驾护航，为高校实验室工作提供了法律依据。

2. 教育部相关管理制度

教育主管部门多年来不断加强高等学校实验室安全管理工作。2015 年 8 月 12 日天津

港危险品仓库发生特别重大爆炸事故，造成 165 人遇难。事故暴露了安全意识不强、职能部门执法不严、安全管理不到位等诸多问题，事故在国内外产生了很大的反响，引起各行各业对安全管理的重视与反思，教育部对高校实验室安全的重视程度也达到前所未有的高度。

2015 年前，教育部主要发布过 5 个实验室安全管理方面相关文件，详见表 9-1。

表 9-1 教育部发布的安全管理文件一览表

文 件 名	文 号	年 份
《高等学校从事有害健康工种人员营养保健等级和标准的暂行规定》	教备局字 008 号〔1988〕	1988
《高等学校实验室工作规程》	中华人民共和国国家教育委员会令第 20 号	1992
《高等学校基础课教学实验室评估办法和标准》	教备〔1995〕33 号	1995
《关于加强高等学校实验室排污管理的通知》	教技〔2005〕3 号	2005
《高等学校消防安全管理规定》	中华人民共和国教育部、中华人民共和国公安部第 28 号令	2009

天津港事故发生后，教育部办公厅、科技司、科技发展中心等多部门相继发布多个文件进行高校实验室自查工作。2015 年 8 月，教育部科技司紧急发布《关于开展高等学校实验室危险品安全自查工作的通知》(教技司〔2015〕265 号)，要求高校进行危险品安全自查；2015 年 12 月发布《关于开展高校科研实验室安全管理现场检查的通知》(教技司〔2015〕149 号)，部署了高校科研实验室安全现场督查工作。教育部科技司和科技发展中心组织专家，在 2015-2017 年对 75 所部属高校开展全覆盖式现场检查，有力地推动了高校实验室安全管理工作。2017 年 2 月，教育部办公厅发布《关于加强高校教学实验室安全工作的通知》，对高校教学实验室安全工作提出了明确的要求，强调了红线意识、责任体系、运行机制、安全教育、专项检查、应急能力和齐抓共管 7 个方面工作。同年 12 月，教育部办公厅发布《关于提交 2017 年度高校教学实验室安全工作年度报告的通知》，要求高校每年年底上报教学实验室安全工作系年度报告。

"高校教学实验室安全工作年度报告"包括实验室安全工作基本状况、安全责任体系、安全宣传教育、安全专项检查、应急能力建设、信息化建设等 8 个方面内容。2018 年 7 月，教育部科技司发布《关于开展 2018 年度高等学校科研实验室安全检查工作的通知》。同年 12 月，教育部办公厅发布《关于提交高校教学实验室安全工作年度报告的通知》(教高厅函〔2018〕82 号)，要求各高校于 2019 年 1 月完成上报工作。

2018 年 12 月 26 日，北京某大学实验室发生重大爆炸事故，3 名研究生死亡。事件发生后，党中央、国务院高度重视，国务院领导作重要批示。同年 12 月 29 日，教育部办公厅紧急发布《关于立即开展实验室安全检查的紧急通知》。2019 年 1 月 1 日，国务院安全生产督导组到华东理工大学进行实验室安全工作座谈会。2019 年 1 月 3 日，国务院安委会召开"全国高校实验室安全管理"视频会议。传达了国务院领导同志的重要批示，要求吸取教训，加强管理，落实责任，排查隐患，坚决遏制实验室安全事故的发生。2019 年 1 月

10 日,《教育部办公厅关于进一步加强高校教学实验室安全检查工作的通知》(教高厅〔2019〕1 号)正式发布。截至 2019 年 9 月,教育部在 2019 年一共发布 6 个实验室安全相关的文件。

特别是 2019 年 5 月 22 日发布的《教育部关于加强高校实验室安全工作的意见》(教技函〔2019〕36 号),是教育部迄今为止发布的关于高校实验室安全工作要求的最高规格的文件,由原办公厅发文上升到教育部发文,首次将教学与科研实验室安全放在一起。从提高安全认识、健全安全责任体系、完善安全管理制度、狠抓安全教育培训、加强组织保障工作、建立安全奖惩机制六个方面规范高校实验室安全管理工作。

2023 年 2 月 8 日,教育部办公厅关于印发《高等学校实验室安全规范》的通知(教科信厅函〔2023〕5 号),强调高校实验室建设和使用要认真贯彻落实国家各项安全相关法律法规,保障实验活动安全有序进行,高校实验室安全工作应坚持"安全第一、预防为主、综合治理"的方针,实现规范化、常态化管理体制,重点落实安全责任体系、管理制度、教育培训、安全准入、条件保障,以及危险化学品等危险源的安全管理内容。

9.4.2　高校实验室安全管理制度

高校的实验室安全管理制度是高校根据国家及上级部门相关法律法规、技术规范,结合学校学科专业特点而建立的,是高校有效防范教学、科研过程中实验室安全风险,保障师生安全健康、财产安全、公共安全,加强安全管理的重要措施,是高校的法定责任,是落实主体责任的具体表现。

从广义上讲,安全管理制度应包括安全管理和安全技术两个方面。参考安全系统工程和人机工程原理建立的安全制度体系,一般可以把安全管理制度分为 4 类,即综合管理、人员管理、危险源管理及环境管理。

目前,各高校都制定了一系列的实验室安全管理制度,有的比较初级只有 2～5 个,有的学校比较全面有 20 余个,为制度化、规范化管理打下了良好基础。目前常见的高校实验室安全管理制度,制度主要如下:

《xx 大学实验室安全管理办法》
《xx 大学实验室安全生产管理办法》
《xx 大学实验室安全责任追究与奖励办法》
《xx 大学实验室安全风险评估制度》
《xx 大学实验室安全与卫生检查办法》
《xx 大学实验室安全达标管理办法》
《xx 大学实验室分类分级管理办法》
《xx 大学实验室安全教育管理办法》
《xx 大学实验室安全准入管理办法》
《xx 大学实验室安全检查及隐患整改管理办法》
《xx 大学实验室安全、环保管理奖惩制度》
《xx 大学突发危险化学品事件应急预案》
《xx 大学突发生物安全事件应急预案》
《xx 大学实验动物突发事件应急预案》

《xx 大学辐射突发事件应急预案》

《xx 大学实验室消防安全管理规定》

《xx 大学危险化学品管理办法》

《xx 大学实验室气体使用管理实施细则》

《xx 大学实验室生物安全管理办法》

《xx 大学实验药物管理办法》

《xx 大学实验动物管理法理》

《xx 大学实验室特种设备安全管理办法》

《xx 大学实验室冰箱安全管理规定》

《xx 大学实验室常用加热设备安全管理规定》

《xx 大学实验室废弃物管理办法》

《xx 大学实验室排污管理规定》

《xx 大学实验室个体防护装备管理制度》

《xx 大学特殊时间段开展实验研究安全管理规定》

《xx 大学实验室开放管理规定》

《xx 大学实验室安全钥匙管理制度》

9.4.3 实验室安全操作规程

实验室操作规程是指为了保障实验室安全、保证实验室工作的顺利进行而制定的一系列规定和要求。它是实验室管理的重要组成部分，是对实验室工作人员进行行为规范和管理的依据。

实验室操作规程一般包括实验室安全规定、实验室进出管理规定、实验室设备管理规定、实验室试剂管理规定、实验室废弃物管理规定、实验室文献资料管理规定、实验室数据管理规定、实验室设备操作规程等内容。实验室操作规程的制定和执行，可以保障实验室的安全和正常工作，提高实验室的工作效率和科研水平。

很多实验室事故都是因为人为的误操作导致的，因此实验人员按照设备操作规程来操作就显得尤为重要。按照实验室设备操作规程进行实验是为了确保实验操作的安全性、准确性和可靠性，主要包含了实验操作前的准备工作、实验操作的步骤、实验操作中应注意的安全事项等方面的内容。遵循操作规程能够有效地预防实验操作中可能出现的事故，同时也能够保证实验结果的准确性和可靠性。因此，要在实验室设备上或附近张贴实验室设备操作规程，提醒实验人员严格按照要求操作。

9.5 实验室安全教育与安全文化

据统计，在实验室安全事故中，人为因素比例高达 86%～96%。人的安全意识的缺失是导致实验室事故发生的重要原因，加强高校实验室安全教育和建立培训机制是提高实验室安全意识的有效途径。教育部明确要求高校按照"全员、全面、全程"的要求，组织实施各种形式的实验室安全教育、培训、宣传和经验交流活动，创新宣传教育形式，调动师生参与热情，提高师生安全意识，丰富师生安全知识，提高师生安全技能，营造浓郁的实验室安全文化氛围，做到安全教育入脑入心。

9.5.1　实验室安全教育的目的

实验室安全教育的目的在于通过教育教学手段，增强实验工作人员的安全意识及安全素质，使之掌握必要的安全知识和技能，减少和消除安全隐患及事故，掌握必要的逃生自救常识，一旦发生事故，能及时补救或正确逃生；通过教育也起到提高管理人员的责任感和处理事故能力的作用。

实验室安全教育既包括安全教育，又包括环保教育；既介绍"物防""技防"知识，又传授"人防"手段。其内容涵盖实验室安全文化与管理、实验室安全基本知识、实验室安全技术培训及实践、环保教育四大方面。具体内容则涉及实验室安全的重要性、化学危险品基础知识、消防知识与技术、实验室电气安全、生物安全、辐射安全、信息安全、常用及特种设备安全、实验操作安全、应急事故处理方法、实验废弃物的处理及实验室安全管理等多个方面。

9.5.2　实验室安全文化

实验室安全文化是校园文化的重要组成部分，有助于校园安全管理，通过提高人的观念和素质来实现管理上的提升。高校实验室安全文化包括安全物态文化、安全管理文化、安全行为文化和安全观念文化。

(1) 实验室安全物态文化是高校师生实验室物质生产活动方式和产品的总和，是可触知的、具体的、实在的事物，是高校实验室安全文化最表层的部分，主要体现在高校对于硬件的支持力度如安全设备、装置及防护器件、报警系统等物态本身的安全条件和安全可靠性等方面。

(2) 实验室安全管理文化与安全行为文化同属校园安全文化的制度层，是校园安全文化体系的中间层。安全管理文化是安全行为文化中的重要部分，是指对学校和师生员工的行为产生规范性、约束性的影响和作用，包括建立法制观念、强化法治意识、科学地制定学校的规章制度并严格执行规章和操作规程等。

(3) 实验室安全行为文化是指广大师生员工在实验室工作、学习和生活过程中的安全行为准则、思维方式、行为模式的表现以及安全知识、安全机能的运用，包括科学的安全思维、进行科学的安全领导和指挥、强化高质量的安全知识技能学习、执行严格的安全规范、掌握必需的应急自救技能、开展科学的安全防灾引导、进行合理的安全操作等。它处于实验室安全体系中的深层结构中，一旦形成是安全文化中最不易变更的成分。

(4) 实验室安全观念文化是师生的社会心理和社会意识形态，是学校管理者和师生员工共同接受的安全意识和理念标准，是安全文化体系的核心。它主要是指学校决策者和师生员工共同接受的安全意识、安全理念、安全价值标准。物态、制度、行为层次进行的高校实验室安全工作，都是为实验室安全观念这个精神层的领域服务的，只有不断提升师生安全观念和安全意识，令其主动做到存在实验风险点的实验室不进，存在实验风险点主动向三管部门或老师报告，督促尽快排查予以解决，充分发挥广大师生尤其是青年学生的主人翁意识，这样才是高校实验室安全最理想的状态。

实验室安全文化建设从根本上契合了物质文明建设和精神文明建设的双层含义。作为一个整体，实验室安全文化的各个层面是相互依附、不可分割的。只有在充分认识、理解实验室安全文化的具体内涵的基础上，才能结合目前高校实验室安全的现状有针对性地提出加强该体系建设的措施和途径。

9.5.3　实验室安全教育活动

近年来，各高校提高了安全教育的认识，从新生入学教育、实验室准入、安全培训、开设课程、安全演练，到集中开展宣传周、安全月等，开展了形式多样的安全教育。教育部已经明确要求要把实验室安全宣传教育作为实验室日常安全检查的必查内容，对安全事故责任一律倒查安全教育培训责任。

1. 安全教育与准入

将安全教育作为新生入学教育的主要内容对学生树立安全意识具有重要意义。安全教育的形式可以是安全讲座、安全考试、发放《实验室安全手册》、签订《实验室安全承诺书》等形式。

各高校可以建立实验室安全准入系统，可在系统中进行实验室通识安全、化学安全、机电安全、消防安全、安全防护等知识的学习、练习以及在线测试。同时可以根据专业的不同，根据各类题库的比例，生成不同需求的试卷。进入实验室的人员必须先进行安全知识、安全技能和操作规范的培训，掌握实验室安全设备设施、防护用品的维护使用，未通过考核的人员不得进入实验室进行实验。

2. 开设实验室安全课程

将实验室安全教育纳入高校课程体系，是提高安全教育效果的重要手段。部分高校对于涉及危化品的学院或系科将实验室安全教育课程开设为必修课，如化学系、化工学院、材料学院、医学院等面向本科生和研究生分别开设了实验室安全必修课，面向其他学生开设安全方面的选修课。

3. 实验室安全演练

应急演练作为应急管理体系的重要一环，指在模拟突发事件中，各组织、群体和个人按照相关预案履行相应职责和采取适当行动的训练活动，通过沉浸式和体验式的训练方式有效锻炼应急队伍反应能力，丰富人员应急知识。

安全演练是安全教育的重要内容，主要包括：应急避险、灭火、紧急疏散等。为提高实验人员的应急处置能力，强化师生的实验室安全意识，许多学校专门开展危险化学品应急演练，如以实验室浓硫酸大量泼洒为例，演示了危化品泄漏后事故报告、封锁现场、穿戴安全服、现场情况分析、进入实验室处理险情、确认危险排除等一系列规范化应急处置流程。几乎每所高校每年都会开展多次消防安全演练，指导师生如何自助救援和紧急逃生，在发生火警火灾时临危不乱，迅速而有序地按照消防逃生路线安全疏散，确保生命安全。其他类型的应急演练尚需加强，要形成以联防联控、协同合作为重点，打造全方位、多层次、多主体参与的综合性演练，涵盖实验室多种类型的安全事故，将桌面演练与实际演练相结合，做到责任人、资源、措施与事故相匹配。

4. 开展安全文化活动

安全文化从狭义上讲就是通过策划、建设和实践形成一套完善全面的安全文化体系，运用安全宣传、安全教育、安全文艺、安全文学等手段开展丰富的安全文化活动，使在校师生在参与活动中建设以人为本的安全实验环境，形成科学规范的安全监管机制，提高师生员工的安全素质。

高校在不断提高对实验室安全重要性认识的同时，应依据法律法规，结合学院实际情况，通过制度建设、理论研究、专项整治，以"安全生产月""实验室安全宣传月""实验室安全文化月"等为载体，开展丰富多彩的实验室安全活动，比如实验室安全专项检查活动、实验室安全讲座、实验室安全知识竞赛、实验室安全应急演练、实验室安全征文、实验室安全视频，等等，通过系列活动的开展营造持久的实验室安全文化氛围。

9.6　实验室安全检查

实验室安全检查是夯实实验室安全管理的重要手段之一。通过实验室安全检查，可以及时发现和排除实验室中的安全隐患，防范和减少事故的发生，保障实验室人员的安全和健康。在实验室管理中，应该将实验室安全检查作为一项重要的管理手段，加强实验室安全管理，提高实验室管理水平。

9.6.1　实验室安全检查的类型

1. 实验室自查

实验室工作人员对实验室进行日常巡查和自查，及时发现和处理安全隐患。

2. 院系层面常规自查

院系层面的实验室安全检查是整个实验室安全检查体系的核心和基础，是排查发现实验室内所存在的重大安全隐患的第一道防线。依照教育部制定的《高等学校实验室安全检查项目表》(见附录)所规定的院系层面安全检查频次，院系安全员每月应至少对其下辖的实验室进行一次"全覆盖"检查。

3. 校级层面定期检查

校级实验室管理部门定期开展针对各院系的实验室安全检查，可以有效加大院系实验室安全的管理力度。校级安全检查人员每次检查完成后，由检查人员分类总结所发现的问题，出具整改通知单，通知各院系整改，并上报至分管实验室安全的校领导。

4. 上级主管部门抽查

近年来，国家和地方政府都十分重视安全生产。教育、公安、应急管理、生态环境等部门对高校实验室的安全管理要求日趋严格，实验室现场检查力度也不断增强。

5. 专项检查

实验室安全专项检查的最大特点是针对性强，主要用于一些危险性较大的风险源，如管控化学品、特种设备、辐射源、消防安全等，专项检查有利于集中力量解决某一类问题，并能够给予师生专业性的指导。

9.6.2 实验室安全检查的内容

实验室安全检查的内容应包括体制机制与责任制的落实情况、安全知识宣传教育情况、安全设施安装与运行情况、危险源分布与管理情况、个人防护与环境保护情况、安全隐患及其整改情况等，要建立实验室安全检查与巡查台账。

实验室安全检查以教育部《高等学校实验室安全检查项目表》的内容为基础，以教育部《高等学校实验室安全规范》(教科信厅函〔2023〕5 号)为要求，且视不同检查形式或实验室自身特点应有所侧重。

(1) 校级层面安全检查人员由实验室管理部门、校办、保卫处、教务处等职能部门负责人、安全管理人员、安全专家等组织，检查内容不限于《高等学校实验室安全检查项目表》1 级指标，还包括督查各二级学院的组织体系、责任体系、安全制度、安全教育、危险源防控、应急管理、消防、水电气、环境等检查工作的落实。

(2) 院级层面安全检查人员由分管院长、院级管理员、安全员、实验中心主任等组成，检查内容不限于《高等学校实验室安全检查项目表》2 级指标，还包括督查各实验室责任体系、实施安全教育、危险源管理、制定操作规程、开展应急演练、废弃物处置等检查工作的落实。

(3) 实验室层面安全检查人员由课题组负责人、实验室责任人、实验人员等组成，检查内容不限于《高等学校实验室安全检查项目表》3 级指标，包括责任到岗到位、安全教育与准入、风险场所防控、危险源全生命周期管理、实验室安全操作、环境卫生等。

9.6.3 完善和强化实验室安全检查的途径

1. 优化检查人员结构，加强监督管理

教学、科研、生产安全的细枝末节延伸到学校角角落落，只依靠单位领导、几个相关职能部门很难做到全方位的监控。安全管理工作需要师生员工共同参与，学校可牵头组建实验室安全检查督导组和实验室安全学生督查员，优化检查人员队伍结构。

督导组成员应当为长期从事与实验室相关的科研、教学工作或实验管理工作的专家、学者；实验室安全学生督查员应具有团队协作精神、有参与实验室管理的积极性、有较强的实验室安全意识和丰富的安全知识。督导组应定期对全校各院系的实验室开展"全覆盖"

检查，并通过不定期地组织各类培训和专项研讨来提升工作水平。实验室安全学生督查员应在日常上课过程中或定期对实验室环境进行巡视，发现问题及时反馈。

2. 邀请第三方实验室安全检查机构

为增加安全检查的深度和覆盖面，学校可以在保持原有检查频率的基础上，引入第三方实验室安全检查机构，借助其在安全管理与环境技术管理方面的经验，进一步提升实验室安全检查工作的专业性与权威性。第三方安全检查机构可以根据国家、地方的相关法律法规，提供全面、专业、客观的安全检查服务，帮助高校实验室发现潜在的安全隐患，并提供相应的解决方案和建议，同时协助高校实验室评估和检查自身的安全管理情况，指导高校实验室完善和提升自身的安全管理水平，为高校实验室的安全管理提供外部的监督和评价，促进高校实验室安全管理的规范化。

3. 实行分级分类管理

《教育部办公厅关于开展加强高校实验室安全专项行动的通知》(教科信厅函〔2021〕38 号)中指出："高校要结合自身实际情况对实验室进行分级分类管理，建立完善适合学校实际的实验室分级标准，对不同风险等级的实验室，采取相应管理措施；对安全隐患实施分级分类管理，制定定量分级标准，全面辨识、评估，确定事故隐患和职业危害监控点，切实落实管理责任"。

学校可通过综合评估实验室内涉及的危险源、危险源可导致危险的严重程度和各实验室在安全管理工作中的实际情况，最终确定该实验室的安全等级。此举可以切实提高实验室安全检查的有效性和针对性，也可以大大降低实验室安全检查对实验正常运行的影响。

4. 提高实验室安全检查信息化程度

当前实验室安全检查的方式为人工记录再发通知整改，整改结束再反馈，整个过程时效性和准确性都有待提高。

为提高安全检查的工作效率，实现安全检查与隐患整改的全流程管理，有必要通过建设实验室安全检查信息化系统来改善现有工作模式。检查过程中，发现安全隐患，检查人员通过实验室安全检查信息化系统立即上传检查情况和隐患图片，实验室安全责任人即时收到安全隐患整改通知，大大节约了后期人工整理与逐级流转的时间。实验室责任人完成整改后，再将整改照片传回系统，实现隐患整改的闭环管理。

5. 闭环管理

加强对检查中发现的实验室安全隐患的整改与复查。检查完毕后及时下达"实验室安全隐患整改通知单"，实验室负责人拟定整改措施报二级单位核查后，反馈给下达通知的监督单位，形成切实有效的安全隐患治理闭合回路管理，保证隐患得到及时解决。

第 10 章　实验室质量管理

质量管理，是实验室建设和运行的重要保障，是实验室管理的重要组成部分。本章主要介绍实验室质量管理体系如何建立和运行，以及常见的质量管理方法在实验室管理和运行中的应用。

10.1　实验室质量管理的基本概念

实验室质量管理是指通过一系列的管理方法和技术来确保实验室工作的质量和可靠性。实验室质量管理是一个综合性的概念，包括实验室的组织结构、管理体系、设备设施、人员素质、实验室测试方法、数据处理、实验室文化等多个方面。实验室质量管理的目的是保证实验室测试结果的准确性、可靠性和可重复性，提高实验室工作的效率和可信度，促进实验室的可持续发展。实验室质量管理通常采用国际标准化组织(ISO)制定的标准，如ISO/IEC17025 实验室质量管理体系标准和 ISO9001 质量管理体系标准等。为了更好地理解实验室质量管理，有必要对质量管理的基本概念进行了解。

1. 质量

质量是指客体的一组固有特性满足要求的程度。固有特性就是指某事或某物中本来就有的，尤其是那种永久的特性。要求是指明示的、通常隐含的或必须履行的需求或期望。

2. 质量管理

质量管理是指确定质量方针、目标和职责，并通过质量体系中的质量策划、控制、保证和改进来使其实现的全部活动。质量管理的发展经历了三个阶段：质量检验阶段、统计质量控制阶段、全面质量管理阶段。

3. 全面质量管理

全面质量管理是一个组织以质量为中心，以全员参与为基础，目的在于通过顾客满意和本组织所有成员及社会收益而达到长期成功的管理途径。必须始于识别顾客的质量要求，终于顾客对他手中的产品感到满意。

4. 质量方针

质量方针是指由实验室最高管理者正式发布的该实验室总的质量宗旨和质量方向。

5. 质量目标

质量目标是质量方针的具体体现，质量目标既要先进，又要可行；质量目标要逐层进行分解，加以细化，具体落实。

6. 质量控制

质量控制是指为达到质量要求所采取的作业技术和行动。质量控制是为了通过监视质量形成过程，消除质量环上所有阶段引起不合格或不满意效果的因素，以达到质量要求，而采用的各种质量作业技术和活动。质量控制大致可以分为 7 个步骤：

(1) 选择控制对象。

(2) 选择需要监测的质量特性值。

(3) 确定规格标准，详细说明质量特性。

(4) 选定能准确测量该特性值或对应的过程参数的监测仪表，或自制测试手段。

(5) 进行实际测试并做好数据记录。

(6) 分析实际与规格之间存在差异的原因。

(7) 采取相应的纠正措施。当采取相应的纠正措施后，仍然要对过程进行监测，将过程保持在新的控制水准上。一旦出现新的影响因子，还需要测量数据分析原因进行纠正，因此这 7 个步骤形成了一个封闭式流程，称为反馈环。

7. 质量保证

质量保证是指为确保实验室检测/校准结果的质量，而在质量管理体系中实施，并根据需要进行证实的全部有计划和有系统性的活动。

8. 质量改进

质量改进是质量管理的一部分，目的是增强满足质量要求的能力。质量改进的关键是增强能力，使组织满足要求。质量改进的基本过程为策划(plan)、实施(do)、检查(check)、处理(act)，质量改进的工具有分层法、调查表、排列图、树图、过程决策程序图等。

9. 实验室质量管理体系

实验室质量管理体系就是建立质量方针和质量目标，并为实现这一目标的一组相互关联或相互作用的要素的集合，在质量方面指挥和控制组织的管理体系。通常主要包括制定实验室的质量方针、质量目标、质量策划、质量控制以及质量保证和质量改进等活动。实验室质量管理体系应整合所有必需过程，以符合质量方针和目标要求并满足用户的需求和要求。

10.2　实验室质量管理体系的建立

10.2.1　实验室质量管理体系建立的重要性

实验室是进行各种实验活动的场所，其质量管理的水平直接关系到实验结果的准确性和可靠性。因此，加强实验室的质量管理至关重要，其重要性主要表现在以下方面。

1. 有利于持续提高实践教学质量

高校实验室建立质量管理体系归根结底还是为实践教学质量的持续改进服务的，在实践教学质量监控的基础上，高校也需要对人才培养目标、教学过程及教学效果等进行系统改进和改革，将全面质量管理的思想应用于实验教学活动管理过程，从而保障和提高实践教学质量。

2. 有利于规范实验室管理

(1) 高校实验室建立质量管理体系可以促进内部管理系统化。质量管理体系从系统的角度，对高校实验室的运行、管理和人员因素等提出全面控制要求，通过对照质量管理体系的要求可以发现实验室管理中的薄弱环节，进而对实验室管理体系进行全面的审视、检查和补充。

(2) 通过对质量管理体系有效运行所需的文件等信息进行确定及控制，可以规范实验室管理规章制度、人员的岗位职责、试剂耗材领用、仪器设备使用等，确保实验室的有效运行。

(3) 建立质量管理体系可以促进高校实验室的动态管理，持续改进，提高实验室管理的适应性和有效性。

10.2.2　实验室质量管理体系的构成

实验室质量管理体系包括硬件部分与软件部分，硬件部分也称基础资源。实验室质量管理体系由组织机构、程序、过程、资源四个基本要素组成，实验室质量管理体系构成图如图 10-1 所示。

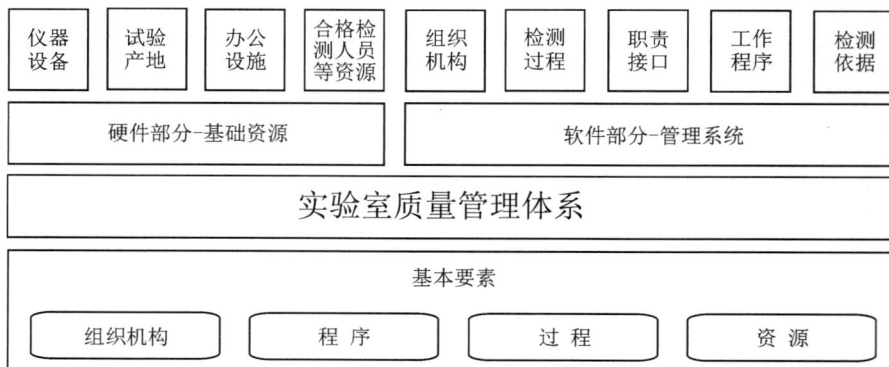

图 10-1　实验室质量管理体系构成图

1. 组织机构

组织机构指实验室人员的职责、权限和相互关系的安排。组织结构的本质是实验室工作人员的分工协作及其关系，目的是为实现质量方针和目标。实验室的组织机构，需要落实岗位责任制，明确技术、管理、支持服务工作与管理体系关系，实验室质量管理体系组织机构的建立，主要包含以下几方面工作：

(1) 设置与检测工作相适应的部门，如硬件测试部、硬件实验室等。

(2) 确定综合协调部门，如综合管理部、运营部等，高校实验室主要是有实验室管理职能的部门，如实验实训管理中心等。

(3) 确定各个部门的职责范围与对应关系。

(4) 配合开展工作所需的资源。

由于实验室的性质、工作内容、规模不同，必须根据实验室实际情况进行分级分类管理。

2. 程序

程序是为完成某项具体工作所需要遵循的规定。主要规定按顺序开展所承担活动的细节，包括应做的工作要求，即何事、何时、何处、何故、如何控制，并做好记录，即对人员、设备、材料、环境和信息等进行控制和记录。含有程序的文件称为程序文件，虽然不要求所有程序都必须形成文件，但质量管理体系程序通常都要形成文件。程序分为管理性和技术性两种。一般程序性文件都是指管理性的，是实验室工作人员工作的行为规范和准则。技术性程序一般以作业文件(或称操作规程)规定。

3. 过程

过程是指将输入转化为输出的一组彼此相关的资源和活动。任何过程均有输入和输出，输入是实施过程的基础，输出是完成过程的结果。检测过程的输入是被测样品，检测过程的输出为测量结果。为确保过程质量，对输入过程的信息、要求、输出的结果以及在过程中的适应阶段应进行必要的检查、评价、测量。

4. 资源

资源是实验室建立管理体系的必要条件，实验室根据自身检测特点和规模配备所需的资源，主要包括人力资源和物质资源。

(1) 人力资源：实验室确保操作专门设备、从事检测、报告授权签字人等人员的能力，应根据工作岗位、质量活动及规定的职责要求，选择能够胜任的人从事相应工作。

(2) 物质资源：实验室检测的基本保障，配置必需基础设施、仪器设备，并进行维护和保养。包括场地设施、能源、照明、水、电、气等供应设施；检测设备、仪器工具；支持服务设施，如采暖、通风、运输等。

组织结构、过程、程序和资源是实验室质量管理体系的四个基本要素，彼此既相对独立，又相互依存。组织结构是实验室人员在职、责、权方面的结构体系，明确了管理层次和管理幅度；程序是组织结构的继续和细化，也是职权的进一步补充，比如：实验室各级人员职责的规定，可使组织结构更加规范化，起到巩固和稳定组织结构的作用。程序和过程是密切相关的，有了质量保证的各种程序性文件，有了规范的实验操作手册，才能保证检验过程的质量。实验室质量管理是通过对过程的管理来实现的，过程质量又取决于所投入的资源与活动，而活动的质量则是通过实施该项活动所采用的方法(或途径)予以保证，控制活动的有效途径和方法制订在书面或文件的程序之中。

10.2.3　实验室质量管理体系的特性

高校实验室质量管理体系的特性包括系统性、全面性、有效性和适应性，这些特性共同构成了一个完整的实验室管理体系，为高校提供了有效管理的框架和指导，有助于实验室安全管理。

1) 系统性

实验室质量管理体系是对质量活动中的各个方面进行综合的完整系统。

2) 全面性

管理体系应对质量各个活动进行有效的控制，对检测报告质量形成进行全过程、全要素(硬件、软件、物质、人员、报告质量、工作质量)控制。

3) 有效性

实验室质量管理体系的有效性，体现在能减少、消除和预防质量缺陷的产生，一旦出现质量缺陷能及时发现并迅速纠正，并使各项质量活动都处于受控状态。

4) 适应性

管理体系应根据实验室的运行情况、国家相关政策和制度的变化进行修订补充，以适应自身和外部环境变化的需求。

10.2.4　实验室质量管理体系建立的要求

实验室应按有关标准/准则的要求建立质量管理体系，形成文件，加以实施和保持，并持续改进其有效性。依据 PDCA 原理(P：Plan 策划、D：Do 实施、C：Check 检查、A：Action 改进循环)进行优化建设，实验室质量管理体系应符合以下基本要求：

(1) 确定质量方针和质量目标，并遵循有关标准/准则的要求，识别质量管理体系所需的过程，同时应充分考虑实验室自身的实际情况。

(2) 确定达到质量目标的各过程的顺序和相互作用。实验室应确定每个过程中开展的活动及其需投入的资源、过程的输入和输出、过程的顺序和相互作用，识别关键的、特殊的过程和需特别控制的活动。同时应将识别出来的过程、过程顺序和相互作用在质量手册里表述清楚。

(3) 确保过程有效运行和控制所需的准则和方法。为了实施、保持并持续改进质量管理体系的有效性和效率，实验室应运用系统的管理方法，按照标准/准则的要求管理相关过程，即实现对过程管理的规划(P)。

(4) 确保可以获得必要的资源和信息，以支持过程的运行和对这些过程的监视，即策划的实施过程(D)。同时，对过程运作进行测量、分析和检查(C)。

(5) 实施必要的措施，以实现对这些过程策划的结果和对这些过程的持续改进(A)。

(6) 接受实验室工作人员对过程的监督，保持产品(检测报告等)的可溯源性。

(7) 确保对所选择的分包过程实施控制。

10.2.5　实验室质量管理体系建立的步骤

实验室建立质量管理体系一般包括以下步骤，如图 10-2 所示。

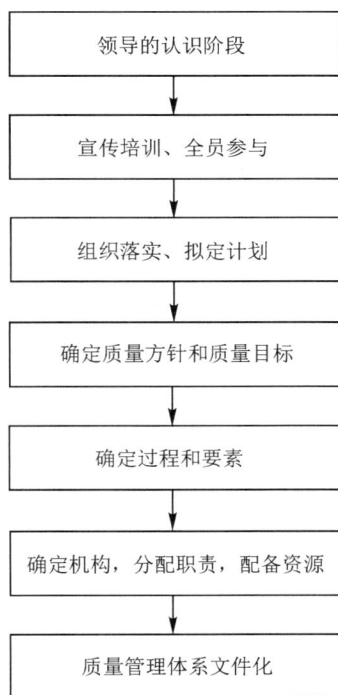

图 10-2　实验室质量管理体系建立步骤

1. 领导的认识阶段

具有质量意识是做好质量管理工作的首要条件，而领导的重视更是质量管理有效推进的重要因素，是实验室建立质量管理体系的先决条件。领导应从全局出发，充分认识实验室质量管理的重要性，以身引领实验室工作人员理解、认同并树立质量观，调动实验室工作人员参与质量管理的积极性，强化实验室工作人员的质量意识与质量观念，使实验室工作人员具有做好质量管理的使命感、责任感和紧迫感。实验室建立质量管理体系是一项全面性的工作。因此，领导在质量管理体系的建立、改进资源的配备等方面发挥着决策作用。

2. 宣传培训、全员参与

实验室人员是实验室组织的根本，只有他们充分参与才能推动实验室高效管理和运行。实验室在建立质量管理体系时要向全体人员进行认可标准和管理体系方面的培训。使实验室全体人员了解建立质量管理体系的重要性，理解认可标准的内容和要求，理解他们在建立质量管理体系工作中的职责和作用，认识到建立健全实验室质量管理体系的工作中人人有责。

3. 组织落实、拟定计划

实验室可根据体系建立的要求组建工作小组。工作小组可分为三个层次：第一层次是有实验室领导层组成的工作领导小组，其任务是体系建设的总体规划、制定质量方针和目标等；第二层次是由各职能部门领导组成的工作小组，其任务是按照体系建设的总体规划具体组织实施；第三层次是成立要素工作小组，根据各职能部门的分工明确质量管理体系要素的责任单位。

4. 确定质量方针和质量目标

质量方针是由实验室最高领导者正式发布的质量宗旨和质量方向。质量目标是质量方针的重要组成部分，同时质量方针又是实验室人员检验工作中遵循的准则。所以，实验室要结合本实验室的工作内容、性质和要求，制定符合自身实际情况的质量方针、质量目标，以便指导质量管理体系的设计、建设工作。

5. 确定过程和要素

实验室的最终目标是高质量完成各项实验，获得合格且满意的实验结果，而合格的实验结果由不同的实验过程来完成的。因此必须将各质量管理体系要素作为一个有机的整体去考虑，了解和掌握各要素达到的目的，按照认可标准的要求，结合自身的实验内容及实施要素的能力进行分析比较。

6. 确定机构、分配职责、配备资源

为了做好质量职责的落实工作，实验室应根据自身的实际情况筹划组织机构的设置。组织机构的设置必须有利于实验室各项工作的顺利开展，有利于实验室各环节与管理工作的衔接，有利于质量职能的发挥和管理。将各个质量活动分配落实到有关部门，根据各部门承担的质量活动确定其质量职责和各个岗位的职责以及赋予相应权限。

7. 质量管理体系文件化

质量管理体系多是通过文件化的形式表现出来的，文件化的质量管理体系就是质量管理体系文件，它是质量管理体系存在的基础和证据，是规范实验室工作和全体人员行为达到质量目标的质量依据。

质量管理体系文件一般包括 4 方面的内容：质量手册、程序文件、作业指导书、记录和表格、报告等，并呈金字塔构架图如图 10-3 所示。它是描述质量管理体系的完整文件，是质量管理体系的具体体现，是质量管理体系运行的法规，也是质量管理体系审核的依据。

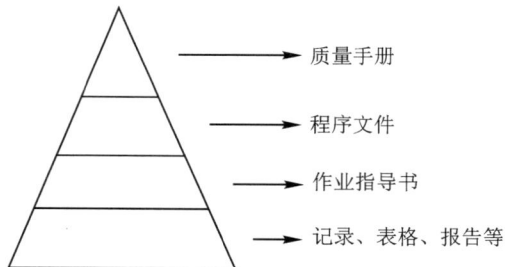

图 10-3 典型的质量管理体系文件层次结构图

1) 质量手册

质量手册包括支持性操作规程(包括技术操作规程)以及相关的参考文献，概述质量管理体系的文件结构。质量手册是对实验室的质量管理系统概要而又纲领性的阐述，能反映出实验室质量管理体系的总貌。质量手册描述质量管理体系和在质量管理体系中使用的文件结构，在质量手册中描述技术管理层和质量管理人员的任务和责任，指导所有人员使用和应用质量手册和所有相关的参考文献，以及所有需要他们执行的要求。质量手册必须由

实验室管理层授权并指定对质量负责的人员保持其最新状态。

(1) 质量手册的编写原则。

① 应符合认可准则及有关法律法规的要求。

② 有利于向实验人员、认证机构、相关方提供质量满足要求的证据。

③ 符合实验室的实际情况。质量手册是规定实验室质量管理体系的文件，应结合自身的特点画出本实验室的模式图。

④ 内容全面、结构层次清楚、语言通俗易懂、名词术语标准规范。

对于一本内外兼用的、完整的质量手册来说，应具备指令性、系统性、协调性、可行性和规范性等特点，且有利于自身的保管、查询、更改、换版等方面的管理与控制。

(2) 质量手册的编写方法。

① 成立组织。成立质量手册编写领导小组和质量手册编写办公室。质量手册编写领导小组由实验室的最高管理者的代表、各有关业务部门主管领导、手册编写办公室负责人参加，负责确定质量手册编写的指导思想、质量方针和目标、手册整体框架的编写进度，以及手册编写中重大事项的确定和协调等。质量手册编写办公室一般以质量管理部门为基础，吸收各有关职能部门的适当人员组成，负责手册的具体编写工作。

② 明确或制定质量方针。质量手册的一个基本任务就是阐述并贯彻质量方针。所以，编制质量手册的前提就是明确(对于已有质量方针且经质量手册编写领导小组审议认为适合明确写入手册)或制订(原来没有质量方针，或虽有质量方针但经审议需重新制订)实验室的质量方针。

③ 充分学习、深入理解有关标准/准则条文。实验室管理者、质量手册编写领导小组、质量手册编写办公室的人员要深入学习，较系统、全面地掌握有关标准/准则。

④ 对实验室的现状作深入研究，识别过程、规定控制范围。可对照有关准则条款，并总结实验室自身的质量管理经验、结合具体情况进行，同时要注意让实验室人员积极参与。

⑤ 用通俗易懂的语言，描述质量体系要素。编制手册，应在深刻理解有关标准的基础上，使用符合本国文化传统的语言，以有利于质量手册的贯彻实施。

⑥ 质量手册的编写与程序文件可有重复，但手册对过程的描述应简明扼要。可参考范本编写，但不可照搬照抄。

⑦ 质量手册的审定、批准。质量手册全部内容编写完成后，应经编写办公室人员内部校对并签字后，提交本组织质量手册编写领导小组审定，最后由本组织最高管理者批准。在质量手册的审定和批准时应着重考虑以下内容：质量手册对采用的国家标准和相应国际标准的符合程度；质量手册对有关政策法令的符合程度；质量手册对实现既定的质量方针、质量目标和实验室人员的质量要求的保证水平；质量手册的系统性、协调性、可行性及规范性。

⑧ 质量手册的发布。质量手册的发布通常采取由实验室最高管理者签署发布令的方式来实施。实验室的最高管理者签署质量手册的发布令，表示手册是整个实验室的法规性文件，全体人员应该严格遵照执行；另一方面也表明了实验室最高管理者对质量责任的承诺。

(3) 质量手册的内容和基本格式，一份完整的质量手册一般包括以下内容。

① 前置部分：包括封面、授权书、批准页、修订页、学校法人公正性声明、实验室主任公正性声明、工作人员职业道德规范、引用文件及缩略语等。

② 主要内容：包括实验室概况、质量方针和质量目标、质量手册管理、管理要求、技术要求。

③ 附录：包括组织机构框图、人员一览表、授权签字人一览表、质量职责分配表、质量体系框图、检测项目一览表、实验室平面图、仪器设备一览表、实验室工作流程图、程序文件目录、实验室行为准则。

2) 程序文件

从活动(或过程)的内涵来看，大到检测/校准的全过程，小至一个具体的作业都可称为一项活动，而活动所规定的方法(或途径)都可称为程序。对质量体系来说，不管是管理性程序，还是技术性程序，都要求形成文件，即所谓程序文件。程序不仅仅是实施一项活动的步骤和顺序，还包括对活动产生影响的各种因素，内容包括活动(或过程)的目的、范围、由谁做、在什么时间和地点做、怎样做以及其他相关的物质条件保障等。一个程序文件对以上诸多因素作出明确规定，也就是规定了活动(或过程)的方法。因此，在质量管理体系的建立和运行过程中，要通过程序文件的制定和实施，对质量体系的直接和间接质量活动进行连续恰当的控制，以此保证质量管理体系能持续有效地运行，最终达到实现实验室的质量方针和质量目标的目的。

程序文件是质量手册的技术性文件，是手册中原则性要求的展开和落实。因此，编写程序文件时，必须以手册为依据，要符合手册的规定与要求。程序文件应具有承上启下的功能，上承质量手册，下接作业文件，这样就能控制作业文件，并将手册纲领性的规定具体落实到作业文件中去，从而为实现对报告/证书质量的有效控制创造条件。

程序文件中的工作流程(步骤和要求)的主要内容是：列出活动(或过程)顺序和细节，明确各环节的"输入—转换—输出"，即应明确活动(或过程)中资源、人员、住处和环节等方面应具备的条件，与其他活动(或过程)接口处的协调措施。明确每个环节的转换过程中各项因素由谁做，什么时间做，什么场合做，做什么，为什么做，怎样做，如何控制及所要达到的要求，所需形成的记录、报告及相应签发手续等。注明需要注意的任何例外或特殊情况，必要时辅以流程图。

3) 作业指导书

作业指导书是用以指导某个具体过程、事物所形成的技术性细节描述的可操作规程性文件。指导书要求合理、详细、明了、可操作。实验室常用作业指导书的分类有：

(1) 方法类：用以指导检测/校准的过程，例如标准/规程(规范)的实施细则、化学试剂配制方法、比对试验方法等。

(2) 设备类：设备的使用、操作规范(如设备商提供的技术说明书等)，仪器设备自校方法、期间核查方法等。

(3) 样品类：包括样品的准备方法、样品处置和制备规则、消耗品验收方法等。

(4) 数据类：包括数据的有效位数、修约、异常数字的剔除以及结果测量不确定度的评定表征规范等，如数据处理方法、测量不确定度评定方法、修正值(曲线)、对照图表、常用参数、计算机软件等。

作业指导书一般包括以下几个方面的内容：依据，适用范围，技术要求，步骤和方法，数据处理方法，结果表示方法，出现意外、差异、偏离时的处理方法，相关文件和记录等。

4) 记录

记录是文件的一种，它更多用于提供检测/校准是否符合要求和体系有效运行的证据，主要有质量记录和技术记录两类。

(1) 质量记录：包括人员培训记录、服务与供应的采购记录、纠正和预防措施记录、内部审核与管理评审记录、质量控制和质量监督记录等。

(2) 技术记录：包括环境控制记录，合作协议、使用参考标准的控制记录，设备使用维护记录，样品的抽取、接收、制备、传递、留样记录，原始观测记录，检测/校准的报告/证书，结果验证活动记录，反馈意见等。

实验室所有文件和记录应受控管理。实验室文件的借阅需要登记，注明文件名称、借阅日期、借阅人、预定归还日期和归还日期等信息。实验室所有记录应按需发放、按时收回，专人保管。保存期限没有统一的要求，根据实验室的性质决定，在程序文件中予以界定就行，一般为便于追溯至少要保存 2 年，重要的文件记录一般保存 5 年。

10.3　实验室质量管理体系的运行

实验室质量管理体系对于实验室来说，不仅是一种管理工具，更是增强实验室人员满意度的有效手段。因此有必要对实验室质量管理体系的运行进行详细介绍。

10.3.1　实验室质量管理体系运行的含义

实验室质量管理体系的运行是指按照一套规范和程序，有效地组织、实施和控制实验室工作，以确保实验室的工作质量和可靠性，是执行质量管理的过程。高校实验室质量管理体系的有效运行可以提高实验室工作的质量、可靠性和效率，为教学和科研活动提供良好的支持和保障，培养学生的实践能力和创新意识，进一步推动高校教学与科研水平的提升。具体来说，有以下含义：

(1) 教学支持。高校实验室不仅承担科学研究任务，还为教学活动提供支持，满足教学需求，通过规范的工作流程和质量控制措施，提供准确可靠的实验数据，支持师生的教学活动。

(2) 实践能力培养。高校实验室质量管理体系的运行，通过落实严格的实验操作规范、质量控制要求和设备管理措施，培养学生的实验技能、数据处理与分析能力，提升他们的实践操作能力和质量意识，促进综合素质的提高。

(3) 研究创新支撑。通过规范的工作流程和质量控制措施，确保科研数据的准确性和可靠性，有效支持科研人员的研究创新工作，推动科学研究的进步和发展。

(4) 仪器设备共享和管理。高校实验室通常拥有大量的仪器设备资源，通过建立设备预约、维护管理和校准检测等措施，提高仪器设备的利用率和效能，保障实验教学和科研工作的顺利进行，实现仪器设备的共享和管理。

(5) 质量改进与评估。通过实施内部质量审核、外部评估和持续改进措施，提升实验室的质量水平和管理能力，不断完善实验室质量管理体系，以适应不断变化和发展的需求。

10.3.2　实验室质量管理体系有效运行的主要体现

实验室质量管理体系有效地运行主要体现在各质量活动都处于受控状态，依靠质量管理体系的组织机构进行组织协调，通过质量监控、质量管理体系评审和审核、验证实验等方式自我完善和自我发展，具备减少、预防和纠正质量缺陷的能力，处于一种良性的循环状态。实验室质量管理体系的有效运行主要体现在以下几个方面：

(1) 符合标准要求。实验室质量管理体系应建立在国内外相关标准和规范的基础上，确保实验室操作流程、质量控制措施和设备管理等方面符合标准要求，保证实验室工作的准确性、可靠性和可重复性。

(2) 有效的质量控制。实验室质量管理体系应包括一系列有效的质量控制措施。例如，建立适当的实验操作规范、操作手册和工作指导文件，以确保实验操作的一致性和可控性；建立合理的实验数据记录和存档机制，确保数据的完整性和可追溯性；进行仪器设备的校准、验证和维护，保证其正常运行和准确度。

(3) 内部审核和评估。实验室质量管理体系需要定期进行内部审核和评估，以确保其有效运行，及时发现和纠正潜在问题，持续改进实验室工作质量；通过评估、评价实验室质量管理体系的有效性和适应性，进一步优化体系运行。

(4) 人员培训和能力建设。建立良好的人员培训和能力建设机制，能够提高实验室人员的专业知识和技能水平，加强他们对质量管理的理解和意识，促进实验室工作的规范化和标准化。

(5) 持续改进和创新。通过分析实验室工作中存在的问题和风险，采取相应措施进行改进；鼓励实验室成员提出改进建议并尝试新方法和新技术，推动实验室工作不断创新和进步。

(6) 用户满意度的提升。确保实验室工作的质量和可靠性，及时满足用户的需求，并与用户进行积极的沟通和反馈，建立起良好的合作关系，使用户对实验室的服务和成果感到满意。

10.3.3　实验室质量管理体系运行中的要求

实验室质量管理体系在正式运行中的要求：

(1) 领导重视。最高领导者要确保建立和实施一个有效的质量管理体系，确保应有的资源并随时将组织运行的结果与目标相比较，根据情况决定实现质量方针、目标及持续改进的措施。

(2) 全员参与。实验室的所有工作人员要充分参与才能使实验的各个过程的实施处于受控状态，达到预期的目标。

(3) 建立监督机制保证工作质量。实验室应根据实际情况设立质量监督员，形成质量监督系统，确保各个检验工作的质量。

(4) 认真开展审核活动，促进实验室质量管理体系的不断完善。质量管理体系的评审是对体系是否按体系文件运行的评价，以确定体系的有效性，对运行中存在的问题采取纠正措施是体系自我完善和自我提高的重要手段。

(5) 加强纠正措施落实，改善质量管理体系运行水平。纠正措施是改善和提高质量管理体系运行水平的一项重要活动，是体系自我完善的重要手段。

(6) 适应市场，不断壮大提高能力。市场经济的发展、新产品的不断涌现和检测标准的不断更新，要求实验室能不断改进以满足市场需求。

10.4　质量管理方法在实验室管理和运行中的应用

10.4.1　PDCA 循环法在实验室规范运行中的应用

PDCA 循环又叫 PDSA 循环、Deming 循环，是实验室质量管理的最基本方法，能有效地对实验室规范运行进行持续改善，包含计划 P(Plan)、执行 D(Do)、检查 C(Check)和改进 A(Action)4 个步骤。PDCA 过程不是运行一次就结束，而是周而复始、阶梯式上升的，一个循环结束了，解决了一些问题，未解决的问题进入下一个循环，目的是通过持续改进来不断提高质量。

计划阶段即为根据实验室现状，制定实验室质量管理的质量方针，同时涵盖实现总体计划目标所采用的具体方法；执行阶段为依据制定的计划和目标，进行具体的运作，有针对性地开展各类质量活动，确保任务目标的达成；检查阶段是指对比实施计划和质量方针，通过有效的方法和具体的举措，检查执行情况和效果，及早发现执行过程中出现的问题并进行经验总结和分析；改进阶段指的是对检查时存在的问题不断改进，使质量管理体系维持合理运作。

基于 PDCA 循环构建的可持续完善的实验室规范化运行机制如图 10-4 所示，可以为高校实验室的良好运行提供机制保障。

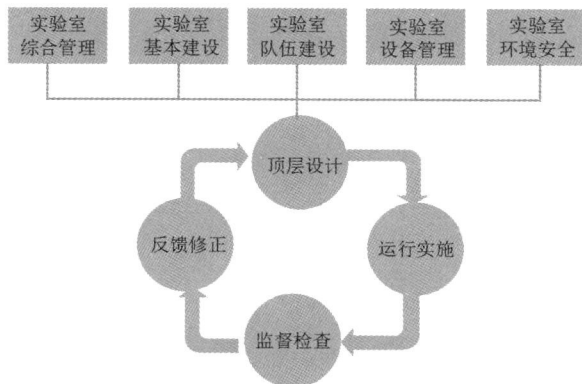

图 10-4　高校实验室运行机制示意图

1. 顶层设计(Plan 阶段)

实验室运行的顶层设计包含三个方面，分别为组织保障、制度体系和运行机制。

(1) 组织保障。学校层面要成立承担实验室规范运行职能的委员会，统筹协调全校的实验室规范运行工作，制定实验室规范运行的方针政策、制度体系、运行机制等。委员会下设办公室具体落实相关工作，办公室的日常运行可由学校实验室管理职能部门承担。学校实验室管理职能部门履行全校实验室规范运行的监督管理职责，各二级单位要按照学校实验室规范运行的规则和要求，进一步完善并制定符合各自学科特点的实验室运行体系。实验室层面负责具体落实各项工作要求，保证实验室安全有序运行。

(2) 制度体系。制度体系是实验室规范运行的基本保障，学校层面要从实现规范运行的要素出发，梳理并确定实验室规范化的制度要求，并建立具有普适性、原则性的规章制度。各二级单位要在此基础上进一步细化，制定具有可操作性的实施细则，共同构成学校实验室规范运行的制度体系，切实做到实验室规范运行有法可依、有章可循。

(3) 运行机制。通过借鉴 PDCA 循环理论，构建涵盖顶层设计、运行实施、监督检查、反馈修正四个阶段，可持续完善的实验室规范运行体系，为实验室的良好运行提供机制保障。同时，进一步落实管理主体职责，建立学校、二级单位、实验室三级责任制，将责任落实与资源配给相关联，保障管理责任和工作要求层层落实。

2. 运行实施(Do 阶段)

各二级单位既是学校实验室规范运行体系的执行者，又是本单位实验室规范运行体系的设计者。在执行学校实验室规范运行各项要求的同时，要结合本单位的实际情况，在组织保障、制度体系、运行机制等方面进一步完善优化，将规范运行体系落实落地。各实验室要严格落实学校、二级单位的规范运行要求，按照规范运行的要素全面保障实验室规范运行。

3. 监督检查(Check 阶段)

实验室规范运行办公室、实验室管理职能部门作为实验室规范运行监督检查的主体，要按照学校实验室规范运行的各项要求，充分调动学校实验室管理队伍，通过成立规范运行督导组、进行专项检查等多种方式开展多角度、多维度的实验室运行评估。各二级单位按照学校和本单位的实验室规范运行机制，认真开展自查。通过在学校、二级单位、实验室多个层面落实监督检查机制，及时发现问题并有效解决。

4. 反馈改进(Action 阶段)

参照实验室规范运行要素对监督检查的结果进行分析，客观了解实验室运行成效，在发现可借鉴、可推广做法的同时，找出运行中存在的问题，分析原因并提出完善方案后，进入下一个循环，回归到顶层设计阶段，不断改进并完善学校实验室规范化运行体系，从而实现实验室规范运行水平的梯度提升。

10.4.2　6S 管理模式在实验室管理中的应用

1. 6S 管理模式的概念

6S 管理模式是指对实验、实训、办公、生产现场等各质量管理运行要素所处状态进行管理的一种模式。6S 管理模式主要包括以下 6 个方面：整理(Seiri)、整顿(Seiton)、清扫(Seiso)、清洁(Seiketsu)、素养(Shitsuke)和安全(Safety)。6S 管理模式是一个行动指南，整理、整顿、清扫、清洁是 6S 管理中关于现场状况提升的四个基本行动要素。6 项要素并不是独立存在的，而是相互关联的，存在内在的逻辑关系，其中整顿、整理、清扫是日常管理过程中具体规范的内容，清洁则是对整理、整顿、清扫构成一个相当完备的管理体系。

(1) 整理。整理是指将实验场所的所有物品区分为有必要的和不必要的两种，除了有必要的留下来，对不必要的物品进行清理。对实验室进行整理是为了腾出多余物品占用的空间，创造清新的实验场地。

(2) 整顿。整顿是指按照实验教学安排将需要的试剂耗材分门别类，按照规定的位置放置，并摆放有序、明确标识，方便使用者取用。目的是减少寻找时间，提高工作效率，保证工作环境的整齐、有序。

(3) 清扫。清扫是指将工作场所内所有垃圾、灰尘、污垢和油渍清扫干净，包括一些看不见的地方，保持干净、亮丽的工作环境。清扫是实验室进行 6S 管理活动的难点和重点，其关键在于保持整理、整顿状态而制定清扫标准的科学性、合理性和可操作性。

(4) 安全。安全是一切活动的基础，重视进入实验室工作、学习人员安全教育，时刻都要有保持安全第一的意识，预防为主，排查一切安全隐患。实验室安全是保障实验教学正常进行的前提和决定因素，没有安全一切成果都无从谈起。实验室安全管理的目的就是为了增强师生员工的安全意识，在日常工作学习中更加注重细节管理。安全这一要素，是对原有 5S 的一个补充，其他 5 项要素中都始终贯穿安全方面的规范意识，只有这样才能真正将安全要素融入到原有的 5S 管理体系中。

(5) 清洁。清洁是将整理、整顿、清扫、安全 4 个要素的做法制度化、规范化，并贯彻执行及维护，保持实验场所的卫生环境干净整洁，使现场保持完美和最佳状态。

(6) 素养。素养是指建立日常习惯与意识，使每位参与者养成良好的实验习惯，要按照规范要求进行实验，营造积极主动的人文精神，培养集体大局意识。素养是 6S 的重心，素养的实现有赖于教育的成效。

2. 6S 管理模式的重要性

(1) 保证实验室安全。

实验室安全是教学、科研的基础，一旦发生安全事故，不仅会给学生、老师等实验室人员带来伤害，也会给学校和社会带来恶劣的负面影响。而实验室的仪器设备中存在很多危险物品，尤其是各种电缆电线散乱，外加机械臂等大型设备的使用管理和保存、处置等方面没有具体完善的管理体制，缺少必要的功能区域指示图和警示标志；实验人员的安全观念不强，自我防护意识较弱，安全保障措施不完善，不能严格按照规范完成实验操作；缺乏必要的责任划分制度，仪器设备、机器人、管件、紧固件以及各种实验文件材料摆放杂乱等，一不小心便会出现操作事故。因此，消除实验室安全隐患并加强对学生的安全教育，就成了 6S 管理中首先需要解决的问题。

(2) 提升学生职业技能、职业素养。

教育改革的深入推进以及产教学融合的教学模式都对学校教学质量提出了更严的要求，而实验室操作本身就具有精细化和标准化的特点。当前学生在遇到仪器设备损毁等情况�怕承担责任而未及时上报，或者实验结束之后未能随手拔掉插线、关闭仪器等，都会导致学生养成不良的实验操作习惯。因此，学校在注重学生知识和技能培养的同时，也不能忽视学生职业素养的训练。6S 管理能够营造出实验室管理氛围的职场训练环境，可以规范学生操作行为，使其养成良好的职业习惯，提升职业素养，为对接企业入职上岗打下基础。

(3) 提高师生教学满意度、提高实验室设备利用率和寿命。

部分实验人员不能准确理解并严格按照有关规定开展安全操作，增加了电子类精密仪器的损坏率，缩短了贵重仪器的使用寿命，不仅会降低师生对实验室教学的满意度，还会造成实验室基础建设方面的经济投入过高等问题。通过 6S 管理营造出良好有序的实验环境和教学氛围，能提高师生对实验室工作的满意程度，提高对实验工作的认可，同时良好的教学环境和学生的实验习惯，会让实验设备长期正常工作，减少故障发生。

(4) 提升实验人员的专业技能和管理能力。

实验室管理体系不完善，消耗量大的实验耗材摆放位置不规范，不仅会占用有限的实验室空间，还不便于实验人员第一时间对其进行补充，只能通过重复盘点来保证实验室的使用需求；卫生区域责任划分不到位，未明确规定具体的责任承担人，使得相关人员的执行性差，导致实验室环境脏乱差，占用大量的实验空间，也会增加实验室管理人员的工作压力，影响其工作情绪的稳定和工作积极性，从而降低实验的精准性和效率。通过 6S 管理，能够将实验室管理人员从繁杂的重复劳动中解放出来，使其有时间提升自身专业技能和水平。

3. 6S 管理在实验室管理中的应用

1) 前期准备阶段

(1) 完善 6S 管理机制。大力开展 6S 管理理念的宣传和教育，让所有人员了解 6S 管理机制在实验室管理体系建设和完善过程中的重要作用，使其掌握 6S 管理机制的主要内容、原理和重要性，能够积极遵守并严格落实 6S 管理理念，从而保证 6S 管理机制在实验室管理体系中功能的有效发挥；根据实验室建设现状和开展的实验研究内容科学利用 6S 管理机制，合理划分实验室功能分区，安排专人负责区域管理，明确各类仪器标识的有效张贴，并按规定悬挂实验室规章制度，使其起到一定的警示作用；做好环境设施建设，确保灵活利用空间，保障人均使用面积以及各项仪器操作的互不干扰，科学设置通风窗口，配备必要的安全防护仪器，如灭火器、防护服等，在满足实验工作环境需求的同时，保证实验人员的安全。

(2) 建立健全监督管理机制。编制 6S 管理机制的推行计划，明确 6S 管理的时间节点、标准要求和具体的执行步骤，并安排专业管理人员统筹协调 6S 管理机制的落实情况，以实现六要素的同步推进；充分利用互联网和大数据处理技术，建立 6S 管理机制的信息化管理平台，及时公开 6S 管理机制实施过程中的检查结果，并制定适当的奖惩机制，使所有人员认识到 6S 管理机制的重要性，保证信息的双向互通，确保 6S 管理机制的落实；建立健全监督管理机制，定期检验实验室管理过程中 6S 理念的落实情况，通过抽查或者考评卫生责任区的方式，对 6S 管理机制落实不到位的实验室进行限期整改或者通报批评，并在规定时间后再次进行检查，以形成"检查—整改—落实—再检查"的闭环模式，切实提高实验室管理的质量。

2) 具体操作过程

(1) 整理部分。实验室的仪器设备和文件资料等资源繁多，为高效利用有限的实验室空间，保证实验工作的正常开展，实验室管理人员首先要重视 6S 管理机制中的整理部分。针对常用设备、不常用设备、危险设备等做好区分整理工作，及时找出废旧、损坏的仪器设备并做好相应处理，以腾出实验空间，防止影响后期实验操作的正常开展，有效改善实验室布局凌乱的局面。

(2) 整顿部分。根据具体情况合理划分区域，并严格按照区域划分情况进行设备和消耗品摆放，做好标识，如将规章制度上墙展示，仪器设备状态和维护保养记录放在醒目位置，常用仪器设备和消耗品放在较为方便的位置，不常用的则收入库房并上货架分区域放置，便于后期查找；明确出入库登记管理制度，全面清点台账和现有的实验资源种类是否相符，做好盘点工作，以便及时采购，确保实验工作的顺利进行。

(3) 清扫部分。合理制定责任卫生区域，统筹协调各部门之间的关系，采用分化管理，明确常用区域、不常用区域；严格落实实验操作标准，确保仪器设备无积尘、无油污，操作台干净整洁，无关实验室使用的杂物等不得出现在实验室内，确保实验室整体工作环境的清扫工作能够高效完成，以满足实验室中的仪器设备取出来之后便处于正常使用状态，能够进行操作使用，以提高操作效率。

(4) 清洁部分。实行精细化管理模式，根据实验室的具体使用情况，明确责任分区，将具体的设备、库房、文件整理等工作细化到个人，并定期检查 6S 管理机制的落实情况，以强化实验室管理规章制度的执行，有效改善实验室"脏乱差"的环境现状，确保整理、整顿和清洁工作能够朝着制度化、常规化方向发展。

(5) 素养部分。加大 6S 管理机制的宣传力度，教育引导实验人员能够自觉遵守实验室有关管理规定，督促其将强制行事化转变为自觉习惯化，不断提高其综合素养。做到自觉穿戴防护装置，科学做好工作交接，严格按照相关规定开展操作；当实验操作结束时要将仪器、文件资料等恢复到原位，并检查仪器设备、开关线路等使用情况，一旦出现仪器设备损毁情况要及时上报。

(6) 安全部分。安全部分既是 6S 管理的原则也是标准，实验室在安全方面要做到明确安全责任制度，规范仪器设备操作标准，定期进行安全警示教育，制定安全应急预案，并增添安全标识和不定时检查实验室的线路、应急通道等使用情况，以在高效完成实验工作的基础上，保证实验人员和仪器设备的安全。

附录 高校实验室安全检查项目表

序号	检查项目	检 查 要 点	情况记录
1		责任体系	
1.1		学校层面安全责任体系	
1.1.1	实验室安全工作纳入学校决策研究事项	(1) 有学校相关会议(校务会议、党委常委会会议等)纪要,内容包含实验室安全工作。	
1.1.2	有校级实验室安全工作责任人与领导机构	(2) 有校级正式发文,明确学校党政主要负责人是第一责任人;分管实验室安全工作的校领导是重要领导责任人,协助第一责任人负责实验室安全工作;其他校领导在分管工作范围内对实验室安全工作负有支持、监督和指导职责;设立校级领导机构,明确其部门组成和工作职责,分管实验室安全工作的校领导为该机构负责人。	
1.1.3	有明确的实验室安全管理职能部门	(3) 明确牵头职能部门负责实验室安全工作,相关职能部门切实配合落实工作。	
1.1.4	学校与院系签订实验室安全责任书	(4) 档案或信息系统里有现任学校领导与院系负责人签字盖章的安全责任书。	
1.2	院系层面安全责任体系		
1.2.1	有院系实验室安全工作队伍	(5) 院系安全工作队伍由党政负责人、分管实验室安全领导、院系实验室安全助理或安全主管、实验室负责人、实验室安全员等共同组成。 (6) 有带文号的院系文件如党政联席会/办公会等纪要、通知或制度等明确其内容。	
1.2.2	院系签订实验室安全责任书	(7) 院系签订责任书到实验房间安全责任人。	
1.3	实验室层面安全责任体系		
1.3.1	明确实验室层面各级责任人及其职责	(8) 实验室负责人是本实验室安全工作的直接责任人,应严格落实验室安全准入、隐患整改、个人防护等日常安全管理工作,切实保障实验室安全;项目负责人(含教学课程任课教师)是项目安全的第一责任人,须对项目进行危险源辨识和风险评估,并制定防范措施及现场处置方案;实验室负责人应指定安全员,负责本实验室日常安全管理。	

序号	检查项目	检查要点	情况记录
1.3.2	实验室签订实验室安全责任书	(9) 实验室负责人与相关实验人员签订实验室安全责任书。	
1.4	安全工作奖惩机制		
1.4.1	奖惩机制落实到岗位或个人	(10) 是否有明确的奖惩管理办法，以及实际执行情况。	
1.4.2	依法依规进行事故调查和责任追究	(11) 检查事故调查执行情况。	
1.5	经费保障		
1.5.1	学校每年有实验室安全常规经费预算	(12) 学校职能部门有预算审批凭据证明有专款用于实验室安全工作。	
1.5.2	学校有专项经费投入实验室安全工作，重大安全隐患整改经费能够落实	(13) 学校职能部门有支出凭据证明有专款用于实验室安全工作，尤其是用于重大安全隐患整改项目。	
1.5.3	院系有自筹经费投入实验室安全建设与管理	(14) 院系有支出凭据证明有专款用于实验室安全工作。	
1.6	队伍建设		
1.6.1	学校根据需要配备专职或兼职的实验室安全管理人员	(15) 有重要危险源，即有毒有害(剧毒、易制爆、易制毒、爆炸品等)化学品、危险(易燃、易爆、有毒、窒息、高压等)气体、动物及病原微生物、辐射源及射线装置、同位素及核材料、危险性机械加工装置、强电强磁与激光设备、特种设备等的高校应依据工作量，在校级管理机构配备足够的专职实验室安全管理人员。 (16) 有重要危险源的院系应依据工作量配备专职实验室安全管理人员；文、管、艺术类、数学及信息等相关院系配备兼职实验室安全管理人员。	
1.6.2	有校级实验室安全检查队伍，可以由教师、实验技术人员组成，也可以利用有相关专业能力的社会力量	(17) 有文件证明学校设立了检查队伍，并有工作记录。	
1.6.3	各级主管实验室安全的负责人、管理人员及技术人员到岗一年内须接受实验室安全培训	(18) 有培训记录(证书、电子文档、书面记录)等证明培训及合格情况。	

续表二

序号	检查项目	检查要点	情况记录
1.7		其他	
1.7.1	采用信息化手段管理实验室安全	(19) 学校建设信息管理等系统用于实验室安全管理。	
1.7.2	建立实验室安全工作档案	(20) 包括责任体系、队伍建设、安全制度、奖惩、教育培训、安全检查、隐患整改、事故调查与处理、专业安全、其他相关的常规或阶段性工作等,且档案分类科学合理,便于查找。	
2	规章制度		
2.1	实验室安全管理制度		
2.1.1	学校和院系应有正式发文的实验室安全管理制度	(21) 有正式发文的实验室安全管理制度,内容包括上位法依据、实验室范围、安全管理原则、组织架构、责任体系、奖惩、事故处理、责任与追究、安全文化等要素。	
2.2	实验室安全管理办法或细则		
2.2.1	有正式发文的实验室安全管理办法或细则	(22) 依据危险源情况制定实验室分类分级、准入管理、安全检查,以及各类安全等二级管理办法,文件应具有可操作性或实际管理效用,及时修订更新,并正式发文。	
2.3	安全应急制度		
2.3.1	学校、院系、实验室有相应的应急预案	(23) 学校、二级单位和实验室应建立应急预案和应急演练制度,定期开展应急知识学习、应急处置培训和应急演练,保障应急人员、物资、装备和经费,保证应急功能完备、人员到位、装备齐全、响应及时,保证实验防护用品与装备、应急物资的有效性。	
3	教育培训		
3.1	安全教育培训活动		
3.1.1	开设实验室安全必修或选修课	(24) 对于有重要危险源(见第15目)的院系和专业,要开设有学分的安全教育必修课或将安全教育课程纳入必修环节;鼓励其他专业开设安全选修课。	
3.1.2	开展安全教育培训活动	(25) 校级层面有档案证明开展了实验室安全教育培训。 (26) 院系层面有档案证明开展了实验室安全教育培训,重点关注外来人员和研究生新生。	
3.1.3	开展结合学科特点的应急演练	(27) 有实验室安全事故应急演练。	
3.1.4	组织实验室安全知识考试	(28) 建设有考试系统或考试题库并及时更新,从事实验工作的学生、教职工及外来人员均须参加考试,通过者发放合格证书或保留记录。	

序号	检查项目	检查要点	情况记录
3.2	安全文化		
3.2.1	建设有学校特色的安全文化	(29) 学校有网页设立专栏开展安全宣传。 (30) 编印学校实验室安全手册，将实验室安全手册发放到每一位从事实验活动的师生。 (31) 创新宣传教育形式，通过微信公众号、微博、工作简报、文化月、专项整治活动、安全评估、知识竞赛、微电影等方式，加强安全宣传。	
3.2.2	建立实验室安全隐患举报制度	(32) 建立实验室安全隐患举报制度，公布实验室安全隐患举报邮箱、电话、信箱等。	
4	安全准入		
4.1	项目安全准入		
4.1.1	对项目进行实验室安全风险评估，保证实验室满足开展项目活动的安全条件	(33) 项目负责人负责对实验项目进行危险源辨识、风险评估和控制，制定现场处置方案，指导有关人员做好安全防护。	
4.2	人员安全准入		
4.2.1	实验人员须经过安全培训和考核，获得实验室安全准入资格	(34) 实验人员应获得实验室准入资格，并严格遵守各项管理制度。	
4.3	安全风险分析		
4.3.1	对研究选题进行安全风险分析，做好防控和应急准备	(35) 开展实验前应进行安全风险分析，并通过审核。	
5	安全检查		
5.1	危险源辨识		
5.1.1	学校、院系层面建立危险源分布清单	(36) 清单内容须包括单位、房间、类别、数量、责任人等信息。	
5.1.2	涉及危险源的实验场所，须有明确的警示标识	(37) 涉及重要危险源(见第 15 目)的场所，有显著的警示标识。	
5.1.3	建立针对重要危险源的风险评估和应急预案	(38) 建立风险分级管控方案。 (39) 院系和实验室应建立针对重要危险源的应急预案。	
5.2	安全检查		
5.2.1	学校、院系层面安全检查及实验室自检自查	(40) 学校层面检查每年不少于 4 次，院系层面每月不少于 1 次，实验室应经常检查。安全检查及整改都应保存记录。	
5.2.2	针对高危实验物品及实验过程开展专项检查	(41) 针对重要险源(见第 15 目)，开展定期专项检查。	

续表四

序号	检查项目	检查要点	情况记录
5.2.3	安全检查人员应配备专业的防护和计量用具	(42) 安全检查人员要佩戴标识、配备照相器具。进入涉及危化品、生物、辐射等实验室要穿戴必要的防护装具；检查辐射场所要佩戴个人辐射剂量计；配备必要的测量、计量用具(手持式 VOC 检测仪、声级计、风速仪、电笔、万用表等)。	
5.3	安全隐患整改		
5.3.1	检查中发现的问题应以正式形式通知到相关负责人	(43) 通知的方式包括校网上公告、实验室安全简报、书面或电子的整改通知书等形式。	
5.3.2	院系须及时组织隐患整改	(44) 整改报告应在规定时间内提交学校管理部门。 (45) 如存在重大隐患，实验室应立即停止实验活动，整改完成或采取相应防护措施后方能恢复实验。	
5.4	安全报告		
5.4.1	学校有定期/不定期的安全检查通报；院系有安全检查及整改记录	(46) 存有相关资料或电子文档。	
6	实验场所		
6.1	场所环境		
6.1.1	实验场所应张贴安全信息牌	(47) 每个房间门口挂有安全信息牌，信息包括：安全风险点的警示标识、安全责任人、涉及危险类别、防护措施和有效的应急联系电话等，并及时更新。	
6.1.2	实验场所应具备合理的安全空间布局	(48) 超过 200 平方米的实验楼层具有至少两处安全出口，75 平方米以上实验室要有两个出入口。 (49) 实验楼大走廊保证留有大于 1.5 米净宽的消防通道。 (50) 实验室操作区层高不低于 2 米。 (51) 理工农医类实验室内多人同时进行实验时，人均操作面积不小于 2.5 平方米。	
6.1.3	实验室消防通道通畅，公共场所不堆放仪器和物品	(52) 保持消防通道通畅。	
6.1.4	实验室建设和装修应符合消防安全要求	(53) 实验操作台应选用合格的防火、耐腐蚀材料。 (54) 仪器设备安装符合建筑物承重荷载。 (55) 有可燃气体的实验室不设吊顶。 (56) 不用的配电箱、插座、水管水龙头、网线、气体管路等，应及时拆除或封闭。 (57) 实验室门上有观察窗，外开门不阻挡逃生路径。	

续表五

序号	检查项目	检查要点	情况记录
6.1.5	实验室所有房间均须配有应急备用钥匙	(58) 应急备用钥匙须集中存放、统一管理,应急时方便取用。	
6.1.6	实验设备须做好振动减振、电磁屏蔽和降噪	(59) 容易产生振动的设备,须考虑采取合理的减振措施。 (60) 易对外产生磁场或易受磁场干扰的设备,须做好磁屏蔽。 (61) 实验室噪声一般不高于55分贝(机械设备不高于70分贝)。	
6.1.7	实验室水、电、气管线布局合理,安装施工规范	(62) 采用管道供气的实验室,输气管道及阀门无漏气现象,并有明确标识。供气管道有名称和气体流向标识,无破损。 (63) 高温、明火设备放置位置与气体管道有安全间隔距离。 (64) 实验室改造工程应经过审批后实施。	
6.2	卫生与日常管理		
6.2.1	实验室分区应相对独立,布局合理	(65) 有毒有害实验区与学习区明确分开,合理布局,重点关注化学、生物、辐射、激光等类别实验室。如部分区域分区不明显,现场查看有毒有害物质的管理须对工作环境无健康危害。	
6.2.2	实验室环境应整洁卫生有序	(66) 实验室物品摆放有序,卫生状况良好,实验完毕物品归位,无废弃物品、不放无关物品。 (67) 不在实验室睡觉,不存放和烧煮食物、饮食,禁止吸烟、不使用可燃性蚊香。	
6.2.3	实验室有卫生安全制度	(68) 实验期间有记录。	
6.3	场所其他安全		
6.3.1	每间实验室均有编号并登记造册	(69) 现场查看门牌,查阅档案。	
6.3.2	危险性实验室应配备急救物品	(70) 配备的药箱不得上锁,并定期检查药品是否在保质期内。	
6.3.3	停用的实验室有安全防范措施和明显标识	(71) 查看现场。	
7	安全设施		
7.1	消防设施		
7.1.1	实验室应配备合适的灭火设备,并定期开展使用训练	(72) 烟感报警器、灭火器、灭火毯、消防砂、消防喷淋等,应正常有效、方便取用。 (73) 灭火器种类配置正确,且在有效期内(压力指针位置正常等),保险销正常,瓶身无破损、腐蚀。	

序号	检查项目	检 查 要 点	情况记录
7.1.2	紧急逃生疏散路线通畅	(74) 在显著位置张贴有紧急逃生疏散路线图，疏散路线图的逃生路线应有二条(含)以上，路线与现场情况符合。 (75) 主要逃生路径(室内、楼梯、通道和出口处)有足够的紧急照明灯，功能正常，并设置有效标识指示逃生方向。 (76) 人员应熟悉紧急疏散路线及火场逃生注意事项(现场调查人员熟悉程度)。	
7.2	应急喷淋与洗眼装置		
7.2.1	存在燃烧、腐蚀等风险的实验区域，须配置应急喷淋和洗眼装置	(77) 应急喷淋和洗眼装置的区域有显著标识。	
7.2.2	应急喷淋与洗眼装置安装合理，并能正常使用	(78) 应急喷淋安装地点与工作区域之间畅通，距离不超过30米。应急喷淋安装位置合适，拉杆位置合适、方向正确。应急喷淋装置水管总阀为常开状，喷淋头下方 410 mm 范围内无障碍物。 (79) 不能以普通淋浴装置代替应急喷淋装置。 (80) 洗眼装置接入生活用水管道，应至少以 1.5L/min 的流量供水，水压适中，水流畅通平稳。	
7.2.3	定期对应急喷淋与洗眼装置进行维护	(81) 经常对应急喷淋与洗眼装置进行维护，无锈水脏水，有检查记录。	
7.3	通风系统		
7.3.1	有需要的实验场所配备符合设计规范的通风系统	(82) 管道风机须防腐，使用可燃气体场所宜采用防爆风机。 (83) 实验室通风系统运行正常，柜口面风速 0.35～0.75 米/秒，定期进行维护、检修。 (84) 屋顶风机固定无松动、无异常噪声。	
7.3.2	通风柜配置合理、使用正常、操作合规	(85) 实验室排出的有害物质浓度超过国家现行标准规定的允许排放标准时，须采取净化措施，做到达标排放。 (86) 任何可能产生有毒有害气体而导致个人曝露、或产生可燃、可爆炸气体或蒸汽而导致积聚的实验，都须在通风柜内进行。 (87) 进行实验时，通风柜可调玻璃视窗开至离台面 10-15 厘米，保持通风效果，并保护操作人员胸部以上部位。实验人员在通风柜进行实验时，避免将头伸入调节门内。不可将一次性手套或较轻的塑料袋等留在通风柜内，以免堵塞排风口。通风柜内放置的物品应距离调节门内侧 15 厘米以上，以免掉落。不得将通风柜作为化学试剂存放场所。玻璃视窗材料应是钢化玻璃。	

续表七

序号	检查项目	检 查 要 点	情况记录
7.4	门禁监控		
7.4.1	重点场所须安装门禁和监控设施，并有专人管理	(88) 关注重点场所，如剧毒品、病原微生物、放射源存放点、核材料等危险源的管理。	
7.4.2	门禁和监控系统运转正常，与实验室准入制度相匹配	(89) 监控不留死角，图像清晰，人员出入记录可查，视频记录存储时间不少于 30 天。 (90) 停电时，电子门禁系统应是开启状态或者有备用机械钥匙。	
7.5	实验室防爆		
7.5.1	有防爆需求的实验室须符合防爆设计要求	(91) 安装有防爆开关、防爆灯等，安装必要的气体报警系统、监控系统、应急系统等。 (92) 可燃气体管道，应科学选用和安装阻火器。 (93) 采取有效措施，避免或减少出现危险爆炸性环境，避免出现任何潜在的有效点燃源。	
7.5.2	应妥善防护具有爆炸危险性的仪器设备	(94) 使用适合的安全罩防护。	
8	基础安全		
8.1	用电用水基础安全		
8.1.1	实验室用电安全应符合国家标准(导则)和行业标准	(95) 实验室配电容量、插头插座与用电设备功率须匹配，不得私自改装。 (96) 电源插座须有效固定。 (97) 电气设备应配备空气开关和漏电保护器。 (98) 不私自乱拉乱接电线电缆，禁止多个接线板串接供电，接线板不宜直接置于地面。 (99) 禁止使用老化的线缆、花线、木质配电板、有破损的接线板，电线接头绝缘可靠，无裸露连接线，穿越通道的线缆应有盖板或护套，不使用老国标接线板、插座。 (100) 大功率仪器(包括空调等)使用专用插座。 (101) 电器长期不用时，应切断电源。 (102) 配电箱前不应有物品遮挡并便于操作，周围不应放置烘箱、电炉、易燃易爆气瓶、易燃易爆化学试剂、废液桶等；配电箱的金属箱体应与箱内保护零线或保护地线可靠连接。	

续表八

序号	检查项目	检查要点	情况记录
8.1.2	给水、排水系统布置合理，运行正常	(103) 水槽、地漏及下水道畅通，水龙头、上下水管无破损。 (104) 各类连接管无老化破损(特别是冷却冷凝系统的橡胶管接口处)。 (105) 各楼层及实验室的各级水管总阀须有明显的标识。	
8.2	个体防护		
8.2.1	实验人员须配备合适的个人防护用品	(106) 进入实验室人员须穿着质地合适的实验服或防护服。 (107) 按需要佩戴防护眼镜、防护手套、安全帽、防护帽、呼吸器或面罩(呼吸器或面罩在有效期内，不用时须密封放置)等。 (108) 进行化学、生物安全和高温实验时，谨慎佩戴隐形眼镜。 (109) 操作机床等旋转设备时，不得穿戴长围巾、丝巾、领带等，长发须盘在工作帽内。 (110) 穿着化学、生物类实验服或戴实验手套，不得随意进入非实验区。	
8.2.2	个人防护用品合理存放，存放地点有明显标识	(111) 在紧急情况须使用的个人防护器具应分散存放在安全场所，以便于取用。	
8.2.3	各类个人防护用品的使用有培训及定期检查维护记录	(112) 检查培训及维护记录。	
8.3	其他		
8.3.1	危险性实验(如高温、高压、高速运转等)时必须有两人在场	(113) 实验时不能脱岗，通宵实验须两人在场并有事先审批制度。	
8.3.2	实验台面整洁、实验记录规范	(114) 查看实验台面和实验记录。	
9	化学安全		
9.1	危险化学品储存区		
9.1.1	学校建有危险化学品储存区并规范管理	(115) 危险化学品储存区须有通风、隔热、避光、防盗、防爆、防静电、泄露报警、应急喷淋、安全警示标识等措施，符合相关规定，专人管理。 (116) 危险化学品储存区的消防设施符合国家相关规定，正确配备灭火器材(如灭火器、灭火毯、砂箱、自动喷淋等)。 (117) 危险化学品储存区不能建设在地下或半地下，不得建设在实验楼内。若只能在实验楼内存放，则应按照实验室的标准要求(见 9.3 实验室化学品的存放)。 (118) 危险化学品储存区的试剂不混放，整箱试剂的叠加高度不大于 1.5 米。	

序号	检查项目	检 查 要 点	情况记录
9.2	危险化学品购置		
9.2.1	危险化学品采购须符合要求	(119) 危险化学品须向具有生产经营许可资质的单位进行购买,查看相关供应商的经营许可资质证书复印件。	
9.2.2	剧毒品、易制爆品、易制毒品、爆炸品的购买程序合规	(120) 购买前须经学校审批,报公安部门批准或备案后,向具有经营许可资质的单位购买,并保留报批及审批记录。 (121) 建立购买、验收、使用等台账资料。 (122) 不得私自从外单位获取管制类化学品,也不得给外单位或个人提供管制化学品。	
9.2.3	麻醉药品、精神药品等购买前须向食品药品监督管理部门申请	(123) 报批同意后向定点供应商或者定点生产企业采购。	
9.2.4	校内危险化学品的运输安全	(124) 现场抽查,校园内的运输车辆、运送人员、送货方式等符合相关规范。	
9.3	实验室化学品存放		
9.3.1	实验室内危险化学品建有动态台账	(125) 建立实验室危险化学品动态台账,并有危险化学品安全技术说明书(SDS)或安全周知卡,方便查阅。 (126) 定期清理废旧试剂,无累积现象。	
9.3.2	化学品有专用存放空间并科学有序存放	(127) 储藏室、储藏区、储存柜等应通风、隔热、避免阳光直射。 (128) 易泄漏、易挥发的试剂存放设备与地点应保证充足的通风。 (129) 试剂柜中不能有电源插座或接线板。 (130) 化学品有序分类存放,固体液体不混乱放置,互为禁忌的化学品不得混放,试剂不得叠放。有机溶剂储存区应远离热源和火源。装有试剂的试剂瓶不得开口放置。实验台架无挡板不得存放化学试剂。 (131) 配备必要的二次泄漏防护、吸附或防溢流功能。	
9.3.3	实验室内存放的危险化学品总量符合规定要求	(132) 危险化学品(不含压缩气体和液化气体)原则上不应超过100公升或100千克,其中易燃易爆性化学品的存放总量不应超过50公升或50千克,且单一包装容器不应大于20公升或20千克(按50平方米为标准,存放量以实验室面积比量)。 (133) 常年大量使用易燃易爆溶剂或气体须加装泄露报警器;储存部位应加装常时排风,或与检测报警联动排风装置。	

续表十

序号	检查项目	检查要点	情况记录
9.3.4	化学品标签应显著完整清晰	(134) 化学品包装物上须有符合规定的化学品标签。 (135) 当化学品由原包装物转移或分装到其他包装物内时，转移或分装后的包装物应及时重新粘贴标识。化学品标签脱落、模糊、腐蚀后应及时补上，如不能确认，则以不明废弃化学品处置。	
9.3.5	其他化学品存放问题	(136) 装有配制试剂、合成品、样品等的容器上标签信息明确，标签信息包括名称或编号、使用人、日期等。 (137) 无使用饮料瓶存放试剂、样品的现象，如确需使用，必须撕去原包装纸，贴上试剂标签。 (138) 不使用破损量筒、试管、移液管等玻璃器皿。	
9.4	实验操作安全		
9.4.1	制定危险实验、危险化工工艺指导书、各类标准操作规程(SOP)、应急预案	(139) 指导书和预案上墙或便于取阅，实验人员熟悉所涉及的危险性及应急处理措施，按照指导书进行实验。	
9.4.2	危险化工工艺和装置应设置自动控制和电源冗余设计	(140) 涉及危险化工工艺、重点监管危险化学品的反应装置应设置自动化控制系统。 (141) 涉及放热反应的危险化工工艺生产装置应设置双重电源供电或控制系统应配置不间断电源。	
9.4.3	做好有毒有害废气的处理和防护	(142) 对于产生有毒有害废气的实验，须在通风柜中进行，并在实验装置尾端配有气体吸收装置，操作者佩戴合适有效的呼吸防护用具。	
9.5	管制类化学品管理		
9.5.1	剧毒化学品执行"五双"管理(即双人验收、双人保管、双人发货、双把锁、双本账)，技防措施符合管制要求	(143) 单独存放、不得与易燃、易爆、腐蚀性物品等一起存放。 (144) 有专人管理并做好贮存、领取、发放情况登记，登记资料至少保存 1 年。 (145) 防盗安全门应符合 GB 17565 的要求，防盗安全级别为乙级(含)以上，防盗锁应符合 GA/T 73 的要求，防盗保险柜应符合《防盗保险柜》GB 10409 的要求，监控管控执行公安要求。	
9.5.2	易制毒化学品储存规范，台账清晰	(146) 应设置专用存储区或者专柜储存并有防盗措施。 (147) 第一类易制毒化学品、药品类易制毒化学品实行双人双锁管理，账册保存期限不少于 2 年。	

续表十一

序号	检查项目	检 查 要 点	情况记录
9.5.3	易制爆化学品存量合规、双人双锁保管	(148) 易制爆化学品存量合规。 (149) 存放场所出入口应设置防盗安全门，或存放在专用储存柜内，储存场所防盗安全级别应为乙级(含)以上，专用储存柜应具有防盗功能，符合双人双锁管理要求，台账账册保存期限不少于 1 年。	
9.5.4	麻醉药品和第一类精神药品管理符合"双人双锁"，有专用账册	(150) 设立专库或者专柜储存，专库应当设有防盗设施并安装报警装置，专柜应当使用保险柜，专库和专柜应当实行双人双锁管理。 (151) 配备专人管理并建立专用账册，专用账册的保存期限应当自药品有效期期满之日起不少于 5 年。	
9.5.5	爆炸品单独隔离、限量存储，使用、销毁按照公安部门要求执行	(152) 收存和发放民用爆炸物品必须进行登记，做到账目清楚，账物相符。	
9.6	实验气体管理		
9.6.1	从合格供应商处采购实验气体，建立气体(气瓶)台账	(153) 查看记录。	
9.6.2	气体(气瓶)的存放和使用符合相关要求	(154) 气体(气瓶)存放点须通风、远离热源、避免暴晒，地面平整干燥。 (155) 气瓶应合理固定。 (156) 危险气体气瓶尽量置于室外，室内放置应使用常时排风且带监测报警装置的气瓶柜。 (157) 气瓶的存放应控制在最小需求量。 (158) 涉及有毒、可燃气体的场所，配有通风设施和相应的气体监测和报警装置等，张贴必要的安全警示标识。 (159) 可燃性气体与氧气等助燃气体气瓶不得混放。 (160) 独立的气体气瓶室应通风、不混放、有监控，有专人管理和记录。 (161) 有供应商提供的气瓶定期检验合格标识，无超过检验有效期的气瓶、无超过设计年限的气瓶。 (162) 气瓶颜色符合 GB/T 7144《气瓶颜色标志》的规定要求，确认"满、使用中、空瓶"三种状态。 (163) 使用完毕，应及时关闭气瓶总阀。 (164) 气瓶附件齐全。	

续表十二

序号	检查项目	检 查 要 点	情况记录
9 6.3	较小密封空间使用可引起窒息的气体，须安装有氧含量监测，设置必要的气体报警装置	(165) 存有大量无毒窒息性压缩气体或液化气体(液氮、液氩)的较小密闭空间，为防止大量泄漏或蒸发导致缺氧，须安装氧含量监测报警装置。	
9 6.4	气体管路和气瓶连接正确、有清晰标识	(166) 管路材质选择合适，无破损或老化现象，定期进行气密性检查；存在多条气体管路的房间须张贴详细的管路图，管路标识正确。	
9.7	实验室化学废弃物的收集、分类和转运		
9.7.1	实验室应设立化学废弃物暂存区	(167) 暂存区应远离火源、热源和不相容物质，避免日晒、雨淋，存放两种及以上不相容的实验室危险废物时，应分不同区域。 (168) 暂存区应有警示标识并有防遗洒、防渗漏设施或措施。	
9.7.2	实验室内须规范收集化学废弃物	(169) 危险废物应按化学特性和危险特性，进行分类收集和暂存。 (170) 废弃的化学试剂应存放在原试剂瓶中，保留原标签，并瓶口朝上放入专用固废箱中。 (171) 针头等利器须放入利器盒中收集。 (172) 废液应分类装入专用废液桶中，液面不超过容量的 3/4。废液桶须满足耐腐蚀、抗溶剂、耐挤压、抗冲击的要求。 (173) 实验室危险废物收集容器上应粘贴危险废物信息标签、警示标志。 (174) 严禁将实验室危险废物直接排入下水道，严禁与生活垃圾、感染性废物或放射性废物等混装。	
9.7.3	学校应建设化学废弃物贮存站并规范管理	(175) 贮存设施、场所应当按照规定设置危险废物识别标志，存储装置符合 GB/T 41962《实验室废弃物存储装置技术规范》的要求，易燃废弃物室外存储装置的单套内部面积应不大于 30 m²、高应不大于 3 m(尺寸误差应不大于 10%)，并在通风口处设置防火阀，公称动作温度为 70℃。 (176) 贮存站应有具体的管理办法并将贮存站安全运行、实验室危险废物出站转运等日常管理工作落实到相关人员的岗位职责中。 (177) 制定意外事故的防范措施和应急预案，并向所在地生态环境主管部门备案。	

序号	检查项目	检 查 要 点	情况记录
9.7.4	化学废弃物的转运须合规	(178) 委托有危险废物处置资质的专业厂家集中处置化学废弃物，查看协议。 (179) 建立危险废物管理台账，如实记录有关信息，包括种类、产生量、流向、贮存、处置等有关资料。 (180) 校外转运之前，贮存站必须妥善管理实验室危险废物，采取有效措施，防止废物的扬散、流失、渗漏或其他环境污染。 (181) 转运人员应使用专用运输工具，运输前根据运输废物的危险特性，应携带必要的应急物资和个体防护用具，如收集工具、手套、口罩等。 (182) 实验室危险废物的校外转运必须按照国家有关规定填写危险废物电子或者纸质转移联单，任何单位和个人未经许可不得非法转运。	
10	生物安全		
10.1	实验室生物安全等级		
10.1.1	开展病原微生物实验研究的实验室，须具备相应的安全等级资质	(183) BSL-3/ABSL-3、BSL-4/ABSL-4 实验室须经政府部门批准建设，BSL-1/ABSL-1、BSL-2/ABSL-2 实验室由学校建设后报卫生或农业部门备案。	
10.1.2	在相应等级的实验室开展涉及致病性生物因子的实验活动	(184) 以国家法律、法规、标准、规范，以及权威机构发布的指南、数据等为依据，对涉及的致病性生物因子进行风险评估，选择对应的实验室安全级别进行致病性病原微生物研究，重点关注：开展未经灭活的高致病性病原微生物(列入一类、二类)相关实验和研究，必须在 BSL-3/ABSL-3、BSL-4/ABSL-4 实验室中进行；开展低致病性病原微生物(列入三类、四类)，或经灭活的高致病性感染性材料的相关实验和研究，必须在 BSL-1/ABSL-1、BSL-2/ABSL-2 或以上等级实验室中进行。	
10.2	场所与设施		
10.2.1	实验室安全防范设施达到相应生物安全实验室要求，各区域分布合理、气压正常	(185) 实验室须设门禁管理和准入制度，储存病原微生物的场所或储柜配备防盗设施，BSL-3/ABSL-3 及以上安全等级实验室须安装监控报警装置。	

续表十四

序号	检查项目	检 查 要 点	情况记录
10.2.2	配有符合相应要求的生物安全设施	(186) BSL-2 以上安全等级实验室须配有 II 级生物安全柜，ABSL-2 适用时配备，并定期进行检测，B 型生物安全柜须有正常通风系统。 (187) 病原微生物实验室应有可靠和充足的电力供应，配备适用的消防器材、洗眼装置和必要的应急喷淋。 (188) 已设传递窗的实验室要保证传递窗功能正常，内部不存放物品；室外排风口应有防风、防雨、防鼠、防虫设计，但不影响气体向上空排放。相关实验室采取有效措施防止昆虫、啮齿动物进入或逃逸，如安装防虫纱窗、挡鼠板等。 (189) 生物安全实验室配有压力蒸汽灭菌器，按规定要求监测灭菌效果。	
10.2.3	场所消毒要保证人员安全	(190) 使用紫外灯的生物安全实验室应设安全警示标志，尤其要对紫外灯开关张贴警示标识。 (191) 使用紫外灯的生物安全实验室在消毒过程中禁止人员进入。采用紫外加臭氧方式消毒应在消毒时间结束后有一定的排风时间，臭氧消散后人员方可进入。	
10.3	病原微生物获取与保管		
10.3.1	使用高致病性病原微生物菌(毒)种，须办理相应申请和报批手续	(192) 从正规渠道获取病原微生物菌(毒)株，学校应有审批流程。 (193) 转移和运输高致病病原微生物须按规定报卫生和农业主管部门批准，并按相应的运输包装要求包装后转移和运输。	
10.3.2	高致病性病原微生物菌(毒)种应妥善保存和严格管理	(194) 病原微生物菌(毒)种保存在带锁冰箱或柜子中，高致病性病原微生物实行双人双锁管理。有病原微生物菌(毒)种保存、实验使用、销毁的记录。	
10.4	人员管理		
10.4.1	开展病原微生物相关实验和研究的人员经过专业培训	(195) 人员经考核合格，并取得证书。	
10.4.2	为从事高致病性病原微生物的工作人员提供适宜的医学评估	(196) 实施监测和治疗方案，并妥善保存相应的医学记录。有上岗前体检和离岗体检，长期工作有定期体检。	

续表十五

序号	检查项目	检 查 要 点	情况记录
10.4.3	制定相应的人员准入制度	(197) 外来人员进入生物安全实验室须经负责人批准，并有相关的教育培训、安全防控措施。出现感冒发热等症状时，不得进行病原微生物实验。	
10.5	操作与管理		
10.5.1	制定并采用生物安全手册，有相关标准操作规范	(198) 有从事病原微生物相关实验活动的标准操作规范。	
10.5.2	开展相关实验活动的风险评估和制定相应的应急预案	(199) 开展病原微生物的相关实验活动应有风险评估和应急预案，包括病原微生物及感染材料溢洒和意外事故的书面处置程序。	
10.5.3	实验操作合规，安全防护措施合理	(200) 在合适的生物安全柜中进行实验操作；不得在超净工作台中进行病原微生物实验。 (201) 安全操作高速离心机，小心防止离心管破损或盖子破裂造成溢洒或气溶胶扩散。 (202) 有合适的个体防护措施，禁止戴防护手套操作相关实验以外的设施设备。	
10.6	实验动物安全		
10.6.1	实验动物的购买、饲养、解剖等须符合相关规定	(203) 饲养实验动物的场所应有资质证书，实验动物须从具有资质的单位购买，有合格证明，用于解剖的实验动物须经过检验检疫合格。 (204) 解剖实验动物时，必须做好个人安全防护。 (205) 定期组织健康检查。	
10.6.2	动物实验按相关规定进行伦理审查，保障动物权益	(206) 学校有伦理审查机构，查看伦理审查记录。	
10.7	生物实验废物处置		
10.7.1	生物废弃物的中转和处置规范	(207) 学校与有资质的单位签约处置感染性废物，有交接记录，形成电子或者纸质台账。 (208) 学校有生物废弃物中转站或收集点，生物废物及时收集转运。	

序号	检查项目	检查要点	情况记录
10 7.2	生物废弃物与其他类别废物分开,且做好防护和消杀	(209) 生物废物应与化学废物、生活垃圾等分开贮存。 (210) 实验室内配备生物废物垃圾桶(内置生物废物专用塑料袋),并粘贴专用标签标识。 (211) 刀片、移液枪头等尖锐物应使用利器盒或耐扎纸板箱盛放,送储时再装入生物废物专用塑料袋,贴好标签。 (212) 动物实验结束后,动物尸体及组织应做无害化处理,废物彻底灭菌后方可处置。 (213) 涉及病原微生物或其他细菌类的生物废物必须进行高温高压灭菌或化学浸泡处理,然后由有资质的公司进行最终处置。 (214) 高致病性生物材料废物处置实现溯源追踪。	
11	辐射安全与核材料管制		
11.1	资质与人员要求		
11.1.1	辐射工作单位须取得辐射安全许可证	(215) 按规定在放射性核素种类和用量以及射线种类许可范围内开展实验。除已被豁免管理外,射线装置、放射源或者非密封放射性物质应纳入许可证范畴。	
11.1.2	辐射工作人员须经过专门培训,定期参加职业体检	(216) 辐射工作人员具有《辐射安全与防护培训合格证书》,或者《生态环境部辐射安全与防护考核通过成绩报告单》。 (217) 辐射工作人员按时参加放射性职业体检(2年1次),有健康档案。 (218) 辐射工作人员进入实验场所须佩带个人剂量计,剂量计委托有资质的单位按时进行剂量监测(3个月一次)。	
11.1.3	核材料许可证持有单位须建立专职机构或指定专人负责保管核材料,执行国家法律法规要求。有帐目与报告制度,保证帐物相符	(219) 持有核材料数量达到法定要求的单位须取得核材料许可证,有负责机构或指定专人负责核材料管制工作,核材料衡算和核安保工作执行国家法律法规要求。	
11.2	场所设施与采购运输		
11.2.1	辐射设施和场所应设有警示、联锁和报警装置	(220) 放射源储存库应设"双人双锁",并有安全报警系统和视频监控系统。 (221) 辐照设施设备和射线装置具有能正常工作的安全联锁装置和报警装置,有明显的安全警示标识、警戒线和剂量报警仪。	

序号	检查项目	检 查 要 点	情况记录
11.2.2	辐射实验场所每年有合格的实验场所检测报告	(222) 查看场所辐射环境监测报告。	
11.2.3	放射性物质的转让、转移和运输应按规定报批	(223) 放射源和放射性物质转让转移有学校及生态环境部门的审批备案材料，转让转移前必须先做环境影响评价工作。 (224) 放射性物质的转移和运输有学校及公安部门的审批备案材料。 (225) 放射性物质以及射线装置储存和使用场所变更应重新开展环境影响评价。	
11.3	放射性实验安全及废物处置		
11.3.1	各类放射性装置有符合国家相关规定的操作规程、安保方案及应急预案，并遵照执行	(226) 重点关注γ辐照、电子加速器、射线探伤仪、非密封放射性实验操作、V类以上的密封放射性实验操作。 (227) 查看辐射事故应急预案及应急演练记录(每年不少于一次演练)。	
11.3.2	放射源及设备报废时有符合国家相关规定的处置方案或回收协议	(228) 中、长半衰期核素固液废物有符合国家相关规定的处置方案或回收协议，短半衰期核素固液废弃物放置10个半衰期经检测达标并经审管部门的批准可以作为普通废物处理，并有处置记录。 (229) 报废含有放射源或可产生放射性的设备，须报学校管理部门同意，并按国家规定进行退役处置。X光管报废时应破坏高压设备，拍照留存。 (230) 涉源实验场所退役，须按国家相关规定执行。	
11.3.3	放射性废物(源)应严加管理，不得作为普通废物处理，不得擅自处置	(231) 相关实验室应当配置专门的放射性废物收集桶；放射性废液送贮前应进行固化整备。 (232) 放射性废物应及时送交有资质的放射性废物集中贮存单位贮存。 (233) 排放气态或液态放射性流出物应严格按照环评和地方生态环境部门批准的排放量和排放方式执行。	
12	机电等安全		
12.1	仪器设备常规管理		
12.1.1	建立设备台账，设备上有资产标签，有明确的管理人员	(234) 查看电子或纸质台账。	

序号	检查项目	检查要点	情况记录
12.1.2	大型、特种设备的使用须符合相关规定	(235) 大型仪器设备、高功率的设备与电路容量相匹配，有设备运行维护的记录，有安全操作规程或注意事项。	
12.1.3	仪器设备的接地和用电符合相关要求	(236) 仪器设备接地系统应按规范要求，采用铜质材料，接地电阻不高于 0.5 欧。	
		(237) 电脑、空调、电加热器等不随意开机过夜。对于不能断电的特殊仪器设备，采取必要的防护措施(如双路供电、不间断电源、监控报警等)。	
12.1.4	特殊设备应配备相应安全防护措施	(238) 关注高温、高压、高速运动、电磁辐射等特殊设备，对使用者有培训要求，有安全警示标识和安全警示线(黄色)，设备安全防护措施完好。	
		(239) 非标准设备、自制设备应经安全论证合格后方可使用，并须充分考虑安全系数，有安全防护措施。	
12.2	机械安全		
12.2.1	机械设备应保持清洁整齐，可靠接地	(240) 机床应保持清洁整齐，严禁在床头、床面、刀架上放置物品。	
		(241) 机械设备可靠接地，实验结束后，应切断电源，整理好场地并将实验用具等摆放整齐，及时清理机械设备产生的废渣、废屑。	
12.2.2	操作机械设备时实验人员应做好个体防护	(242) 个人防护用品要穿戴齐全，如工作服、工作帽、工作鞋、防护眼镜等。操作冷加工设备必须穿"三紧式"工作服，不能留长发(长发要盘在工作帽内)，禁止戴手套。	
		(243) 进入高速切削机械操作工作场所，穿好工作服工作鞋、戴好防护眼镜、扣紧衣袖口、戴好工作帽(长发学生必须将长发盘在工作帽内)，禁止戴手套、长围巾、领带、手镯等配饰物，禁穿拖鞋、高跟鞋等。设备运转时严禁用手调整工件。	
12.2.3	铸锻及热处理实验应满足场地和防护要求	(244) 铸造实验场地宽敞、通道畅通，使用设备前，操作者要按要求穿戴好防护用品。	
		(245) 盐浴炉加热零件必须预先烘干，并用铁丝绑牢，缓慢放入炉中，以防盐液炸崩烫伤。	
		(246) 淬火油槽不得有水，油量不能过少，以免发生火灾。	
		(247) 与铁水接触的一切工具，使用前必须加热，严禁将冷的工具伸入铁水内，以免引起爆炸。	
		(248) 锻压设备不得空打或大力敲打过薄锻件，锻造时锻件应达到 850℃以上，锻锤空置时应垫有木块。	
12.2.4	高空作业应符合相关操作规程	(249) 在坠落高度基准面 2 米及以上有可能坠落的高处进行作业，须穿防滑鞋、佩戴安全帽、使用安全带。	
		(250) 临边作业须在临空一侧设置防护栏杆，有相关安全操作规程。	

续表十九

序号	检查项目	检 查 要 点	情况记录
12.3	电气安全		
12.3.1	电气设备的使用应符合用电安全规范	(251) 各种电器设备及电线应始终保持干燥，防止浸湿，以防短路引起火灾或烧坏电气设备。 (252) 实验室内的功能间墙面都应设有专用接地母排，并设有多点接地引出端。 (253) 高压、大电流等强电实验室要设定安全距离，按规定设置安全警示牌、安全信号灯、联动式警铃、门锁，有安全隔离装置或屏蔽遮栏(由金属制成，并可靠接地，高度不低于2米)。 (254) 控制室(控制台)应铺橡胶、绝缘垫等。 (255) 强电实验室禁止存放易燃、易爆、易腐品，保持通风散热。 (256) 应为设备配备残余电流泄放专用的接地系统。 (257) 禁止在有可燃气体泄露隐患的环境中使用电动工具；电烙铁有专门搁架，用毕立即切断电源。 (258) 强磁设备应配备与大地相连的金属屏蔽网。	
12.3.2	操作电气设备应配备合适的防护器具	(259) 强电类高电压实验必须二人(含)以上，操作时应戴绝缘手套；防护器具按规定进行周期试验或定期更换；静电场所，要保持空气湿润，工作人员要穿戴防静电服、手套和鞋靴。	
12.4	激光安全		
12.4.1	激光实验室配有完备的安全屏蔽设施	(260) 功率较大的激光器有互锁装置、防护罩，激光照射方向不会对他人造成伤害，防止激光发射口及反射镜上扬。	
12.4.2	激光实验时须佩戴合适的个体防护用具	(261) 操作人员穿戴防护眼镜等防护用品、不带手表等能反光的物品，禁止直视激光束和它的反向光束，禁止对激光器件做任何目视准直操作，禁止用眼睛检查激光器故障，激光器必须在断电情况下进行检查。	
12.4.3	警告标识	(262) 所有激光区域内张贴警告标识。	
12.5	粉尘安全		
12.5.1	粉尘爆炸危险场所，应选用防爆型的电气设备	(263) 防爆灯、防爆电气开关，导线敷设应选用镀锌管，必须达到整体防爆要求。 (264) 粉尘加工要有除尘装置，除尘器符合防静电安全要求，除尘设施应有阻爆、隔爆、泄爆装置，使用工具具有防爆功能或不产生火花。	
12.5.2	产生粉尘的实验场所，须穿戴合适的个体防护用具	(265) 粉尘爆炸危险场所应穿防静电服装，禁止穿化纤材料制作的衣服，工作时必须佩戴防尘口罩和护耳器。	

序号	检查项目	检 查 要 点	情况记录
12 5.3	确保实验室粉尘浓度在爆炸限以下，并配备灭火装置	(266) 粉尘浓度较高的场所，适当配备加湿装置；配备合适的灭火装置。	
13	特种设备与常规冷热设备		
13.1	起重类设备		
13.1.1	达到《特种设备目录》中起重机械指标的起重设备须取得《特种设备使用登记证》	(267) 额定起重量大于或者等于 0.5 t 的升降机；额定起重量大于或者等于 3 t(或额定起重力矩大于或者等于 40t·m 的塔式起重机，或生产率大于或者等于 300 t/h 的装卸桥)，且提升高度大于或者等于 2 m 的起重机；层数大于或者等于 2 层的机械式停车设备，须取得《特种设备使用登记证》。	
13.1.2	起重机械作业人员、检验单位须有相关资质	(268) 起重机指挥、起重机司机须取得相应的《特种设备安全管理和作业人员证》，持证上岗，并每 4 年复审一次。 (269) 委托有资质单位进行定期检验，并将定期检验合格证置于特种设备显著位置。	
13.1.3	起重机械须定期保养，设置警示标识，安装防护设施	(270) 在用起重机械至少每月进行一次日常维护保养和自行检查，并作记录。 (271) 制定安全操作规程，并在周边醒目位置张贴警示标识，有必要的安全距离和防护措施。 (272) 起重设备声光报警正常，室内起重设备应标有运行通道。 (273) 废弃不用的起重机械应及时拆除。	
13.2	压力容器		
13.2.1	压力容器使用登记、相关人员资格	(274) 盛装气体或者液体，承载一定压力的密闭设备，其范围规定为最高工作压力大于或者等于 0.1 MPa(表压)的气体、液化气体和最高工作温度高于或者等于标准沸点的液体、容积大于或者等于 30 L 且内直径(非圆形截面指截面内边界最大几何尺寸)大于或者等于 150 mm 的固定式容器和移动式容器，以及氧舱，须取得《特种设备使用登记证》。设备铭牌上标明为简单压力容器不需办理。(气瓶的安全检查要点见 9.6)。 (275) 快开门式压力容器操作人员、移动式压力容器充装人员、氧舱维护保养人员、特种设备安全管理员应取得相应的《特种设备安全管理和作业人员证》，持证上岗，并每 4 年复审一次。	

续表二十一

序号	检查项目	检 查 要 点	情况记录
13.2.2	压力容器定期检验	(276) 委托有资质单位进行定期检验,并将定期检验合格证置于特种设备显著位置 (277) 安全阀或压力表等附件须委托有资质单位定期校验或检定。	
13.2.3	压力容器使用管理	(278) 设置安全管理机构,配备安全管理负责人、安全管理人员和作业人员,建立各项安全管理制度,制定操作规程。 (279) 实验室应经常巡回检查,发现异常及时处理,并做记录。 (280) 建立压力容器自行检查制度,对压力容器本体及其安全附件、装卸附件安全保护装置、测量调控装置、附属仪器仪表进行经常性维护保养,每月至少进行 1 次月度检查,每年至少进行 1 次年度检查,并做记录。 (281) 简单压力容器也应建立设备安全管理档案。 (282) 盛装可燃、爆炸性气体的压力容器,其电气设施应防爆,电器开关和熔断器都应设置在明显位置。室外放置大型气罐应注意防雷。	
13.2.4	压力容器的使用年限及报废	(283) 达到设计使用年限的压力容器应及时报废(未规定设计使用年限,但是使用超过 20 年的压力容器视为达到使用年限),如若超期使用必须进行检验和安全评估。	
13.3	场(厂)内专用机动车辆		
13.3.1	场(厂)内专用机动车辆须取得《特种设备使用登记证》	(284) 校园内使用的专用机动车辆须取得《特种设备使用登记证》。	
13.3.2	作业人员取得相应的《特种设备安全管理和作业人员证》,持证上岗	(285) 作业人员取得相应的《特种设备安全管理和作业人员证》,证书在有效期内。	
13.3.3	委托有资质单位进行定期检验	(286) 合格证在有效期内。	
13.4	加热及制冷装置管理		
13.4.1	贮存危险化学品的冰箱满足防爆要求	(287) 贮存危险化学品的冰箱应为防爆冰箱或经过防爆改造的冰箱,并在冰箱门上注明是否防爆。	

序号	检查项目	检 查 要 点	情况记录
13.4.2	冰箱内存放的物品须标识明确，试剂必须可靠密封	(288) 标识至少包括：名称、使用人、日期等，并经常清理。 (289) 实验室冰箱中试剂瓶螺口拧紧，无开口容器，不得放置非实验用食品、药品。超低温冰箱门上有储物分区标识，置于走廊等区域的超低温冰箱须上锁。	
13.4.3	冰箱、烘箱、电阻炉的使用满足使用期间和空间等要求	(290) 冰箱不超期使用(一般使用期限控制为 10 年)，如超期使用须经审批。 (291) 冰箱周围留出足够空间，周围不堆放杂物，不影响散热。 (292) 烘箱、电阻炉不超期使用(一般使用期限控制为 12 年)，如超期使用须经审批。 (293) 加热设备应放置在通风干燥处，不直接放置在木桌、木板等易燃物品上，周围有一定的散热空间，设备旁不能放置易燃易爆化学品、气瓶、冰箱、杂物等，应远离配电箱、插座、接线板等设备。	
13.4.4	烘箱、电阻炉等加热设备须制定安全操作规程	(294) 加热设备周边醒目位置张贴有高温警示标识，并有必要的防护措施，张贴有安全操作规程、警示标识。 (295) 烘箱等加热设备内不准烘烤易燃易爆试剂及易燃物品。 (296) 不得使用塑料筐等易燃容器盛放实验物品在烘箱等加热设备内烘烤。 (297) 使用烘箱完毕，清理物品、切断电源，确认其冷却至安全温度后方能离开 (298) 使用电阻炉等明火设备时有人值守。 (299) 使用加热设备时，温度较高的实验须有人值守或有实时监控措施。	
13.4.5	使用明火电炉或者电吹风须有安全防范举措	(300) 涉及化学品的实验室不使用明火电炉。如必须使用，须有安全防范措施。 (301) 不使用明火电炉加热易燃易爆试剂。 (302) 明火电炉、电吹风、电热枪等用毕，须及时拔除电源插头。 (303) 不可用纸质、木质等材料自制红外灯烘箱。	

参 考 文 献

[1] 姜忠良，齐龙浩，马丽云，等. 实验室安全基础[M]. 北京：清华大学出版社，2009.

[2] 和彦苓. 实验室安全与管理[M]. 2 版. 北京：人民卫生出版社，2014.

[3] 朱莉娜. 高校实验室安全基础[M]. 天津：天津大学出版社，2014.

[4] 黄志斌，赵应声. 高校实验室安全通用教程[M]. 南京：南京大学出版社，2021.

[5] 金峰，桑志国. 实验室安全技术与管理研究[M]. 北京：中国原子能出版社，2019.

[6] 胡洪超，蒋旭红，舒绪刚. 实验室安全教程[M]. 北京：化学工业出版社，2019.

[7] 李雪晶. 高校实验室安全管理[J]. 西部素质教育，2020，6(20)：155-156.

[8] 孟兆磊，林林，牛犁，等. 高校实验室安全管理长效机制的探索[J]. 实验技术与管理，2015，32(4)：231-233,263.

[9] 光翠娥，王世强，赵建新，等. 制定高校实验室安全事故处理应急预案的原则探讨[J]. 实验室科学，2012，15(5)：194-197.

[10] 王国田，千春录，郭志波，陈一兵. 高校实验室安全检查联动机制的构建与实现[J]. 实验技术与管理，2020，37(8)：270-275.

[11] 项晓慧，张银珠，金海萍，等. 高校实验室安全事故原因分析与防范对策[C]//Information Engineering Research Institute,USA.Proceedings of 2012 International Conference on Social Science and Education(ICSSE 2012) Volume 10，2012.

[12] 刘龙洋，机械加工车间的安全操作评估研究[J]. 科技资讯，2023，21(4)：117-120.

[13] 侯守军，张道平. 安全用电技术[M]. 北京：机械工业出版社，2022.

[14] 蒋军成，王志荣. 工业特种设备安全[M]. 2 版. 北京：机械工业出版社，2019.

[15] 章玥云. 智能实验室信息化系统的建设与管理[J]. 信息记录材料，2022，23(11)：166-168.

[16] 谢强，张丹丽. 高校实验室信息化管理平台建设[J]. 数字技术与应用，2022，40(10)：222-224.

[17] 张雪锋. 信息安全概论[M]. 北京：人民邮电出版社，2014.

[18] GB 13690—2009，化学品分类和危险性公示　通则[S].

[19] 黄晓虹，何惠龙，卢满怀等. 工程教育认证背景下地方高校实验废弃物安全处置探索与实践[J]. 化工管理，2023(12)：94-96.

[20] 张晶，代明，余倩，等. 建立生物安全实验室废弃物处置培训体系的探索[J]. 实验技术与管理，2021，38(4)：316-319.

[21] 蒋军成. 化工安全[M]. 北京：机械工业出版社，2008.

[22] 姜文凤，刘志广. 化学实验室安全基础[M]. 北京：高等教育出版社，2019.

[23] 刘晓蓉，周俊，张愉悦，等. 高校实验室安全管理问题与优化策略研究[J]. 中国高新科技，2023(2)：112-114.

[24] 陈晓华，邓乐天，李建周，等.ISO9001 质量管理体系在高校实验室管理中的应用[J].

教育教学论坛，2018(13)：12-13.

[25] 刘红，戴忠仁. 实验室质量管理体系的建立[J]. 黑龙江科技信息，2017(8)：109.

[26] 张绍丽，范玉尊，赵学航，等. 基于 PDCA 循环的高校化学实验室安全质量管理机制研究[J]. 化工管理，2019，(27)：22-24.

[27] 金爱咏. 实验室如何做好质量管理体系持续改进工作[J]. 现代测量与实验室管理，2016，24(2)：54-55.

[28] 杜骁. 基于 PDCA 循环的高校实验室规范化运行初探[J]. 实验室研究与探索，2022，41(4)：254-257，266.

[29] 范艳宁. 实验室质量管理体系建设[J]. 食品安全导刊，2018(6)：45.

[30] 黎燕，王祖兵，沈安丽，等. 实验室质量管理体系构建方法研究[J]. 中国公共卫生管理，2015，31(1)：34-35.